《汉学大系》学术委员会

学术委员会主任

傅　刚

学术委员（以姓氏笔画为序）

卜　键　左东岭　朱青生　刘玉才
刘跃进　汪小洋　周绚隆　赵化成
赵宪章　党圣元　高建平　常绍民
傅　刚　詹福瑞　锺宗宪　魏崇新

《汉学大系》编辑委员会

编辑委员会主任

曹新平

副主任

任　平　徐放鸣　华桂宏　周汝光

编辑委员会（以姓氏笔画为序）

王　健　冯其谱　任　平　朱存明
华桂宏　岑　红　张文德　周汝光
郑元林　赵明奇　顾明亮　徐放鸣
曹新平　黄德志

主编

朱存明

副主编

王怀义

国家社科基金重大招标课题
"《汉学大系》编纂及海外传播研究（14ZDB029）"成果

汉学大系

朱存明 主编

徐州汉碑刻石通论

武利华 著

文化藝術出版社
Culture and Art Publishing House

图书在版编目（ＣＩＰ）数据

徐州汉碑刻石通论/武利华著.—北京：文化艺术出版社，2019.7
（汉学大系/朱存明主编）
ISBN 978-7-5039-6714-6

Ⅰ.①徐… Ⅱ.①武… Ⅲ.①石刻—研究—徐州—汉代 Ⅳ.① K877.4

中国版本图书馆CIP数据核字（2019）第114288号

徐州汉碑刻石通论

著　　者	武利华
责任编辑	董良敏
书籍设计	赵　矗　楚燕平
出版发行	文化藝術出版社
地　　址	北京市东城区东四八条52号　（100700）
网　　址	www.caaph.com
电子邮箱	s@caaph.com
电　　话	（010）84057666（总编室）　　84057667（办公室） 　　　　84057696—84057699（发行部）
传　　真	（010）84057660（总编室）　　84057670（办公室） 　　　　84057690（发行部）
经　　销	新华书店
印　　刷	国英印务有限公司
版　　次	2019年11月第1版
印　　次	2019年11月第1次印刷
开　　本	710毫米×1000毫米　1/16
印　　张	16.75
字　　数	237千字
书　　号	ISBN 978-7-5039-6714-6
定　　价	68.00元

版权所有，侵权必究。如有印装错误，随时调换。

图版一　第百上石铭

图版二 "永宁元年"刻石

图版三 "永平十年"刻石

图版四 "永初二年"祠堂题记

图版五　铜山伊庄祠堂题记

图版六　府君教碑

图版七 黄石公镇墓刻石

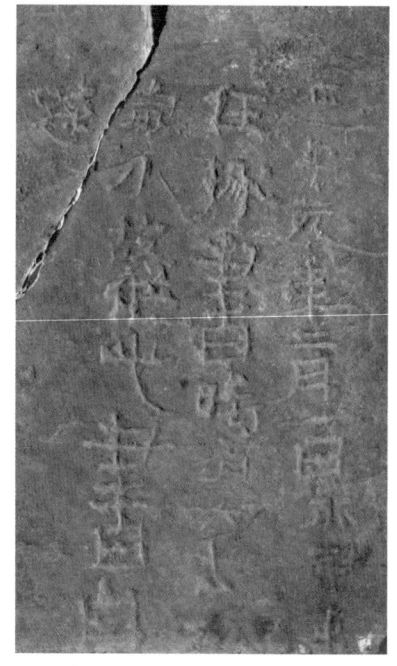

图版八　任仲高书延平元年刻石

《汉学大系》总序

世界总是在不断地变化。历史上,有些文明消失了,有些文明则不断壮大,以至于形成现代世界的格局。进入21世纪,世界格局面临一个新的调整,美国人塞缪尔·亨廷顿写了《文明的冲突与世界秩序的重建》,认为不同文明的冲突将导致未来社会的对抗。这个观点值得警惕,也值得研究。做好中国自己的事,勇敢面临挑战是我们面临的任务。

中国文明发展了几千年,历史上曾经有过自己的辉煌,但是清朝后期,由于没有科学民主的现代理念,曾经落后挨打,令多少志士仁人痛心疾首。中华人民共和国成立后,经过一个甲子年的现代发展,中国又迎来了一个快速崛起的历史新时期。

中国文化现代性的发展,一方面要学习国外的先进经验,促进科学技术的发展与社会的进步;另一方面要不断回溯历史,在历史的记忆中寻求民族之根。当今世界的寻根与怀旧实际上都有现实的基础,它是民族凝聚力的根源。在回溯历史的新的阐释中,一个新的历史轴心期即将来临。

我们编纂《汉学大系》丛书就是为了探求中华文化的历史起源、学术源流、基因谱系、思维模式、道德价值等,为实现中华文化的历史复兴奠定基础。

"汉学",是一个历史的概念,因时间与空间的不同而发生变化。究其变化之因,皆因对"汉"字的理解与运用不同所致。"汉"字既可指汉代,也可指汉族,还可以作为中华民族的代称。"汉文化"可以指两汉文化,也可以指代中国传统文化。所以"汉学"一词在不同的语境中有不同的内涵：可以指两汉的学术文化，可以指清代的汉学流派，也可以指中国及海外关于中国文化的研究。具体来看，汉学研究范围以经学为中心，而衍及小学、音韵、史学、天算、水地、典章制度、金石、校勘、辑佚等，引证取材多集于两汉。"汉学"一词在南宋就已出现，专指两汉时期的学术思想。清朝汉学有复兴之势，江藩著《汉学师承记》，自居为汉学宗传。汉学又称"朴学"，意为朴质之学。"朴学"重考据，推崇汉儒朴实学风，反对宋儒空谈义理。现代"汉学"或称作"中国学"，自20世纪80年代以来或称"海外汉学"，是国外的学者对有关中国方方面面进行研究的一门学科。

梁启超在《清代学术概论》中提出清代汉学的复兴是对当时理学思潮的反动，其学术动力就是来源于复汉学之古；钱穆在《清儒学案》中认为，汉学的兴起是继承与发展传统的结果；侯外庐在《中国思想通史》等著作中认为，清代汉学思想的发展动力是"早期启蒙思想"。

在国外，汉学的经典名称为"汉学"（Sinology），有的称为"中国学"（Chinese Studies）。"汉学"（Sinology）或"中国学"（Chinese Studies）是国外研究中国的学术总称，具有跨学科、跨文化的特征，反映着世界范围内的学术变化及学术发展趋势。

在西方，主要是欧洲，严格意义上的汉学研究已经有四百多年的历史。这一学科的形成，表明了中国文化所具有的世界历史性意义。从汉学发展的历史和研究成果看，其研究对象不仅仅是中国汉民族的历史和文化，更是包括中国少数民族历史和文化的整个中国的学问。由于汉民族是中国的主体，而且汉学最初发轫于汉语言领域，因而学术界一直将汉学的名称沿用下来。汉学只是一个命名方式，丝毫没有轻视中国其他民族的意思。经过几百年的发展，西方汉学已经形成三大地域：美国汉学、欧洲汉学、东亚汉学。

21世纪以来，随着全球一体化的进程，国内外汉学的研究又形成了一个热潮。在新的历史条件下，中国学术界需要发出自己的呼声。海外汉学与中国本土学术进行跨文化对话，才能洞悉中国文化的深层奥秘；中国学人向世界敞开自己,才能进一步激活古老的传统和思想的底蕴。

因此,汉学是继承先秦诸子文化在汉代统一性国家建立基础上形成的中华民族的学术。"汉学"的研究重心是以中华民族统一性的价值观为主体,以汉语言为基础,以汉字为符号载体的文化共同体。汉文化是在融合了不同民族、不同区域文化而形成的一个文化统一体。从人类文明发展史来看,这个文化与西方基督教文化、印度佛教文化、阿拉伯伊斯兰文化有着不同的发展模式与价值体系。"汉学"作为中国传统学术流派的称谓,常常与"国学""经学"相混,也有人赋予"汉学"以新内涵,将国内的中国学研究也称为"汉学",这可以称之为"新汉学"。汉民族是历史上多民族长期交流融合的结果,历史上形成的汉语、汉字及其独特的汉文化对中国文明以至世界文明都产生了巨大影响。汉学就是对建立在汉语、汉字、汉文化基础之上的中华民族的学术传统的学理性探讨。

中华文化在历史上就对世界产生过影响,中外文化交流一直是世界历史的一部分。16世纪以来,中华文化进一步引起西方的注意,西方汉学研究也随之兴起。西方人对于汉学的研究是基于他们的文化立场的,虽然取得了一些成果,但是也有一些误读。目前,时代赋予了我们新的历史使命,本课题就是基于目前中国的现实需要对中国"汉学"学术内涵进行的基础研究。

由于历史原因,一段时间内中国的汉学在国外得到研究,国内研究反而滞后,国内外有些研究机构把汉学的概念仅仅看成外国人对中国学的研究,这无疑缩小了汉学的视域。西方有些国家从自身战略利益出发,正在通过各种渠道争夺中国的学术资源。今天我们有责任对民族文化进行深入系统的研究,为中华民族的现代复兴打下深厚的话语基础。文化是一个民族生存的基础,保护民族文化基因就是我们面临的一个重要的历史任务。

《汉学大系》的编纂旨在促进汉学的历史回归,既是对汉学内涵的理论建构,也是对汉文化研究成果的学术汇编;既是对"国学"基因谱系的深度描述与重新阐释,也是对国外汉学研究历史的重新定位,更是在新的历史形势下对中国传统文化价值进行的一次新的发掘。

目前中国的发展到了一个历史的转折点，过去我们大量翻译了西方的学术著作，促进了中国对国外的了解，也给新中国的建设奠定了基础。但是长期以来，由于革命的需要，我们对传统文化否定、破坏的多，肯定、继承的少，中国传统学术在西学的影响下逐渐式微。现在中国面临一个新的发展机遇，就像西方的文艺复兴时代回归古希腊罗马文明一样，中国新的历史复兴将在恢复传统文化的基础上，指向科学民主繁荣昌盛的未来。

《汉学大系》是汉文化的学术成果的集约创新，既是对"汉学"内容的研究，又是对"汉学"内容的确定。既有深入的学术探讨，又有普泛性的知识体系；既有现代性的学科划分与学术视野，又有现代性的学术理念与学术规范。编者希冀恢复汉代经学的原典传统，并对经典进行现代性的阐释，从经学原著中深入挖掘对现代社会普遍有效的思想资源，明确中国汉学的智慧传统，为中国文化的复兴寻找历史的深度。以汉代汉学为正统，以清代朴学与海外汉学为两翼，深入探讨汉文化之源。

丛书对汉学的内涵进行发掘、整理、探讨。力求做到汉学历史的考据与研究同步进行，经典阐释与主题研究并重，历史的考据与新出土文物的互证，古典文献与出土简牍对读。以汉代的现实生活与原典为基础，兼及汉代以后的发展，参以国外汉学的不同阐释，通过比较来探讨汉学的真正内涵，寻求中华文化的话语模式，进而形成自己的话语权。发掘中国的智慧，促进新观念的变革，促进社会进步，实现大同世界的美梦。

朱存明

2014 年 7 月 8 日

目 录

第一章
001 总 论
003 第一节 徐州汉碑刻石概况
010 第二节 徐州汉碑刻石的史学价值
024 第三节 徐州汉碑刻石的文学价值
027 第四节 徐州汉碑刻石的书法价值

第二章
037 佚失的徐州汉碑
039 第一节 《高祖泗水亭碑铭》和《歌风碑》
051 第二节 荆州刺史度尚二碑
058 第三节 徐州"二严碑"
067 第四节 彭城姜肱碑
072 第五节 太尉陈球二碑
081 第六节 存目的徐州汉碑

第三章
091 西汉刻石

093　第一节　王陵塞石题记
102　第二节　"第百上石铭"考释
109　第三节　"元寿二年"刻石

第四章
115　汉画像石墓阙、祠堂题记
117　第一节　墓阙题记
121　第二节　祠堂题记

第五章
157　墓室题记、墓志铭
159　第一节　墓室题记
170　第二节　彭城相缪宇墓志
186　第三节　徐州从事缪纡墓志

第六章
197　《府君教碑》与《黄石公镇墓刻石》
199　第一节　袁贺《府君教碑》
215　第二节　黄石公镇墓刻石

第七章
227　画像石榜题、黄肠石刻铭与其他刻石
229　第一节　徐州汉画像石中的榜题

| 236 | 第二节　黄肠石刻铭 |
| 246 | 第三节　任仲高书"延平元年"刻石 |

| 251 | 结　语 |
| 257 | 后　记 |

第一章 总论

汉碑刻石是研究汉代社会重要的实物资料，具有极高的学术价值和艺术价值。中国古代的金石学，一直将汉代碑刻作为重要研究对象。清代乾嘉时期，碑学已成为研究考订碑刻源流、时代、体制、拓本真伪、文字内容等的一门学问。中华人民共和国成立以后，随着考古的新发现，又出土了许多新的汉碑刻石资料，汉碑刻石不仅是书法艺术的研究对象，而且作为一种出土文献，极大地丰富了我们的学术视野。碑碣刻铭成为记录历史的另一种载体。

第一节　徐州汉碑刻石概况

汉碑与刻石是两个相似而又不同的概念。碑是一种形制特别并有特定文化含义的刻石，《说文解字》曰："碑，竖石也。"《释名·释典艺》曰："碑，被也。此本葬时所设也，施鹿卢以绳被其上，引以下棺也。臣子追述君父之功美，以书其上，后人因焉，无故建于道陌之头，显见之处，名其文就,谓之碑也。"① 后来,碑文形成一种文体,《文心雕龙·诔碑》载:"夫属碑之体,资乎史才,其序则传,其文则铭。标序盛德,必见清风之华;昭纪鸿懿,必见峻伟之烈:此碑之制也。夫碑实铭器,铭实碑文,因器立名,事先于诔。是以勒石赞勋者。"② 碑的范围后来被放大了,除墓碑之外,还有纪事碑、颂德碑、祭祀碑等。与碑相比,刻石的概念更加宽泛,凡刻在石头上的文字都可以称为刻石。马衡在《凡将斋金石丛稿》中说:"刻石之特立者谓之碣,天然者谓之摩崖。"③ 刻石的形制与文体没有规范的要求,汉代常见的刻石类型有墓道塞石题记、石阙题记、祠堂题记、墓室题记、画像石题记、黄肠石刻石、摩崖刻石等。当今人们更习惯将刻在石头上的文字统称为碑刻。

我国现存汉碑的数量没有一个准确的统计。宋娄机《汉隶字源》收录汉碑309种,清孙星衍《寰宇访碑录》收录汉碑196种,清翁方纲《两汉金石记》收录两汉石刻98种;现代学者施蛰存《汉碑目录》收录西汉碑刻22种、东汉碑刻388种;1965年,丁念先曾统计两汉碑刻见于历代著录者有400种以上,但遗存至今的两汉石刻仅存145种;2005年,仲威《碑学10讲》认为现存东汉碑石有160块;2006年,《汉碑全集》共收录阙铭墓表、坟坛题记、祠庙碑、功德碑、画像石、黄肠石等石刻拓本285种,合计360件。汉碑数量统计的差异是因为汉碑包括存目的汉碑、存拓本的汉碑和存实物的汉碑三类,同时汉碑的发现是一个动态的过程,历史上有过佚失,同时又有新的发现和增加。

徐州是汉高祖刘邦的故里,两汉文化遗存特别丰富。在众多的两汉文化遗存中,汉碑刻石是其中的重要门类。在以往的著录中,人们很难看到徐州汉碑刻石的全貌。2006年出版的《汉碑全集》收录徐州汉碑刻石总计只有13件,分别是:龟山楚王墓塞石刻铭、铜山永平四年画像石题记、

---

① (汉)刘熙:《释名》,中华书局1985年版,第102页。
② (南朝梁)刘勰:《文心雕龙》,浙江古籍出版社2011年版,第46页。
③ 马衡:《凡将斋金石丛稿》,中华书局1977年版,第67页。

铜山元和三年画像石题记、杨德安墓石题记、延平元年刻石、铜山大庙镇画像石题记、邳州青龙山画像石题记(《缪宇墓志》)、邳州燕子埠永寿元年画像石墓记(《缪纡墓志》)、沛郡故吏吴岐子根画像石墓题记、□□三年七月刻石、铜山蔡丘画像石题记、徐州下邳终郭乡画像石题记、铜山□□元年画像石题记。《汉碑全集》收录的徐州汉碑刻石仅占发现数量的四分之一左右。2000年以后新发现的徐州汉碑刻石在《汉碑全集》中没有收录。

一、徐州佚失的汉碑

清人叶昌炽说:"欲访唐碑当入秦,欲访先秦汉魏诸碑,当游齐鲁。"① 徐州及其周边地区是汉碑刻石出土最多的地区。历史上,徐州地面上存有许多汉碑,但由于兵燹水患,这些汉碑均已佚失。郦道元《水经注》、欧阳修《集古录》、欧阳棐《集古录目》、朱长文《墨池编》、无名氏《天下碑录》、赵明诚《金石录》、洪适《隶释》、郑樵《通志·金石略》、陈思《宝刻丛编》等金石著作或录其文,或存其目,成为当今研究徐州汉碑的主要文献资料。

郦道元的《水经注》是最早著录汉代存碑的著作,著录汉碑约270通,其中记载的徐州汉碑有:徐州司徒袁安碑、永康元年湖陵度尚碑(167年)、沛县高祖庙前三碑(延熹中,158—167年)、泗水亭高祖碑(延熹十年,167年),下邳太尉陈球墓三碑、龚胜墓碣等。《水经注》中虽然没有录下这些碑中的文字,却记载了这些碑安置的具体地点并标注了碑名。

宋代许多金石著作都记载了徐州汉碑的遗存情况。北宋嘉祐八年(1063年)欧阳修著《集古录跋尾》,仅在卷三录陈球碑,跋文"后汉太尉陈球碑,光和元年"。《集古录》是欧阳修据其所藏拓片,"随其所得而录

---

① (清)叶昌炽撰,柯昌泗评,陈公柔、张明善点校:《语石 语石异同评》,中华书局1994年版,第77页。

之"。熙宁二年（1069年）欧阳修命其子欧阳棐编录《集古录目》，但徐州汉碑并没有被增加。此后，赵明诚（1081—1129年）撰《金石录》，"补集古录漏落"，依时代先后排列所藏拓本，录入的徐州汉碑有《陈球后碑》《陈球碑阴》《张侯残碑》《荆州刺史度尚碑》《祝长严䜣碑》。《度尚碑》是北宋政和二年（1112年）在沛县出土，《严䜣碑》是政和五年（1115年）"下邳县民，耕地得之"，因此二碑在《集古录跋尾》《集古录目》中均无记载。洪适《隶释》卷二十七引无名氏著《天下碑录》中记载的徐州汉碑有：《刘熙碑》，在萧县25里；《袁安碑》，在子城南门外百步；《汉高祖感应碑》，在丰县北，延熹十年丰令刘霣立。

南宋金石学家洪适（1117—1184年）是宋代金石学集大成者，所著《隶释》《隶续》收汉魏碑刻拓片共189种。其中卷七录有《荆州刺史度尚碑》；卷十录有《太尉陈球碑》《陈球碑阴》《陈球后碑》；《隶续》卷一录有《处士严发碑》；卷三录有《严䜣碑》；卷五绘有"汉故太尉陈公之碑"图。与《水经注》《集古录》《金石录》《天下碑录》不同的是，《隶释》《隶续》不仅录其碑名，还照录了碑文并详加考证，有的还绘有碑图，介绍了碑式。

南宋著名的史学家、文献学家、目录学家郑樵（1104—1162年）所著《通志·金石略》首次将金石的内容列入纪传体通史中。《金石略》收录两汉石刻212种，其中徐州汉碑有九通，分别是：《袁安碑》、《太傅龚胜碑》、《刘熙碑》（又碑阴）、《汉高祖感应碑》（延熹十年）、《高祖庙碑》、《太尉陈球碑》（蔡邕文并书，光和元年）、《太尉陈球后碑》、《陈球碑阴》、《度尚碑》（未详）。

除以上碑录之外，《彭城姜肱碑》在《水经注》《集古录》《金石录》《隶释》《隶续》等金石著作中都无记载。该碑又称为《彭城姜伯淮碑》，蔡邕撰文，唐初本《蔡中郎集》收录此碑文。

由于宋代印刷条件的限制，洪适等只能记录碑中的文字。而南宋文字学家娄机（1133—1212年）的《汉隶字源》所录汉碑309种，并将汉碑中的文字进行钩摹，按四声206韵编排。清代顾南原《隶辨》以《汉隶字源》

为蓝本,钩摹了徐州汉碑中的《陈球碑》《度尚碑》《严䜣碑》《严发碑》等碑文中的异体字、假借字、俗体字。《汉隶字源》和《隶辨》为我们保存了大量徐州佚失汉碑的原始字形,是我们了解徐州佚失汉碑原始面貌的重要文献。

根据以上记载,到宋代为止,徐州共发现汉碑15通左右,其中沛县"高祖庙三碑"的记载比较模糊,其他各碑在宋代还保存较好。清人叶昌炽说:"洪、娄著录汉碑二百七十六,至今三十九在,余皆亡。"①宋代以后,黄河改道夺泗入淮。明代万历年间以后,黄河数次决堤,徐州三次湮城,原保存在地面上的石碑被深深地埋入黄土,徐州历史上所存汉碑佚失殆尽(见表1)。

表1 徐州佚失汉碑一览

编次	碑名	撰文	地点	著录文献	年代
1	《袁安碑》	不详	徐州	《水经注》《天下碑录》《通志·金石略》	东汉
2	《张侯残碑》(《汉故张侯之碑》)	不详	古留城	《金石录》	东汉
3	《太傅龚胜碣》	不详	徐州	《水经注》《通志·金石略》	东汉初年
4	《刘熙碑》	不详	徐州	《水经注》《通志·金石略》《同治徐州府志》	东汉
5	《高祖庙三碑》	不详	沛县	《水经注》《通志·金石略》	东汉
6	《高祖泗水亭碑铭》	班固	沛县	《水经注》《括地志》《古文苑》《寒山堂金石林时地考》《天下金石志》	章和元年(87年)
7	《汉高祖感应碑》	不详	丰县	《天下碑录》《通志·金石略》	延熹十年(167年)
8	《度尚碑一》	蔡邕	沛县湖陵	《艺文类聚》	永康元年(167年)
9	《度尚碑二》	蔡邕	沛县湖陵	《金石录》《隶释》《通志·金石略》	永康元年

① (清)叶昌炽:《语石》,辽宁教育出版社1998年版,第52页。

（续表）

编次	碑名	撰文	地点	著录文献	年代
10	《太尉陈球碑》	蔡邕	下邳	《水经注》《集古录》《集古录目》《墨池编》《金石录》《通志·金石略》《宝刻丛编》	光和二年（179年）
11	《太尉陈球后碑》	蔡邕	下邳	《水经注》《集古录目》《墨池编》《金石录》《通志·金石略》	光和二年
12	《陈球碑阴》		下邳	《水经注》《集古录目》《墨池编》《金石录》《通志·金石略》	光和二年
13	《祝长严䜣碑》	卜胤	下邳	《金石录》《隶续》《宝刻丛编》《同治徐州府志》	和平元年（150年）
14	《处士严发碑》	不详	徐州	《隶续》《同治徐州府志》	东汉
15	《彭城姜肱碑》（《彭城姜伯淮碑》）	蔡邕	徐州	《蔡中郎集》	东汉末年

二、徐州新出土的汉碑刻石

徐州历史上的汉碑虽已无存，但自20世纪80年代以后，徐州又出土了数量较多的汉碑刻石，包括塞石题记、墓阙题记、祠堂题记、墓志铭、画像榜题、禁令公告、镇墓石、黄肠石题记等类型。目前，徐州新出土的汉碑刻石总计有40余处。

西汉时期，徐州的碑刻主要是王陵墓葬的塞石题记。西汉时期，徐州为楚国封地，这里流行着"因山为藏"的横穴式崖墓，为了防盗，甬道内填以塞石，塞石上或用朱砂书写或刻上文字，标明塞石的尺寸、编号及其所在的方位。1981—1982年，南京博物院清理发掘的龟山二号汉墓，根据出土的龟纽银印可以判定墓主人为第六代楚王刘注。1992年，徐州博物馆对刘注墓的墓道进行清理，在墓道的塞石上发现了刻石文字和朱书文字,其中的"第百上石"刻有44字铭文,内容为"楚古尸王"遗训。① 除刘注墓之外,狮子山楚王墓、北洞山楚王墓、西卧牛山楚王墓、驮篮山楚王墓墓道的塞石中都发现了塞石编号文字。此外,徐州民间还藏有西汉哀帝元寿二年(前1年)刻石,通篇有70多字,是目前发现西汉刻石中文字最多的一例。西汉刻石存世不多,欧阳修《集古录跋尾》载:"欲求前汉时碑碣,卒不可得。"现存的西汉刻石有景帝中元元年(前149年)的"鲁六年九月所造北陛"刻石,文帝刘恒后元六年(前158年)的"群臣上寿"刻石,霍去病墓前的"左司空刻石""霍巨孟刻石",宣帝五凤二年(前56年)的"鲁孝王刻石"("五凤刻石"),曲阜九龙山摩崖汉墓中的"王陵塞广四尺"刻石,永城芒砀山汉梁王墓塞石刻石,王莽居摄二年(7年)"祝其卿坟坛刻石""上谷府卿坟坛刻石",曲阜出土的新莽时期"安汉里画像石刻字",四川巴县(今重庆巴南区)出土的"汉巴州民杨量买山地记",云南昭通出土的《孟孝琚碑》等。

东汉时期,徐州的碑刻主要是墓阙、祠堂及画像石墓室中的题记。徐州是中国汉画像石的集中出土地之一,在汉画像石的墓阙、祠堂、墓室中,常见有刻石文字,记载赞助人的行为、目的。徐州地区发现的画像石刻石题记有墓阙题记2处,画像祠堂题记16处,墓室题记7处。

墓阙题记是东汉和帝永元元年(89年)碑阙题记和东汉安帝永宁元年(120年)碑阙题记。目前,国内发现的汉阙有40余处,其中刻有明确纪年的石阙仅有17处。因此,徐州发现的两处碑阙题记有重要的考古价值。

徐州发现的画像祠堂题记有16处,分别是:铜山汉王"永平四年"(61年)题记,永平十七年(74年)"甾丘戍守史杨君德安"祠堂题记,铜山汉王东沿村"元和三年"(86年)题记,铜山汉王东沿村"丁巳立石"题记,永元三年(91年)祠堂画像,铜山汉王"永元囗年"(89—104年)小

---

① 徐州博物馆:《江苏铜山县龟山二号西汉崖洞墓材料的再补充》,《考古》1997年第2期。

祠堂题记，铜山张集镇"永建四年"（129年）题记，铜山茅村汉安二年（143年）画像题记，汉王乡"作石室直二"祠堂题记，铜山大庙镇画像祠堂题记，铜山伊庄画像祠堂题记，睢宁古邳镇"顾君之石"题刻，铜山吕梁"作石室值泉五千"祠堂题记，"下邳终郭乡"祠堂画像题记，铜山茅村蔡丘祠堂画像石题记，"作石室人马食太仓"题记。画像祠堂题记一般包括建祠年代、祠主与建祠者的关系、建祠的费用等内容，但没有固定的行文格式。

徐州汉画像石中的墓室题记较为少见，目前仅发现的石椁墓题记有铜山吕梁"永平十年"画像石题记、徐州汉画像石艺术馆藏石椁墓头档"永平十八年"题记，睢宁古邳镇苗庄石椁墓题记；石室墓的题记有"永元五年"画像石题记、邳州燕子埠"彭城相缪宇墓志"、邳州燕子埠"武原长缪纡墓志"、铜山茅村汉画像石墓"熹平四年"题记等。1982年发现清理的邳州燕子埠画像石墓前室横额中段偏右位置有一段刻石文字，内容为"故彭城相行长史事吕守长缪宇"的事迹介绍，时代为东汉元嘉元年（151年）。徐州从事缪纡墓的墓室横梁石正中偏右的位置上刻有文字，内容为徐州从事缪纡的事迹，时代为东汉延熹八年（165年）。这两处刻石文字已具备墓志铭的性质。

画像石"榜题"是刻在画像旁边有方框的文字，用以注释图像的内容。徐州汉画像石中有榜题的画像石不多，仅铜山汉王东沿村小祠堂、邳州燕子埠彭城相缪宇墓等地的画像石上有榜题，但这些榜题对于辨识图像内容有着重要的意义。

第二节　徐州汉碑刻石的史学价值

汉碑刻石是一种出土的文献，它极大地丰富了我们的知识视野，扩展了我们的认知领域，增加了碑学方面的研究内容，诚如王国维先生所言：

"古来新学问之起，大都由于新发现。"徐州发现的汉碑刻石中蕴含着极为丰富的信息，史料价值很广，内容涉及历史、文化、经济、社会生活、宗教信仰等各个方面，可"证经典之同异，正诸史之谬误，补载籍之缺佚，考文字之变迁"①。为史学研究提供新的研究内容，其史学价值和意义是多方面的。

画像石刻石题记是一种确切的文字史料，它所传达的信息及想表达的观念，要比图像表现得更直接。汉画像石中的刻石题记传达着丰富的文化信息，蕴含着重要的学术价值，历来受古今学者的重视。人们利用图像中的文字"证经典之同异，正诸史之谬误，补载籍之缺佚，考文字之变迁"，正说明了刻石题记在史学研究中的价值。

一、补史籍之缺漏

碑原本有史的性质。刘勰《文心雕龙》载："夫属碑之体，资乎史才。其序则传，其文则铭。"②明王世贞《艺苑卮言》中说："曰叙、曰记、曰碑、曰碣、曰铭、曰述，史之变文也。"③徐州汉碑刻石中常见碑主、祠主、墓主的姓名，这些人物有些身份较高，史书有传；有些人物则不见经传。碑刻中的人物事迹可以与正史相互印证并对正史做以补充。

汉高祖的母亲，史书记载为刘媪，《史记·高祖本纪》载："父曰太公，母曰刘媪。""媪"多解释为老妇，也就是说刘邦母亲不知其姓，依刘邦的父亲为刘媪氏。《高祖泗水亭碑铭》有"母温氏"三字，唐代著名的史学家司马贞说："贞时打（拓）得班固泗水亭长古石碑文，其字分明作'温'字，云'母温氏'，贞与贾膺复、徐彦伯、魏奉古等执对反复，沈叹古人未闻，聊记异见，于何取实也。"此可证明汉代有刘邦母亲姓温一说。

---

① 朱剑心：《金石学》，商务印书馆1940年版，第4页。
② （南朝梁）刘勰撰，周振甫注：《文心雕龙注释》，人民文学出版社1981年版，第128页。
③ （明）王世贞：《艺苑卮言》，凤凰出版社2009年版，第13页。

彭城人姜肱是东汉桓帝时著名隐士,《后汉书》卷五十二①有传,《姜肱传》与《彭城姜肱碑》所载略有不同。如姜肱父亲,《姜肱传》注引谢承书曰"祖父豫章太守,父任城相",碑为"高祖、祖父,皆豫章太守、颍阴令";《姜肱传》"征肱为太守",《后汉纪》卷二十三"就拜姜肱为犍为太守"②,碑文作"又家拜为犍为太守、太中大夫";《后汉书·姜肱传》说"弟子陈留刘操追慕肱德,共刊石颂之",《彭城姜肱碑》为"从游弟子陈留申屠蟠等";《姜肱传》载姜肱的卒年"熹平二年终于家",《彭城姜肱碑》为"熹平二年四月丁巳卒"。《彭城姜肱碑》的作者是与姜肱同时代的大儒蔡邕,因此记载姜肱的事迹更为翔实可信。

湖陵人度尚是东汉时期名将、名士。曾任荆州刺史,故碑额题"汉故荆州刺史度侯之碑"。《后汉书》卷三十八有《度尚传》,与《度尚碑》所记度尚仕宦经历有所不同。《度尚传》记度尚:郡上计吏,郎中,上虞长,文安令、右校令、荆州刺史、右乡侯、桂阳太守、中郎将、复荆州刺史。《度尚碑》为:初奉岁计、郎中、上虞长、以从父忧去官、更举孝廉、右校令、右乡侯、辽东太守、中郎将、复拜荆州刺史。《度尚碑》记载度尚曾以从父忧去官,后举孝廉再仕为右校令,《度尚传》不见这段记载。《度尚传》云(延熹七年)"封右乡侯,迁桂阳太守",《度尚碑》为"封右乡侯,迁辽东太守"。《度尚碑》残缺,碑文缺失"上虞长迁文安令"和"自右校令擢为荆州刺史"的记载。《度尚传》与《度尚碑》二者结合互证,则更能全面反映出度尚的事迹。

彭城相袁贺为明帝时司徒袁安的曾孙。汝南袁氏为东汉名门望族,世代官宦。袁贺任彭城相史书有载,《后汉书·袁安传》载:"闳字夏甫,彭之孙也。少励操行,苦身修节。父贺,为彭城相。"③但袁贺任彭城相的具体时间史书缺载,《府君教碑》明确记载袁贺任彭城相的时间为建和二年

---

① (南朝宋)范晔撰,(唐)李贤等注:《后汉书·周黄徐姜申屠列传》,中华书局1965年版。
② (晋)袁宏:《后汉纪校注》,天津古籍出版社1987年版,第640页。
③ (南朝宋)范晔撰,(唐)李贤等注:《后汉书·袁安传》,中华书局1965年版,第1527页。

（148年），时年袁贺39岁。袁贺任彭城相期间的政绩史书缺载，《府君教碑》则记载了袁贺任彭城相时禁"得薪采石""既利百姓"的事迹。

邳州燕子埠彭城相缪宇墓，墓志明确记载了缪宇为东汉彭城国国相，从题记中得知，缪宇的殁年为元嘉元年（151年）。文献记载的东汉彭城相有彭城王刘恭时的张晧（107年前后）、赵牧（116年前后），刘道时的袁贺（148年前后），灵帝时的文穆、史弼（180年前后）、左尚，献帝时的刘艾（196—198年）、汲廉、薛礼、糜芳、温恢。根据题记纪年可知，缪宇为彭城相在袁贺之前，此可补史籍记载之缺。

徐州汉碑刻石中还记有许多史书缺载的东汉彭城国官员人名和官职，如明帝永平年间的甾丘戍守史杨德安；桓帝时期的彭城相缪宇，徐州从事武原长缪纡，彭城长史程祗、守属司马璋、甾丘长王阳庞等。这些对于研究汉代的官职制度、地方官吏的设置等方面，均有参考意义。此外，下邳祝长严䜣、彭城处士严发，史书无传，其事迹见于《祝长严䜣碑》和《处士严发碑》中。

新发现的墓阙、祠堂题记中常刻有用钱若干的文字，这些文字对研究汉代货币经济有重要的参考价值。墓阙、祠堂中记载用钱多少的题记流行在鲁南、苏北地区。鲁南画像石中有16处记载当时建造墓葬、祠堂、石阙所用的费值。① 如建初八年（83年）张文思为父造祠堂"石值三千"；莒南元和二年（85年）孙仲阳阙"值万五千"；平邑八埠顶章和元年（87年）功曹阙"值四万五千"，永初七年（113年）戴氏享堂"建石室五千，郭苞二千五百……并九千五百"；山东枣庄延光三年（124年）祠堂坟堂"钱三万五千"；微山两城山永建五年（130年）祠堂"五千"，永和元年（136年）王成母食堂"直（值）钱五千"，永和二年（137年）祠堂"财弗（费）直万"；山东永和四年（139年）祠堂"食堂直三万五千""作食石置王母

---

① 欧阳摩一统计山东地区有祠堂、阙墓、造价的有13处。参见欧阳摩一《汉画像石题记中堂、阙、墓造价探析》，《四川文物》2009年第1期。

价值三千";鱼台建康元年(144年)文叔阳食堂"直钱万千";嘉祥建和元年(147年)武氏祠阙"十五万"、石狮"四万";徐安国祠堂(158年)"二万七千钱";曲阜徐家村延熹元年(158年)画像石墓"作此藏堂……使工五万,又食九万,共直钱□□万";孔眈墓(182年)"三万钱"(包括祠堂和墓);滕州初平元年(190年)封墓记食堂"直钱二万五千"。

徐州画像石中有10处记载了建造墓室、祠堂费值信息的刻石题记。如睢宁县古邳镇苗庄的石椁墓"李□乡石椁直万当千",铜山张集吕梁永建四年(129年)石刻题记"治石棺及石羊设于石室前廿万九千礼",汉王永平四年(61年)祠堂"作石室直五千泉",汉王东沿村元和三年(86年)"治冢石室直钱万五千""立石室直钱七千",徐州汉画像石艺术馆藏永元三年(91年)祠堂画像"直钱三万五千",大庙祠堂汉画像石"起石室立坟直五万二千",茅村祠堂画像"直钱卅……",汉王永元小祠堂"钱三万五千",汉王小祠堂"作石室直二……"。这些费用从最低的5000钱到最高的20万钱以上不等。

汉画像石题记中记载的建墓、立祠所花的费用,虽出于虚荣浮夸的心理,却反映了当时物价的真实情况,这些题记内容对研究当时社会的经济有着非常重要的史料价值。

根据东汉延平元年(106年)官吏的俸禄标准,千石官吏每月俸禄得4000钱、30斛米;而百石小吏每月得钱800、米4.8斛(约150斤)。东汉时期官吏的平均年俸为1.6万钱左右。应该说,汉代一般官吏的收入是比较低的。武氏祠阙的主人为官秩千石的中级官吏,造阙的花费为"十五万"[①];平邑功曹阙的阙主做过南武阳的功曹,县功曹为县长属吏,官秩百石,因此平邑功曹阙只是建2.5米左右的单阙,其造价是"四万五千";山东莒南孙氏阙的主人是没有官秩的平民,因此阙的样式为

---

① 武氏祠阙铭:"建和元年,太岁在丁亥,三月庚戌朔,四日癸丑,孝子武始公、弟绥宗、景兴、开明,使石工孟孚、李弟卯造此阙,直钱十五万;孙宗作师(狮)子,直四万。"

简单的碑形阙,其造价为"万五千"。汉画像石题记中的一般丧葬费用都在万钱以上。徐州汉王元和三年的石室是一座规模很小的祠堂,花费1.5万钱,相当于一般官吏的一年的收入。

汉代建墓、立祠的花费主要是工钱。关于汉代用工的价格,文献记载多有差异,主要有月钱2000和月钱300两种说法,但这两种说法差距很大,历来争论较多。① 汉代画像石题记提供了东汉时期画像石工匠价格方面的信息。如永兴二年(154年)东阿芗他君石祠堂题记:"取石南山,更逾二年……使师操义、山阳虾丘荣保、画师高平代盛、邵强生等十余人,价钱二万五千,朝暮侍师,不敢失欢心。"② 这段题记中的用工总数虽不精准,但可以看出每日十人历时二年的大概数字。以总价二万五千钱计算,当时的工人每月当在百钱左右,这里的工钱不包括本人的饮食,所以有"朝暮侍师,不敢失欢心"。曲阜徐家村延熹元年(158年)画像石墓中的题记是将工钱和伙食费分开计算的。从画像石题记所反映的建祠冢的一般价格来看,东汉时期的用工每日工钱在十钱左右。

从画像石题记记载的建墓、阙、祠所花费用来看,价格是在不断上涨的。这一方面反映出东汉初期,人们受光武帝简略从政的影响,时人有节葬思想,墓、阙、祠建造得简单。东汉中期以后,奢靡之风日益增长,墓、阙、祠建造的规模越来越大。另一方面可以看出东汉时期的物价在不断地上涨,特别是到了桓、灵时期,灾荒不断,各郡国饥馑歉收,"百姓饥穷",此时"货轻钱薄",钱不值钱,因而建造墓、阙、祠的费值是很高的。

从画像石题记中的有关价格信息,可以看出当时社会的厚葬之风。由于东汉时把"孝悌"作为"举孝廉"的一条标准,因而"生不极养,死乃崇丧",竭尽家财而施厚葬。《盐铁论·散不足》:"今生不能致其爱敬,死以

---

① 丁邦友:《汉代物价新探》,中国社会科学出版社2009年版,第92页。
② 罗福颐:《芗他君石祠堂题字解释》,《故宫博物院院刊》1960年第2期。

奢侈相高，虽无哀戚之心，而厚葬重币者则称以为孝，显名立于世，光荣著于俗，故黎民相慕效，至于发屋卖业。"《后汉书·崔骃列传》记载崔寔的父亲崔瑗去世后，崔寔"剽卖田宅，起冢茔，立碑颂。葬讫，资产竭尽，因穷困，以酤酿贩鬻为业"。汉代，丧葬费用有最低的标准，《汉书·平帝纪》载："（元始二年）郡国大旱，蝗……赐死者一家六尸以上葬钱五千、四尸以上三千、二尸以上二千。"平均每人葬费在千钱左右。平民百姓的葬费如此之低，而达官贵人的葬费却高得惊人，如武氏祠的祠主武荣最高官位为执金吾，仅起祠堂、作石狮两项费用就达19万钱。执金吾官秩为中二千石，月俸得4000钱。建造如此规模的墓祠，正如《从事武梁碑》所言："竭家所有，选择名石。"竭尽家财，建冢立祠，算得上厚葬了。

二、证经典之同异

徐州汉碑刻石题记中常引用《易经》《孝经》《诗经》等典籍。如2005年发现的永元三年（91年）祠堂画像题记，题记中有"易曰：吉无不利"，引自《易经·系辞上》的"自天祐之，吉无不利"；题记中的"积善之家必有余庆，积不善之家必有余殃"，引自《周易·坤卦》；题记中"子孝于父，臣忠于君"见于《焦氏易林》中。徐州从事缪纡墓志中的"或黄或白"，引自《诗经·小雅·裳裳者华》"裳裳者华，或黄或白"。

而题记中有些引文与今本文献不同，对于研究文献传抄过程中的衍误有补正的作用。如铜山大庙画像石题记中的"孝经曰：卜其宅兆而安厝之，为家庙以鬼神食享之"与今传本《孝经·丧亲章》"卜其宅兆而安措之；为之宗庙以鬼享之"① 略有异同。题记中作"家庙"，今本《孝经》为"宗庙"；题记中的"安厝"，今本《孝经》为"安措"；题记中"以鬼神食享之"，今本《孝经》为"以鬼享之"。但二者文义相同，可知《孝经》在历代传抄中

---

① 《宋刻孝经》（清乾隆内府收藏本影印），天津古籍出版社1987年版，第32页。

版本有所不同。

　　铜山伊庄画像祠堂题记中的铭文有一段文字似摘自《孝经·丧亲章》，但字数要比今传本《孝经》多出不少。题记内容为："孝子丧亲，表思明情，哀者作也。父母失年，哭不哀其声，叨乎若绝不还；服美不安，去玲荣，闻乐不乐，意不听承。广顺经：大人治世，小人治名。众史顼命在天，子无随没之寿，王无附之之臣。卜其宅兆，务便亲者安，乃昔日之以如生也。"今传本《孝经》原文为："孝子之丧亲也，哭不偯、礼无容、言不文、服美不安、闻乐不乐、食旨不甘、此哀戚之情也。"铜山伊庄画像祠堂题记所引文献很可能出自与《孝经》内容相似的另一部失传的文本，也可能属于《孝经》传注或解说性质的书。

　　西汉末年的《鱼山刻石》铭文中也出现了与《孝经》相关的语句，刻石中段第二句"身体发肤，父母所生，慎毋毁伤"的内容与今传本《孝经》第一章"身体发肤，受之父母，不敢毁伤"的语句稍有不同。《鱼山刻石》中的"慎毋毁伤"，今传本作"不敢毁伤"，而河北定州八角廊中山怀王刘修墓出土汉简有关《孝经》的篇章为"弗敢毁伤"，可见《孝经》所传的文字并不完全相同。出土于北京石景山的《幽州书佐秦君神道题刻》，立于东汉元兴元年（105年），铭文中的"孝悌之至，通于神明"完全引用的《孝经》第十六章中的句子"孝悌之至，通于神明，光于四海，无所不通"。

　　《孝经》有今、古两个版本系统，两个版本在汉代都十分流行。古文《孝经》出自孔壁，与今文本比较，字读有别，文字至少多出《闺门》一章，篇章亦不同。《汉书·艺文志》云："武帝末，鲁共王坏孔子宅，欲以广其宫，而得古文《尚书》及《礼记》《论语》《孝经》等凡数十篇，皆古字也。"《汉书·艺文志》颜师古注引桓谭《新论》云："古孝经千八百七十二字，今异者四百余字。"汉代《孝经》还有孔安国传本和郑玄注本，这两个版本后都失传。徐州汉画像石题记中有关《孝经》的内容，对研究《孝经》版本的流传及亡佚的传注，都有重要的史料价值。

三、记丧葬礼俗

徐州汉碑刻石中有许多是关于当时丧葬礼仪方面的内容。如龟山楚王刘注墓"第百上石铭"中的"令群臣,已葬去服",意思是葬礼结束后即解除服丧,与汉文帝的遗诏"令到出临三日,皆释服"的内容相同。汉王元和三年(86年)祠堂画像题记中刻有"……侯世子豪,行三年如礼"。世子即嫡长子,这里所说的"行三年如礼"即"三年之丧"。"三年之丧"是儒家最为重视的丧期。《礼记·三年问》说:"三年之丧,人道之至文者。"汉初,三年之丧并没有形成定制。汉文帝遗诏简化丧事,三年之制曾被"以日易月"成为三十六天。到汉哀帝时,开始提倡三年之丧,哀帝诏曰:"河间王良丧太后三年,为宗室仪表,益封万户。"王莽时,开始盛倡服丧三年,并形成定制。东汉光武帝时,国政趋向简易,丧制也随简化,然而三年之丧制度依然大行于世。到汉明帝时,天子本人也自行三年丧礼,三年之丧的制度被正式确立下来,并且作为"举孝廉"的一项标准。画像石题记中,把"行三年之礼"的内容刻出昭示后人,应是当时社会丧葬制度的反映。

徐州汉碑刻石中,反映丧葬礼俗的内容还有殡、葬问题。汉代丧葬制度基本上沿袭了西周礼制,殡、葬是分开进行的。《说文解字》说:"殡,死在棺,将迁葬柩,宾遇之",即在人死后,停柩于堂,待来宾行礼,殡后由冢人、巫者来定下葬的吉日,再行葬礼。殡、葬之间的时间没有严格的规定。据杨树达先生考证,自始死至葬,其间最近者七日,次者或十日。西汉末年颇有停丧不葬之风,百余日不葬并非罕见。①邳州燕子埠《缪宇墓志》:"君以和平元年(150年)七月七日物故,元嘉元年(151年)三月廿日葬。"殡、葬相差200余天。古代对丧葬时日是有规定的,秦汉时期流行男日、女日葬的习俗。湖北云梦睡虎地秦墓竹简《日书》甲种:"葬日,子、卯、巳、酉、戌,是谓男日;午、未、申、丑、亥、辰,是谓女

---

① 杨树达:《汉代婚丧礼俗考》,上海文艺出版社1988年版,第144页。

日。女日死,女日葬,必复之。男子亦然。"①"元嘉元年三月廿日"为丙子日,缪宇葬在男日。

徐州汉碑刻石中还反映了当时的合葬礼俗。西汉武帝以前流行着夫妻异穴合葬,武帝以后开始流行夫妻同穴合葬。东汉时期的室墓基本上都是夫妻合葬墓。在墓室中举行合葬的祭祀活动史书上亦有记载,《后汉书·礼仪志》载:"合葬,羡道开通,皇帝谒便房。太常导至羡道,去杖,中常侍受,至柩前,谒,伏哭如上仪,辞,太常导出,中常侍授杖,升车归宫。"邳州燕子埠乡永寿元年徐州从事《缪纡墓志》:"永寿元年(155年)岁乙未十二月丙寅遭疾终卒";至"丙申(永寿二年,156年)十月成葬",其夫人乙巳年(延熹八年,165年)七月卒,十一月葬。缪纡死后十年夫人卒,显然缪纡停厝待葬不可能长达十年之久,应是缪纡死后先葬,夫人死后再进行同穴合葬。

汉代的墓室与祠堂不是同时间建成的,祠堂是墓主的后人建造,应晚于墓室的营建。祠堂画像石中的题记,往往刻有死者夫妇的卒年、祠堂建造的时间、祠堂落成的时间。如汉王永平四年画像石题记载:"建武十八年(42年)腊月子日死。永平四年(61年)正月,乃作石室。"从建武十八年到永平四年,其间相距18年,灵柩停放如此之久是不可能的。很有可能是夫妻中先逝者葬入墓穴,待后逝者合葬,然后再建造祠堂刻石题记。据山东戴氏享堂题记,戴掾卒于永初四年(110年),戴母卒于永初五年(111年),立祠的时间为永初七年(113年);据山东东平石马村石柱上的题记,西汉平帝元始二年(2年)五月母殁,元始三年(3年)五月父殁,居摄二年(7年)二月作治祠堂,居摄三年(8年)做成。由于墓室的建造与祠堂的建造并不是同时进行的,因此会出现墓室画像的风格与祠堂画像的风格不一致的情况。如山东嘉祥武氏祠画像石与武氏墓地两座画像石墓

---

① 吴小强:《秦简日书集释》,岳麓书社2000年版,第43页。

的画像风格完全不同①。

徐州汉碑刻石中的丧葬词语有：表示皇帝之死用"晏驾"，如《太尉陈球碑》"孝桓晏驾"，《战国策》和《史记》中都有此称法。突然病逝用"掩忽摧藏"（《严䜣碑》），"掩忽"是突然的意思，《芗他君祠堂题记》有"掩忽不起"。卒年未满五十用"天命有结"，汉王东沿村"丁巳立石"祠堂题记有"天命有结"。天命指"五十知天命"，许安国祠堂有"天命有终，不可复追"。将长辈之死称为"失年"，铜山伊庄画像祠堂题记有"父母失年"。对幼童遭疾夭折的哀辞有"禀命不长"，如《吴岐子根墓记》"禀命不长，凤罹凶灾"，蔡邕《童幼胡根碑铭》用了同样的词句。死的婉称为"物故"，《缪宇墓志》称"君以和平元年七月七日物故"，铜山张集"永建四年"祠堂题记有"物故时大岁在丁〔卯〕"。对疾病而死的也有习惯用语，如《杨德安祠堂题记》"不宁遭疾，春秋卌有六"，杨德安卒年46岁，未满寿，所以称为"不宁遭疾"。《缪纡墓志》称缪纡因病而终为"遭疾终卒"，称缪纡夫人因病而终为"不起假疾"。"疾"与"瘦"都是病的意思，而"瘦"专指女病，《说文解字》曰："瘦，女病也。"徐州汉碑刻石中的丧葬用语反映出当时人们对死亡有丰富的语言讳称。

四、考年代先后

纪年画像石可以作为考古学断代的标尺。如墓葬中发现纪年画像石，可以确定这一类型墓葬的流行年代，为画像石墓的类型断代提供科学依据；祠堂画像石纪年，可以确定这一类型祠堂的流行年代，为画像祠堂的形制分类及流行年代提供科学依据。纪年画像石在考古类型学中起到的作用十分明显。

纪年画像石为神道石雕、墓阙、祠堂、画像石墓的起源提供了科学

---

① 蒋英炬、吴文祺：《汉代武氏墓群石刻研究》，山东美术出版社1995年版，第119—127页。

依据。在已知的有纪年的汉画像石中,最早的纪年墓上建筑是1997年山东东平石马出土的居摄三年(8年)石柱[①];最早的纪年石阙是山东文登的建初六年(81年)阙[②];最早的纪年画像石祠堂为山东汶上县天凤三年(16年)路公食堂;最早的纪年画像石墓葬为河南南阳天凤五年(18年)的冯君孺人画像石墓。

据杨爱国《幽明两界——纪年汉代画像石研究》书中的统计,全国发现的纪年画像石总计94处,其中山东发现35处,四川发现22处,陕北、晋西发现18处,河南发现7处,江苏发现6处,安徽发现4处,湖北发现1处,北京发现1处。这个统计并不完整,徐州有明确纪年的刻石应为26块,其中22块为墓阙、祠堂、画像石墓中刻石。时代最早的刻石为汉王小祠堂"丁巳立石(57年)",时代最晚的刻石为熹平六年(177年)《吴岐子根墓记》。从纪年画像石中我们知道,东汉初年,徐州地区就出现了地面祠堂建筑,并且开始在墓地设石羊。东汉早期徐州一带流行的是单开间平顶小祠堂,东汉中期以后出现了悬山顶的两坡式祠堂。东汉早期,徐州汉画像石的墓葬还是石椁墓,东汉中期以后,室墓开始出现。这些纪年画像石,为徐州汉画像石的分期提供了最直接的依据。(见表2)

著名学者白寿彝先生说:"关于时间的记载,是历史记载必要的构成部分,年代学的研究是历史文献学研究的主要课题。"纪年刻石还可以反映出汉代文字由篆书到隶书的演变过程。纪年碑刻在考古类型学中起到的作用十分明显。

徐州土山汉墓出土的黄肠石上刻有题铭"官十四年",汉代有中央朝廷纪年和诸侯在位纪年两种纪年方式,天子纪年为全国共同的纪年,诸侯在位纪年为诸侯本国内纪年,"官十四年"应是东汉彭城国的本国纪年。东汉

---

① 杨爱国:《幽明两界——纪年汉代画像石研究》,陕西人民美术出版社2006年版,第26页。
② 刘正成主编:《中国书法鉴赏大辞典》,大地出版社1989年版;徐玉立主编:《汉碑全集》(一),河南美术出版社2006年版,第141页。

有五代彭城王，根据继位十四年以上的彭城王和墓中出土器物判断，土山汉墓墓主人可能为第二代彭城王刘道或第四代彭城王刘和。

表2　徐州新发现的纪年汉碑刻石

序号	纪年	出土地点或藏品来源	刻石类型	保存情况	现存地点
1	元鼎元年（前116年）	龟山汉墓	塞石题记	完好	龟山汉墓
2	元寿二年（前1年）	征集	石椁墓档头	完好	徐州大公书局
3	丁巳立石（57年）	铜山东沿村	平顶小祠堂	完好	徐州汉画像石艺术馆
4	永平元年（58年）	铜山	墓石	残石	徐州汉画像石艺术馆
5	永平四年（61年）	铜山东沿村	平顶小祠堂正面	完好	徐州博物馆
6	永平十年（67年）	铜山张集吕梁村	石椁墓侧壁	磨泐	徐州汉画像石艺术馆
7	永平十七年（74年）	铜山张集	杨德安祠堂	完好	中国文字博物馆
8	永平十八年（75年）	徐州汉画像石艺术馆	石椁墓墓门	完好	徐州汉画像石艺术馆
9	元和三年（86年）	铜山东沿村	平顶小祠堂	完好	徐州汉画像石艺术馆
10	永元元年（89年）	徐州汉画像石研究会	石阙题记	磨泐	楚王陵管理处
11	永元三年（91年）	铜山	两坡式祠堂	残段	徐州汉画像石艺术馆
12	永元五年（93年）	征集	画像石题记	完好	徐州汉画像石艺术馆
13	永元十年（98年）	征集	画像石题记	残石	徐州汉画像石艺术馆
14	永元十六年（104年）	徐州汉画像石艺术馆征集	没有画像内容	完好	徐州汉画像石艺术馆

(续表)

序号	纪年	出土地点或藏品来源	刻石类型	保存情况	现存地点
15	延平元年（106年）	铜山东沿村	平顶小祠堂	磨泐	徐州汉画像石艺术馆
16	延平元年（106年）	徐州汉画像石艺术馆征集	独立刻石	完好	徐州汉画像石艺术馆
17	永初二年（108年）	徐州汉画像石艺术馆征集	祠堂题记	完好	徐州汉画像石艺术馆
18	永宁元年（120年）	徐州汉画像石馆征集	石阙题记	完好	徐州汉画像石艺术馆
19	永建四年（129年）	铜山张集吕梁村	祠堂刻石	残	徐州汉画像石艺术馆
20	汉安二年（143年）	铜山茅村	墓葬画像	完好	徐州汉画像石艺术馆
21	建和二年（148年）	宿州栏杆镇	府君教碑	完好	徐州博物馆
22	元嘉元年（151年）	邳州燕子埠尤村	彭城相缪宇墓志	完好	徐州汉画像石艺术馆
23	延熹八年（165年）	邳州燕子埠尤村	徐州从事缪纡墓志	完好	邳州博物馆
24	熹平四年（175年）	铜山茅村汉墓	墓室中室	磨泐不清	茅村汉墓
25	熹平五年（176年）	徐州汉画像石艺术馆征集	黄石公碑	完好	徐州汉画像石艺术馆
26	熹平六年（177年）	沛县汉墓	吴岐子根墓记	完好	不详

注：龟山汉墓塞石题记的年代根据墓主人逝年推定。

徐州汉碑刻石的准确纪年为研究汉代的书体演变提供了断代标尺。在碑学研究中，书体的断代往往是根据有确切年代的石刻风格来推断年代未明的石刻，翁方纲对《朱君长残石》断代讨说："……不著时代，然真汉隶也，以书势自定时代耳。"① 利用风格断代的前提是需要大量的有确切纪年

---

① （清）翁方纲撰，沈津辑：《翁方纲题跋手札集录》，广西师范大学出版社2002年版，第82页。

的石刻作为参考，使字体发展的中间环节不断接续起来。徐州汉碑中有许多可以作为"标准风格"的纪年石刻，这就大大增加了汉碑中风格断代的准确性。

徐州纪年刻石均采用汉代流行的年号纪年法，年号在前，年数在后，其后是月、日。与汉代官方文牍不同的是，很少在月后注明朔日，同一年号不同年代用干支纪年，有的在改元后并不再录年号而用干支纪年。如《缪纡墓志》载，缪纡于永寿元年卒，丙申葬，夫人乙巳年七月卒。为了表现吉祥，有的在年后注明太岁在某位，如徐州汉画像石艺术馆藏《黄石公禳灾镇墓刻石》载："熹平五年，太岁在辰。"所有题记没有出现改元后继续使用原年号纪年的情况。

第三节　徐州汉碑刻石的文学价值

汉碑刻石作为一种语言文字的表述形式，有着一定的文学性。汉代是碑文文体发展的重要阶段，奠定了文体规范，树立起碑文典范，在文学发展史上占有重要的地位。"东汉以后，门生故吏，为其府主伐石颂德，遍于郡邑。"[①] 许多文人加入碑文创作的队伍，如范文澜先生所说："东汉则大行碑文，蔡邕为作者之首，后汉文苑之人，率皆撰碑。"[②] 碑文的文学色彩日益浓厚，体现出碑文由标识、记事的功用不断文学化的追求。徐州的汉代碑刻中，有许多优秀的碑文作品，其中著名文学家班固、蔡邕的作品就有5篇。除此之外，徐州汉碑中的佚名作者，如《祝长严䜣碑》《处士严发碑》，其作品也具有较高的文学性。

---

① （清）叶昌炽撰，柯昌泗评，陈公柔、张明善点校：《语石　语石异同评》，中华书局1994年版，第6页。
② 范文澜：《文心雕龙注》，人民文学出版社1985年版，第232页。

一、体贵弘润、卓冠千古 —— 班固的《高祖泗水亭碑铭》

班固（32—92年），字孟坚，汉代著名史学家、文学家，主要著作是《汉书》，另外有各种文体作品41篇，体裁包括赋、表、奏记、笺、书、议、符命、颂、铭、论、哀辞、文、诗等。在班固的文学作品中，赋类的代表作为《两都赋》，碑铭类的代表作为《高祖泗水亭碑铭》《封燕然山铭》。

班固作《高祖泗水亭碑铭》的记载，最早见于《班固集》，《后汉书·郡国志》载："沛有泗水亭。"李贤注："亭有高祖碑，班固为文，见固集。"① 《隋书·经籍志》有《班固集》17卷，已散佚。《高祖泗水亭碑铭》后被录入唐人编《古文苑》中，明代人张溥《班兰台集》亦录入此文。《高祖泗水亭碑铭》又称《高祖碑》，由碑序、碑颂、碑赞三部分组成。碑序已残，唐朝的时候仅存"母温氏"三字，后人录《高祖泗水亭碑铭》时往往忽略了这一重要内容。碑颂是整个碑文中最重要的部分，由46句四字韵文写成，句句押韵，颂扬了高祖刘邦建立汉朝的丰功伟绩。颂本是帝王祭祀神灵，以昭其功绩之文，挚虞《文章流别论》说："颂，诗之美者也。古者圣帝明王，功成治定而颂声兴。"《十八侯铭》实为《十八侯赞》，碑文中有言："叙将十八，赞述股肱。"《释名·释言语》："称人美曰赞。赞，纂也，纂集其美而叙之也。"② 《十八侯赞》属史述赞，班固将十八侯的人选与位次在《史记·高祖功臣侯者年表》的基础上做了调整，在文体上，四言八句，言简意赅地赞述了汉初名臣的事迹。赞、颂同为颂扬之作，二者并没有明显的区别，刘勰《文心雕龙》"文体论"中对赞颂体曰："然本其为义，事生奖叹，所以古来篇体，促而不广，必结言于四字之句，盘桓乎数韵之辞，约举以尽情，昭灼以送文，此其体也。"班固是史述传的开创者，《汉书》中

---

① （南朝宋）范晔撰，（唐）李贤等注：《后汉书·郡国志》，中华书局1965年版，第3420页。
② （清）王先谦撰集：《释名疏证补》，上海古籍出版社1984年版，第317页。

的人物传记后附有"赞曰",但《汉书》的"赞曰"是骈散结合的杂言赞,而《十八侯赞》为四言的诗体赞,以唱言为赞,更具文学色彩。

东汉的碑刻多为私人的墓碑,沛县《高祖泗水亭碑铭》是为汉室圣祖、国家股肱歌功颂德,只有班固这样才高识远的文史通才,才能写出体贵弘润、卓冠千古的《高祖泗水亭碑铭》。

二、铭德纂行,文采允集——蔡邕的碑文

东汉碑诔盛行,作家众多,而以蔡邕碑文的成就最高。蔡邕(133—192年),字伯喈,东汉末年著名文学家、书法家。他博学多才,通晓经史、天文、音律,擅长辞赋。蔡邕的哀铭碑诔尤受到当时人们的重视,是当时公认的撰写碑文的大家。刘勰《文心雕龙·诔碑》称赞曰:"自后汉以来,碑碣云气。才锋所断,莫高蔡邕。"李充《起居诫》曰:"中世蔡伯喈长于为碑。"① 蔡邕一生所撰碑文40余篇,宋王应麟《困学纪闻》云:"蔡邕文今存九十篇,而铭墓居其半。"② 徐州汉碑中有蔡邕所撰的碑文四篇,分别是《度尚碑》《陈球前碑》《陈球后碑》《彭城姜肱碑》。

蔡邕是汉末的辞赋大家,他把作赋的手法用于碑文的创作中。蔡邕的碑文语求骈俪,辞藻华美。如《度尚碑》赞度尚:"秉黄中之正性。智含渊薮,仁隆春暖,义高秋云,行洁冰霜,慷慨壮厉。"虽为虚笔颂词,语言却广为缀采,纵意铺陈。蔡邕还是经学大家,碑文中引经据典,常引用《诗经》《尚书》《周易》《左传》《论语》等经典,显示了作者的渊博学识。在《度尚碑》中,他赞度尚任辽东太守与鲜卑作战,使边境安宁,用了"干戈载戢,走马以粪",这两句出自《诗·周颂·时迈》和《道德经》。

《彭城姜肱碑》隶事用典,是一篇文学色彩浓厚的碑文。如赞姜肱的

---

① (隋)虞世南:《北堂书钞》卷第一百引,天津古籍出版社1988年版,第417页。
② (宋)王应麟:《困学纪闻》,上海古籍出版社2015年版,第406页。

兄弟友爱用了"棠棣之华，萼韡之度"，典出《诗·小雅·常棣》："常棣之华，鄂不韡韡"；赞姜肱勤于学、乐于教，用了《论语·述而》中的"学而不厌，诲人不倦"；赞姜肱的才冠古今，用了"拔乎其萃，出乎其类"，其典出《孟子·公孙丑》中的"出于其类，拔乎其萃"。蔡邕是一代文宗，碑文中常撷采经史之文，如赞姜肱博学多识，用了"及其学而知之者。三坟、五典、八索、九丘，俯仰占候，推步阴阳。有名物定事之能，独见先睹之效"，概全了姜肱博通《五经》，兼明星纬。《后汉书·姜肱传》与《彭城姜肱碑》相比，《姜肱传》为史家之笔，文笔偏于实叙；《彭城姜肱碑》为文人之笔，文笔虚实结合，讲究语言的华美而又不失史实。蔡邕的碑文中用书之多、之巧，盖冠古今。

蔡邕是汉代最后一位辞赋大家，碑文也是蔡邕最擅长的文体，因此能请蔡邕撰写碑文者都有特殊的原因。蔡邕为度尚撰碑，因为度尚与蔡邕有私交，度尚为上虞令时为曹娥作碑文，蔡邕题有"绝妙好辞"赞碑文撰写之妙。蔡邕为陈球作碑文，是因为陈球谋划诛灭宦官而被害，蔡邕多为反对宦官的党人作碑文。为姜肱写碑，因为蔡邕敬重姜肱的为人，同时姜肱的门生申屠蟠与蔡邕是同乡。蔡邕常为隐居不仕及学问品德高尚者撰写碑文。

第四节　徐州汉碑刻石的书法价值

徐州汉碑刻石有非常突出的书法艺术价值。在佚失的15通汉碑中，虽然我们看不到其书法艺术的原始风采，但是在宋娄机的《汉隶字源》和清顾南原《隶辨》中能看到摹写的碑文中的异体字、俗体字、隶变字和通假字，这些字体至今仍是人们学习汉隶结体的典范。在现存的40余处汉碑刻石中，其时代跨越了西汉、东汉400余年，不仅可以看到汉代书法由篆到隶的发展过程，还可以看出碑刻的篇章布局、书法结体和雕刻方法等艺术成就。徐州汉碑刻石丰富了汉代书法的内容，填补了中国书法史中的一些空白，为研究汉代书法艺术提供了极其重要的实物资料。

一、徐州汉碑刻石中的书体嬗变

汉代是中国文字由篆到隶的变革时期。西汉时期有篆隶、古隶两种书体，经过200多年的嬗变，东汉时期的隶书已经十分成熟，学术界称之为"八分"或"汉隶"。一般认为，东汉时期的隶书分为标准隶书、通俗隶书、草隶三种形式，并出现了隶书到楷书的变化形式。徐州汉碑刻石的年代从西汉初年到东汉晚期，历经400多年的时间，几种书体的形式都有存在。

西汉初年至武帝初年，书法上仍沿袭秦代的传统，严肃庄重的官廷器物铭文和重要的刻石文字仍沿用整饬规矩的小篆书体。西汉书法家吸取了秦代官定典范书体结构谨严的优点，同时打破了秦代篆书篆法苛刻、书写不便的缺点限制，又吸取了秦隶中笔道方折易刻易写的长处，综合为一种崭新的书体，称为汉篆。徐州狮子山楚王陵、羊鬼山王后墓、驮篮山楚王墓、北洞山楚王墓的年代都在西汉文景时期或武帝初年，这些墓葬中的塞石题记遗留有很多篆书的字形构造，同时夹杂一些隶意，这种字体或可称为篆隶。篆隶是西汉初年官方书写的标准书体。战国末年，徐州属楚，楚国晚期字体的特点是字形趋扁平、体势简略、横笔昂首、首粗尾细，有的字体中出现波势挑法等特点。受楚文化的影响，徐州早期楚王墓塞石题记中的字体介于篆隶之间。北洞山楚王墓塞石题记在篆书的基础上出现了明显的波挑，凸显了西汉早期的篆隶特点。

龟山楚王墓"第百上石铭"书于汉武帝元鼎元年（前116年），这一时期正是中国书法的嬗变阶段，是篆书向隶书衍变的中间状态。"第百上石铭"的字体，结构以篆为主，结字为方形或扁方形，用笔由圆转变为方折，或间用转笔的自由体。有人认为其书体为"篆书，而含隶意"，有人认为是"古隶"，还有人认为"介于篆书和分书之间"。"第百上石铭"为官方文书，字体应属"汉篆",是古文字时代向今文字时代过渡的桥梁,是武帝时期碑刻文字的代表佳作。

徐州汉碑刻石中的"元寿二年"刻石字体已脱篆为隶,结体严谨,字形横扁,用笔方折,略有波挑,笔画横平竖直,分布均匀,是古隶时期的佳作。笔画波磔分明,撇捺笔收笔重,方圆笔并用,线条均匀,风格古雅,已向成熟隶书发展,但因线条细硬,所留空白多,故又显得空灵,结字古拙,章法奇特,风格有趣。

东汉时期,经过西汉200余年的由篆到隶的演变,书风为之一变,出现了成熟的隶书。清代王澍在《虚舟题跋》中说:"隶书以汉为极,每碑各出一奇,莫有同者。"徐州东汉时期的刻石文字基本上都是隶书,但书风迥异,各不相同。有的工整细致,端正持重,备尽法度;有的率意无违,纵情恣意,笔法自由,极具艺术欣赏价值。这一时期的刻石文字大致可分为标准隶书和通俗隶书两类。

标准隶书又称典型隶书、楷隶等,这里的"楷"即楷模的意思。标准隶书的基本特点是蚕头燕尾、逆入平出,《礼器碑》《曹全碑》《乙瑛碑》《孔宙碑》《熹平石经》可谓标准隶书的代表。徐州汉画像石题记中的标准隶书是邳州燕子埠彭城相《缪宇墓志》(图1-1),这篇墓志不长,通篇文字规整俊秀、一丝不苟,字形端正秀雅,笔法圆中寓方,结构左右分张而笔势平衡,处处体现了书者对以蚕头燕尾为特征的隶书笔画的意象追求,有汉代八分书规范、和谐、静穆、左撇右挑的风格特征,与著名的《礼器碑》如出一人之手,较完美地体现了汉代隶书俊秀舒展的风范。

通俗隶书笔画不加修饰,无波挑,是汉代基本的实用性隶书体。它是由篆书直接演化而来的,大量地存在于民间及文化下层人士的笔记手札中。徐州汉画像石中的题记大都是采用了通俗隶书,这些作品书写大都流畅自然,笔画不拘行格,写法简捷通俗,具有古拙天然的意趣。徐州从事《缪纡墓志》(图1-2)、《吴岐子根墓记》等许多作品均采用了结体自然的通俗隶书。通俗隶书厚重朴拙,平中寓奇,既有原本隶书的质朴随意,又

图1-1 《缪宇墓志》局部

图1-2 《缪纡墓志》局部

有人文情怀流露，是汉代隶书中的奇葩，具有独特的艺术魅力。

徐州汉代刻石题记中还存在着草隶。草隶是通俗隶书的快捷写法，它把有些笔画连接起来，更加方便实用。如任仲高书"延平元年"刻石，该石为长方形，纵60厘米、横105厘米，石面上刻草隶50余字。"延平元年"刻石彰显了书写者的个性和书写的随意性，极具书法艺术的审美性，因此碑文中有"任仲高时书最第一"，反映出当时人们的书法审美取向。书法在东汉中期已经发展为一门审美艺术。

东汉时期的篆书已经完全失去书法的实用价值，转为一种书法艺术的欣赏，除了在个别字体中依然保存有篆书的意蕴，在一般行文中都使用隶书。汉碑所见篆书碑文仅见《袁安碑》《袁敞碑》，篆书题额的碑文有《甘陵相尚府君碑》《孔宙碑》《尹宙碑》等。徐州汉画像石"顾君之石"祠堂后壁的题记中，采用了小篆书写，这在画像石题记中较为少见。

二、徐州汉碑刻石的章法布局

汉碑刻石在艺术上讲究形式的整体美。在书写的顺序上是由上至下，由右向左，即"竖写左行"。钱存训先生认为："中国文字的书写和排列，不论记载在某一种材料上，也不论是何种形式的记录，其顺序都是从上到下，从左到右，直顺着书写和阅读。"① 由于古代右读书写的习惯，我们将竖向称为"行"，横向称为"列"，这和现代文章横为行、竖为列有很大的不同。徐州的汉碑刻石大致有"有行有列""有行无列""无行无列"三种章法。

1. 有行有列

有行有列、行列整齐是汉碑中常见的章法，如《张迁碑》《衡方碑》《刘熊碑》《曹全碑》《孔宙碑》《朝侯小子残石》《史晨碑》等，这些碑刻皆

---

① 钱存训：《书于竹帛》，上海书店出版社2002年版，第158—159页。

行列整齐，有的还用刀刻画了方形界格。使用这种章法，字体大小相仿，字距、行距紧凑，布局整齐而又美观。有行有列的章法布局比较适用面积较大的纪事碑铭。

徐州现存的汉碑刻石使用这种章法的较少，"永初二年"祠堂题记属于这种章法。该刻石属于祠堂题记类型，阴线刻出纵横界格，共5行17列，每格内刻一字。碑文的字体为通俗隶书，结体自然，刻工草率，有的文字并不在界格的中间位置，但由于使用了正方形的界格，使其章法整齐统一。

2. 有行无列

有行无列是一种竖成列、横错落的章法形式。通过字的大小不一产生参差错落对比，形成浑朴天成、生动自然的景象。汉代碑刻中，这类章法的有《三老讳字忌日记》《祀三公山碑》《王孝渊碑》等。这类形式多见于墓记、画像石题记，如《莱子侯刻石》《石墙村刻石》《太室石阙铭》《苍山城前村元嘉元年画像石题记》《芗他君石祠堂画像石柱题记》《许安国祠堂题记》等。

徐州汉碑刻石中最常见的是"有行无列"的章法，其中又包括无行线和有行线两种格式。无行线是指碑文中没有刻出竖线，而在排列中似有暗线约束。这种排列以龟山汉墓"第百上石铭"最为典型。该文通篇45字，共9行，每行字数不等，最少的4字，最多的7字，字体长扁不一，随形而异，生动活泼。在字与字、字与行、行与行的排列组合上，随势布阵，寻求整体的律动感，形成开合交互、形散意聚的和谐布局。

有行线是指碑文中每行刻画出竖线，行线起到间隔和增加行气的作用，使得碑文通篇紧凑。徐州汉碑刻石中行线的运用较多，以《延平元年祠堂题记》《吴岐子根墓记》《黄石公碑》《府君教碑》最为典型。汉碑中的竖行文字较多，行线不仅在书写时能起到界约的作用，使章法整齐统一，还便于人们阅读。

3. 无行无列

无行无列实际上是指有行而不直，故不成行列。这种形式多半见于摩崖，因刻于天然岩壁，或虽加整治而表面不平，有石筋裂纹，字须避让，故不成行列。如《开通褒斜道刻石》《刘平国碑》《杨淮表记》《大吉买山地记》等，都是无行无列，或虽有行而不直。这是一种纵横交错、乱石铺街的章法形式，不易经营，特点是大小相间，彼此让就。徐州汉碑刻石中偶见无行无列的章法布局，如"汉安二年"祠堂题记，共分两行，每行排列不齐，看似散乱无章，实则错落多变。

徐州汉碑刻石中还有横排左读的刻石。"永平元年"残石下方刻有一朵莲花，上方横刻一排文字："永平元年三月十日頯家……"横排左读在汉碑中十分罕见，此虽属孤例，但可以证明汉代有横排文字的布局。

徐州汉碑刻石追求形式上的整体美。章法上整齐而有变化，章法与书法配合而相得益彰，反映了当时人对章法有自觉的认识。章法是对整篇文字的安排布置，成为书法风格的重要内容。

三、徐州汉碑刻石的雕刻方法

汉代留存下来的文字主要有两种形式，一种是以毛笔直接书写在简帛等介质上的文字，另一种是刻在石头上的碑刻文字。汉代碑刻文字一般是先在处理好的石面上以朱笔书写底稿，称为"书丹"，然后由石工镌刻。《后汉书·蔡邕传》载："（熹平四年）奏求正定《六经》文字。灵帝许之，邕乃自书丹于碑，使工镌刻，立于太学门外。"[1] 乾隆年间的《王基断碑》出土时，仍可看到未着刀处的朱书痕迹。武亿在《授堂金石跋》中云："碑石出土仅刻其半，土人传云下截朱字隐然。"[2] 汉代刻石题记的书者与刻者是不

---

[1] （南朝宋）范晔撰，（唐）李贤等注：《后汉书·蔡邕传》，中华书局1965年版，第1990页。
[2] （清）武亿：《授堂金石跋》，载《石刻史料新编》（第一辑第二十五册），台湾新文丰出版公司1977年版，第19101页。

同的人，书丹者是在先做好界格内直接书写，有的界格在镌刻文字的时候也一并刻出来。碑刻文字是经过刻石者加工过的文字，镌刻过程中字口留下的残崩，产生了类似晕墨的效果，形成了不同于软笔书写的艺术形式，更具有金石气。

徐州汉碑刻石有两种刻法：一是单刀刻，二是双刀刻。单刀刻根据笔画的粗细又可分为扁凿立面直行刻成和圆凿深凿两种风格。扁凿的刻法笔画硬挺、细健，多方棱方角，汉王"永平四年"祠堂题记采用的就是这种刀法（图1-3.1）。圆凿的刻法圆转，变化自然，波挑笔势明显，如铜山吕梁"永平十年"画像石题记。双刀刻是从笔迹的两面下刀，比较真实地反映出笔画的粗细、连断、转折。双刀刻有剔地和不剔地两种风格，剔地的方法是在双钩的基础上将笔道内的痕迹剔除，较细的笔画通常是两刀对刻，形成"V"字形的笔道，较粗的笔画剔地后形成"U"字形的笔道。双刀刻也有钩描字口不剔地的情况，一般用于字的捺脚和波磔部分，形成白描双钩的效果。徐州汉画像石艺术馆藏"永元十六年"刻石，由于字径较大，在雕刻方法上采用了双钩的手法（图1-3.2）。

单刀刻画，看似简单，对雕刻者而言难度更大。单刀刻画，以刀代笔，不做修琢，朴厚古拙。如徐州"甾丘成士史"杨德安祠堂题记，采用了单刀深入的刻法，笔锋犀利，如锥画沙，笔画粗细均等，苍健有力，显示出浓厚的金石韵味（图1-3.3）。双刀刻法是汉代碑刻题记的主流刻法，能够保持丹书的笔画走势，不易走形，且能显示出书法作品的原始风貌（图1-3.4）。

刻石与墨迹相比总是有差异的，汉碑文字与简帛文字呈现两种完全不同的艺术效果。汉碑刻石有刻工的参与，是书家与刻工的共同创作，刻工的刀刻斧凿及各种雕刻手法对书法风格的形成有直接影响。

图1-3 徐州汉碑刻石的几种雕刻方法

第二章
佚失的徐州汉碑

东汉时期，树碑之风盛行。徐州作为汉高祖刘邦的故乡，汉王朝的重要封国，文臣武将等英才辈出。时风所致，其门生故吏竞相为府主歌功颂德，刻碑勒铭。徐州汉碑中有庙碑、墓碑、功德碑等多种形式，其中不乏著名文人所撰历史名碑，如班固的《高祖泗水亭碑铭》，蔡邕的《彭城姜肱碑》《度尚碑》《陈球碑》等。这些古碑或置于庙祠，或置于荒郊墓隧，或列植于街右。由于兵燹水患，至宋以后皆无存于世。幸有郦道元、欧阳修、赵明诚、洪适等人将这些碑刻录文存目，虽碑失而义存。这为我们了解历史上曾遗存的汉碑提供了珍贵的文献资料。

第一节 《高祖泗水亭碑铭》和《歌风碑》

沛县是汉高祖刘邦的故乡，汉惠帝五年（前190年），"以沛宫为高祖原庙"，建立了沛县高祖庙。东汉时期，高祖庙前立有三碑，《水经注·卷二十五·泗水》中说："泡水又东径沛县故城南。……城内有汉高祖庙，庙前有三碑，后汉立庙基，以青石为之，阶陛尚存。泗水南径小沛县东。县治故城南垝上,东岸有泗水亭,汉祖为泗水亭长,即此亭也。故亭今有高祖庙,庙前有碑,延熹十年立。庙阙崩褫,略无全者。"根据郦道元的说法,汉代沛县有两处高祖庙,一是沛宫的高祖原庙,二是故城南泗水东岸的泗水亭高祖庙。城内高祖庙有三碑,碑文与碑铭不见后人著录,俱无可考,也有人认为《歌风碑》或为高祖庙三碑之一。

一、《高祖泗水亭碑铭》考略

泗水亭高祖庙建于东汉初年,为虎牙将军安平侯盖延修建。《后汉书·盖延传》载,汉光武建武二年(26年),封盖延为安平侯,"延遂定沛、楚、临淮,修高祖庙,置啬夫、祝宰、乐人"。李贤注:"高祖庙在今徐州沛县东故泗水亭中,即高祖为亭长之所也。啬夫,主知庙事。《东观记》曰:'时盖延因斋戒祠高祖庙。'"[①]泗水亭高祖庙建好后,班固撰文"高祖泗水亭铭"[②]。

《高祖泗水亭碑铭》是班固的一篇著名碑铭。《后汉书·郡国志》"沛国"条云"沛有泗水亭",李贤注云:"亭有高祖碑,班固为文。"班固生于建武八年(32年),卒于永元四年(92年),此碑立于高祖庙修建后不久,唐代犹存,司马贞曾拓有此碑文。《史记·高祖本纪》司马贞索隐:"贞时打得班固泗水亭长古石碑文。"[③]唐宋间人称拓碑为打碑,宋张耒《读中兴碑》有"荒凉浯水弃不收,时有游人打碑卖"。

《高祖泗水亭碑铭》全文收录于唐人编《古文苑》中。宋以后,此碑已无著录,欧阳修、赵明诚、洪适等人著录中均未见,明人赵崡《寒山堂金石林时地考》、于奕正《天下金石志》虽有此碑目,但都没有说此碑是否尚存。《水经注》载泗水亭有延熹十年丰令刘瓄立碑,《同治徐州府志·碑

[①] (南朝宋)范晔撰,(唐)李贤等注:《后汉书·盖延传》,中华书局1965年版,第686—687页。
[②] (南朝宋)范晔撰,(唐)李贤等注:《后汉书·郡国志二》,中华书局1965年版,第3428页。
[③] (汉)司马迁:《史记·高祖本纪》,中华书局1965年版,第342页。

碣考》云:"或碑有二,孟坚为文者立于亭之碑,延熹十年者为故亭内之碑耶,俟考。"施蛰存认为:"《天下碑录》有《汉高祖感应碑》,在丰县北,延熹十年丰令刘彊立,丰、沛二县接境,丰县北或即汉时小沛地,此碑当即郦氏所见者。"① 泗水亭高祖庙很可能立有二碑,一方为东汉早期的《高祖泗水亭碑铭》,另一方为延熹十年的《汉高祖感应碑》。

班固是东汉著名史学家、文学家,以"著述为业"。他奉诏撰写的《汉书》是我国第一部纪传体断代史,也是史传文学的名著。《泗水亭高祖庙碑铭》最早收录在汉代的《班固集》中,《隋书·经籍志》著录《班固集》十七卷,已佚。唐代,《泗水亭高祖庙碑铭》收录在《古文苑》和欧阳询撰《艺文类聚》中。杜佑《通典》载:"按班固《泗水亭高祖碑》云:文昌四友,汉有萧何。序功第一,受封于酂。"② 明代文学家张溥(1602—1641年)辑《班兰台集》,收录"泗水亭高祖庙铭"。清代李兆洛(1769—1841年)《骈体文钞》、严可均(1762—1843年)《全上古三代秦汉三国六朝文》、曾国藩(1811—1872年)《经史百家杂钞》俱收此文。在各家的著录中,以明张溥辑,白静生校注的《班兰台集校注》注释得最为详细。③ 一般认为,班固现存《封燕然山铭》《高祖泗水亭碑铭》和《十八侯铭》三篇铭记,而《十八侯铭》是《高祖泗水亭碑铭》的组成部分,其实班固只有《高祖泗水亭碑铭》和《封燕然山铭》两篇。④《高祖泗水亭碑铭》所作年代不详,据《后汉书·章帝纪》,章和元年(87年)八月癸酉,章帝刘炟南巡狩,"己丑,遣使祠沛高原庙,丰枌榆社。乙未,幸沛"。汉章帝雅好文章,班固由此"得幸",(帝)每行巡狩,辄献上赋颂"。⑤ 班固作《高祖泗水亭碑铭》当于此时,时年56岁。

---

① 施蛰存:《水经注碑录·汉高祖庙碑》,天津古籍出版社1987年版,第277页。
② (唐)杜佑:《通典·卷一百七十七·州郡七》,岳麓书社1995年版,第2452页。
③ (汉)班固撰,(明)张溥辑,白静生校注:《班兰台集校注》,中州古籍出版社1991年版。
④ 孙亭玉:《班固文学研究》,湖南人民出版社2008年版,第75页。
⑤ (南朝宋)范晔撰,(唐)李贤等注:《后汉书·班固传》,中华书局1965年版。

二、《高祖泗水亭碑铭》的史学价值

班固的史学思想极为丰富、系统,且富有创见。班固的《高祖泗水亭碑铭》是对高祖刘邦及功臣名将的总体评价,全篇由"序""高祖铭""十八侯铭"三部分组成。

第一部分为"序"。唐代的时候,该碑已残,碑序仅存"母温氏"三字。严可均引《史记·高祖纪》索隐案:"此语在碑序中,已下皆铭词。"①《史记·高祖本纪》司马贞索隐:"贞时打得班固泗水亭长古石碑文,其字分明作'温'字,云'母温氏',贞与贾膺复、徐彦伯、魏奉古等执对反复,沈叹古人未闻,聊记异见,于何取实也。"

第二部分为《高祖铭》:

> 皇皇圣汉,兆自沛丰。乾降著符,精感赤龙。承魁流裔,袭唐末风。寸天尺土,无俟斯亭。建号宣基,维以沛公。扬威斩蛇,金精摧伤。涉关陵郊,系获秦王。应门造势,斗壁纳忠。天期乘祚,受爵汉中。勤陈东征②,剭擒三秦。灵威神佑,鸿沟是乘。汉军改歌,楚众易心。诛项讨羽,诸夏以康。陈、张画策,萧、勃翼终。出爵褒贤,裂土封功。炎火之德,弥光以明。源清流洁,本盛末荣。叙将十八,赞述股肱。休勋显祚,永永无疆。国宁家安,我君是升。根生叶茂,旧邑是仍。于皇旧亭,苗嗣是承。天之福佑,万年是兴。

第三部分为《十八侯铭》:

> 耽耽相国,弘策不追。御国维纲,秉统枢机。文昌四友,汉有

---

① (清)严可均辑:《全上古三代秦汉三国六朝文》(第2册),河北教育出版社1997年版,第253页。
② 《古文苑》《艺文类聚》等作"勒陈东征"。

萧何。序功第一，受封于酂。（酂侯萧何）

欿欿将军，威盖不当。操盾千钧，拔主项堂。汉兴破楚，矫矫忠良。卒为丞相，帝室以康。（将军舞阳侯樊哙）

赫赫将军，受兵黄石。规图胜负，不出帷幄。命惠瞻仰，安全正朔。国师是封，光荣旧宅。（将军留侯张良）

懿懿太尉，惇厚朴诚。辅翼受命，应节御营。历位卿相，土国兼并。见危致命，社稷以宁。（太尉绛侯周勃）

寒寒相国，允忠克诚，临危处险，安而匡倾。兴代之际，济主立名。身履国土，秉御干桢。（将军平阳侯曹参）

洋洋丞相，势谲师旅，扰攘楚魏，为汉谋主。六奇解厄，扬名于后。（丞相户牖侯陈平）

堂堂张敖，耳之遗萌，以诚佐国，序迹建忠。功成德立，袭封南宫，垂号万春，永保无疆。（南宫侯张敖）

衍衍卫尉，德行循规，遭兄食其，殒殁于齐。横耻愧景，刎颈自献，金紫褒表，万世不刊。（卫尉曲阳侯郦商）

煌煌将军，辅汉久长，威震吕氏，奸恶不扬。寇攘殄尽，躬迎代王，功显帝室，万世益章。（将军颍阳侯灌婴）

斌斌将军，鹰武是扬，内康王室，外镇四方。诸夏乂安，流及要荒，声骋海内，苗嗣纪功。（将军汝阴侯夏侯婴）

休休将军，如虎如罴，御师勒陈，破敌以威。灵金曜楚，火流乌飞，将命伏节，功绩永垂。（将军阳陵侯傅宽）

斤斤将军，忠信孔雅，出身六师，十二四旅。折冲扞难，遂宁天下，金龟章德，建号传后。（将军信武侯靳歙）

明明丞相，天赋庭直，刚德正行，不枉不曲。功业茂著，荣显食邑，距吕奉主（正），昭然不惑。（丞相安国侯王陵）

桓桓将军，辅主克征，奉使全璧，身泄项营。序功差德，履让以平，转北而游，云中以倾。（将军襄平侯韩信）

岩岩将军，带武佩威，御雄乘险，难困不违。仇灭主定，四海是桢，功成食土，德被遐迩。（将军棘津侯陈武）

晏晏曲成，舆从龙腾，安危从主，赤曜以升。赫赫皇皇，道弥光明，惟德御国，流及后萌。（曲成侯虫达）

肃肃御史，以武以文。相赵距吕，志安君身。征诣行所，如意不全，天秩邑土，勋乃永存。（御史大夫汾阴侯周昌）

邑邑将军，育养烝徒，建谋正直，行不匿邪。入军讨敌，项定天都，佩雀双印，百里为家。（将军青阳侯王吸）

《高祖泗水亭碑铭》是汉代碑铭类文学中的开篇佳作，具有较高的文学价值和史学价值。"铭"起源于商周时期铸造鼎彝等礼器时的"名"，《礼记·祭统》："夫鼎有铭。铭者，自名也。自名以称扬其先祖之美，而明著之后世也。"① 《墨子·尚贤》："古者圣王，既审尚贤，欲以为政，故书之竹帛，琢之盘盂，传以遗后世子孙。"② 铭逐渐成为一种文体，清金农《冬心斋砚铭·自序》："文章之体不一，而铭为最古。"③ 受"作器能铭，可以为大夫"思想的影响，汉代出现了许多警戒劝勉类的器铭，如冯衍的《刀阳铭》《杖铭》《车铭》《席前右铭》；崔骃的《仲山父鼎铭》《樽铭》《刀剑铭》《刻漏铭》；李尤的《明堂铭》《永安宫铭》《德阳殿铭》《高安馆铭》等。班固的铭是歌功颂德的碑铭，碑铭合一，开创了"铭兼褒赞，故体贵弘润"的程式规范。清代文学家谭献评价《高祖泗水亭碑铭》时说："渐就整密，一变西汉之格。"④

班固是一位有文学功底的史学家，其"辞高而识远"。在《高祖泗水亭碑铭》中"叙将十八，赞述股肱"，是以铭的形式，对汉初十八侯重新排序

---

① （清）阮元校刻：《十三经注疏》，中华书局1980年版，第1606页。
② （战国）墨翟：《墨子》，上海书店1986年版，第41页。
③ 曹惠民、陈伉主编：《扬州八怪全书》（第2卷），中国言实出版社2007年版，第371页。
④ （清）李兆洛选辑：《骈体文钞》，岳麓书社1992年版，第6页。

并作赞语。《高祖泗水亭碑铭》的汉初功臣十八侯与《史记·高祖功臣侯者年表》的十八侯有异。班固对十八侯的排列是基于史学家的观点对汉初功臣的认识，不仅考虑到夺天下之功，还考虑到治天下之能。顾炎武《日知录》卷二十六云："《高帝功臣表》十八侯位次：一萧何，二曹参，三张敖，四周勃，五樊哙，六郦商，七奚涓，八夏侯婴，九灌婴，十傅宽，十一靳歙，十二王陵，十三陈武，十四王吸，十五薛欧，十六周昌，十七丁复，十八虫达。当时所上者战功，而张良、陈平皆居中计谋之臣，故平列在四十七，良列在六十二也。至十八侯赞，则萧何第一，樊哙第二，张良第三，周勃第四，曹参第五，陈平第六，张敖第七，郦商第八，灌婴第九，夏侯婴第十，傅宽第十一，靳歙第十二，王陵第十三，韩信第十四，陈武第十五，虫达第十六，周昌第十七，王吸第十八，而无奚涓、薛欧、丁复。此后人论定，非当日之功次矣。且韩信已诛死，安得复在功臣之位？即此可知矣。"①清人谭献评价《十八侯铭》说："但见气体，无句可掇，高于全史赞语。"②

《十八侯铭》又称《十八侯赞》，赞的文体形式是"结言于四字之句，盘桓乎数韵之辞"。图像并作赞的形式约在两汉之际兴起，至东汉时蔚然成风。《后汉书·应奉传》附《应劭传》载："初，（劭）父奉为司隶时，并下诸官府郡国，各上前人像赞，劭乃连缀其名，录为状人纪。"③《后汉书·赵岐传》载，赵岐卒于建安六年（201年），年九十余，他生前就曾自为寿藏（墓室），"图季札、子产、晏婴、叔向四像居宾位，又自画其像居主位，皆为赞颂"。《后汉书·阳球传》载，灵帝画乐松等三十二人像，以及各州郡画大儒、名贤、孝女等，"尚方为鸿都文学乐松、江览等三十二人图象立赞，以劝学者"。三国魏桓范所作《赞象》明确谈及画像立赞的表彰功能："夫赞象之所作，所以昭述勋德，思咏政惠，此盖《诗·颂》之末流矣，

---

① （清）顾炎武著，周苏平、陈国庆点注：《日知录》，甘肃民族出版社1997年版，第1122页。
② （清）李兆洛选辑：《骈体文钞》，岳麓书社1992年版，第6页。
③ （南朝宋）范晔撰，（唐）李贤等注：《后汉书·应奉传》，中华书局1965年版，第1614页。

宜由上而兴，非专下而作也。"①从桓范之说我们大致可以看出，最迟在汉魏之时，画像作赞就已被看作"上章君将之德，下宣臣吏之忠"的重要表彰方式，这体现出时人对这种图赞文体社会功用的认识。

作为文学体裁的赞体文源于图像的文字说明。赞文在日后的发展中，由于图像的缺失，它们最初与图画相配合的辅助功能渐渐地为人忘却，如曹植（192—232年）的诗集中有《画赞序》《庖牺赞》《女娲赞》《神农赞》《黄帝赞》《少昊赞》《颛顼赞》《帝喾赞》《帝尧赞》《帝舜赞》等30首赞，这些赞文都是因观画而作。其中的《画赞序》与《鲁灵光殿赋》的内容非常相似，是对汉代图像"成教化，助人伦"教育功能思想的总结。汉代的像赞主要画在宫室墙壁上，像赞的文字由当时的著名文人撰写，蔡邕就曾经是主要的创作者。《太平御览》卷七百五十引孙畅之《述画》曰："汉灵帝诏蔡邕图赤泉侯杨喜五世将相形像于省中，又诏邕为赞，仍令自书之。邕文画书，于时独擅，可谓备三美矣。"泗水亭高祖庙原来很可能刻有汉开国将领十八侯的画像，图像部分已经散失，保留下来的只有文字部分的《十八侯赞》。

三、《歌风碑》年代考

沛县歌风台的《歌风碑》（《大风歌碑》）是沛县唯一保存下来的所谓"汉碑"，但对于该碑的年代历来有很多争议。

沛县歌风台现有三方《歌风碑》，一方传为"汉碑"，一方为元大德十年（1306年）摹刻碑，还有一方为当代的集字碑。传为汉代的《歌风碑》残存上半部分，残高170厘米，宽123厘米。碑文四行，每行存五字。第一行"汉高祖皇帝"，下有阙文，内容不详；第二行"大风起兮云"，缺"飞扬威"三字；第三行"加海内兮归"，缺"故乡安"三字；第四行"得猛士兮

---

① （清）严可均辑：《全三国文》（下），商务印书馆1999年版，第389页。

守",缺"故乡"二字。《明万历沛县志》"大风歌碑"条云:"碑刻汉高祖皇帝歌,字悉篆文,长径尺,相传蔡邕书,无所考。"①

《歌风碑》在宋以前的金石著作中都没有著录,郦道元《水经注》载,沛县"城内有汉高祖庙,庙前有三碑"。据此有人认为《歌风碑》是三碑之一,但这只是臆测,并无实据。关于《歌风碑》的书者,历来有蔡邕、曹喜、爱礼、党怀英几种说法。

关于蔡邕说。蔡邕是东汉末年文学家、书法家,汉献帝时拜左中郎将,故称"蔡中郎"。蔡邕书法尤擅篆、隶。晋卫恒《四体书势·蔡邕·篆势》云:"(蔡邕)善篆,采(李)斯、(曹)喜之法,为古今杂形。"熹平四年(175年),蔡邕等正定儒家经本六经文字,蔡邕亲自书丹于碑,命工镌刻,立于太学门外,称《鸿都石经》或《熹平石经》。明末阎尔梅在他自注的诗词中说,《大风歌碑》是"蔡中郎书钟鼎文"。清乾隆四年(1739年)李棠修《沛县志》记载:"大风歌碑,篆文象钟鼎形,长径尺,阔八寸,相传为汉蔡邕书。"沛县博物馆原馆长夏传贤等撰文考证《歌风碑》为蔡邕书,台湾学者王学勤给予补遗。②

关于曹喜说。曹喜在汉章帝时为秘书郎,工篆书,尤以创悬针垂露法著名。晋卫恒《四体书势》说:"汉建初中,曹喜善篆,少异于(李)斯,而亦称善,邯郸淳师焉。"③唐代张怀瓘《书断》赞曹喜:"篆隶之工,收名天下。"又说:"悬针垂露之法,后世行之。"明于奕正《天下金石志》云:"汉歌风台石篆,孙汉阳云曹喜篆,在泗水旁。"清代马邦玉《汉碑录文》云:"歌风台石刻既久,文字亦大类古篆,传为曹喜书,谅不甚误。"④清代金石学家冯云鹏在《金石索》中说,歌风碑"相传为曹喜书,虽无可据,亦有

---

① (明)罗士学:《明万历沛县志》卷二、卷十一,北京图书馆藏抄本复印(原书藏日本)。
② 夏传贤、王学勤:《汉代大风歌碑初探与拾遗》,载《徐州文史资料》(第18辑),1998年,第135—152页。
③ (晋)卫恒:《四体书势》,载《中国历代书法论文选读》,齐鲁书社1993年版,第15页。
④ (清)马邦玉:《汉碑录文》卷四"大风歌碑"条,新文丰出版公司,清道光二十七年(1847年)刻,光绪七年(1881年)补正。

所自,盖曹喜始作悬针书"。翁方纲《两汉金石记》说:"曹喜篆歌风台刻石,在沛县泗亭。"祝嘉《中国书学史》说:"汉高祖《大风歌》,曹喜悬针篆,书法奇古。"① 赵超认为《歌风碑》为曹喜所书,并认为是曹喜书于章和元年章帝南巡时。②《寰宇访碑录》云:"世传曹喜篆书,无年月。"③

关于爱礼说。爱礼,沛人。西汉末平帝时(1年)征爱礼等"说文字未央廷中",拜爱礼为小学元士,宋陈思《书小史》称爱礼"善古文"。冯亦吾《歌风碑考证》说:"爱礼既为沛人,又为小学元士,善为古文篆籀,其为歌风碑之书写人,岂非顺理成章。"④

无论是蔡邕,还是曹喜、爱礼,都没有可靠的证据。更多的学者认为《歌风碑》是唐宋时期的伪刻。清吴玉搢(1698—1773年)撰《金石存》跋曰:"此碑不知刻自何时,相传为汉曹喜书,亦无可据。碑自大德中已经重刻,其旧碑即非汉刻亦必唐宋人所为。"⑤ 王昶(1725—1806年)《金石萃编·卷二十一》载:"字且篆体,亦不类秦汉人书,其非当时原刻无疑。……或指为曹喜书,亦无确据,今姑置之汉末云。"⑥ 刘熙载(1813—1881年)《艺概·书概》载:"后世乃传有喜所书之大风歌,书体甚非古雅,不问而知为伪物矣。"⑦ 康有为《广艺舟双楫·说分第六》云:"《大风歌》传为曹喜作,然不类汉人书,以其为党怀英所自出,故附于末焉。"⑧ 清人叶昌炽《语石》云:"沛县有《崇圣寺丁思礼心经》,唐刻可考者仅此。若《汉

---

① 祝嘉:《中国书学史》,湖南大学出版社2014年版,第19页。
② 赵超:《关于大风歌碑的建立时间及书写者》,载《徐州文史资料》(第18辑),1998年,第155页。
③ (清)孙星衍:《寰宇访碑录》(一),中华书局1985年版,第9页。
④ 冯亦吾:《歌风碑考证》,载《冯亦吾文集》,测绘出版社1993年版,第172—175页。
⑤ (清)赵搢:《金石存·卷三》(一),中华书局1985年版,第83页("函海"本作者为赵搢,"丛书集成"本为吴玉搢,以"丛书集成"本为是)。
⑥ (清)王昶:《金石萃编·卷二十一》(四),扫叶山房刻本1926年。
⑦ (清)刘熙载:《艺概》,上海古籍出版社1978年版,第133页。
⑧ (清)康有为:《广艺舟双楫》,载《历代书法论文选》,上海书画出版社2002年版,第787页。

高祖大风歌》,世传为曹喜书,其文似《宣和博古图》所摹之彝器文,望而知为岑鼎。"①

今人阎孝慈认为此碑为三国以后的作品,从书体看,显然是受《正始石经》的影响,而《正始石经》成碑年代在三国时期,汉之后。②阎孝慈论《歌风碑》成碑时间不在汉代,结论正确与否不说,但立论不足。阎孝慈认为"汉代不可能称'汉高祖'。《史记》《汉书》皆作'高祖''高皇帝',而不加'汉',汉代以后才称'汉高祖'"。而《汉书·律历志》载:"汉高祖皇帝,著《纪》,伐秦继周。木生火,故为火德。天下号曰'汉'。"因此,不能仅以《歌风碑》有"汉高祖皇帝"而断碑的真伪。

今人王庆忠还提出《歌风碑》为唐代瞿令问书写的观点。他认为,该碑篆字的结体、用笔等方面与唐人瞿令问的《阳华岩铭》"有着某种暗合之处"③。瞿令问,河北博陵人。生卒年不详,主要活动在唐代宗时期,曾任道州江华县令。瞿令问"艺兼篆籀",工书,尤杂体篆及八分。《阳华岩铭》刻于唐永泰二年(766年),"元结所作唐阳华岩铭,令问以杂体篆之,道州江华县令刻之崖上"。除《阳华岩铭》外,瞿令问还有《峿台铭》,亦为悬针篆之风。不过,《歌风碑》与《阳华岩铭》相比较,《阳华岩铭》的悬针篆略显飘逸,二者的书风还是存在较大差异的。

《歌风碑》的真伪之讼是一件难解难断的历史公案。其实,《歌风碑》本身没有伪刻的问题,碑的书者并没有署名汉碑。元大德十年(1306年)摹刻碑的碑阴题记"后人因台作室,大篆是歌。奈岁久,风残雨剥,字画残缺",并不提原碑年代。宋以前的所有金石著作、舆地著作皆不见《歌风碑》的记载。以正常的推理而言,宋代的金石学家欧阳修、赵明诚、洪适等人以毕生之力,广为收罗当时所能见闻的古碑石刻,《歌风碑》若存于世不可能不见著录。可见此碑的时代为唐、宋以后的可能性很大。集合众

---

① (清)叶昌炽:《语石》,辽宁教育出版社1998年版,第42页。
② 阎孝慈:《〈大风歌碑〉与〈三体石经〉》,《徐州师范学院学报》1989年第4期。
③ 王庆忠:《"汉高祖大风歌碑"辨》,载《徐州文史资料》(第19辑),1999年,第203页。

图2-1 《歌风碑》与党怀英书《王荆公诗刻》笔迹比对

说,冯云鹏、康有为等提出的《歌风碑》是金人党怀英所书似有迹可循并有碑迹比对(图2-1)。

党怀英(1134—1211年),字世杰,号竹溪。金朝著名散文家、书法家、史学家。大定十年(1170年)进士,历任城阳军事判官、汝阴令、史馆编修、翰林文字、兖州泰定军节度使、翰林学士等职。擅篆、籀、八分书。《金史》本传曰:"怀英能属文,工篆籀,当时称为第一,学者宗之。"金著名文人赵秉文评价党怀英的篆书说:"先秦古文篆籀,淳古简严,后世邈乎不可及也。"[1] 党怀英悬针篆的代表作品是金明昌六年(1195年)四月刻于济宁的《王荆公诗刻》[2],其书风确与《歌风碑》有很多相似之处。如

---

[1] 王新英辑校:《全金石刻文辑校》,吉林文史出版社2012年版,第626页。
[2] 碑原在济宁,现已散失,拓本藏国家图书馆,(清)孙星衍《寰宇访碑录》录入。

《歌风碑》中的"高""加"二字,《王荆公诗刻》中的"拈""嚼""只"三字,笔画中的"口"皆写成三角形,而不是圆形或半圆形,在转折的地方增加了方折。《歌风碑》中的"风"字与《王荆公诗刻》中的"风"字,在篆势上也有相同的地方。悬针篆书写的难度很大,因为在粗细变化或者交接之处,要做到不露痕迹的衔接很不容易。党怀英的篆书特点是笔力遒劲,如锥画沙。康有为《广艺舟双楫》称:"怀英篆书,笔力惊绝。"党怀英在大定年间曾做兖州泰定军节度使,致仕后活动范围在鲁南一带。因此,党怀英书《歌风碑》一事是有可能的。

第二节　荆州刺史度尚二碑

度尚(117—166年),字博平,东汉时期名将、名士,"八厨"之首。《后汉书·党锢传序》:"度尚、张邈、王考、刘儒、胡毋班、秦周、蕃向、王章为'八厨',厨者,言能以财救人也。"度尚出身寒微,少时不修品行,后为郡上计吏,又拜郎中,任上虞长,为政以严峻为主,但深受敬仰,百姓呼之为神明。后迁荆州刺史,在平定荆州的叛乱中功勋卓著,因功受封右乡侯。最后任辽东太守,击破扰境的鲜卑人。延熹九年(166年)度尚卒于官,归葬故里,时年50岁。度尚墓碑有二,一是蔡邕撰文的《荆州刺史度尚碑》(《度尚碑一》);二是佚名作者的《汉故荆州刺史度尚碑》(《度尚碑二》)。

一、《度尚碑》的流传

《度尚碑》的最早著录见于郦道元《水经注·泗水》:"又东径湖陵城东南……城东有《度尚碑》。"[①]《水经注》只说了湖陵城城东有《度尚碑》,

---

① (北魏)郦道元:《水经注》(中),远方出版社2007年版,第365页。

既没有说明碑的数量,也没有说清楚碑的具体名字。郦道元所说的《度尚碑》,碑文载《艺文类聚·卷五十·职官部六》,碑名作《荆州刺史庾侯碑》,蔡邕撰文。"庾侯"应是"度侯"的误释,即度尚。① 该碑前后有衍文,不记年月,存167字。邓安生认为此碑作于延熹七年(164年),"此碑是叙尚为荆州刺史与天子锡车服事,而未言及卒,知为公德碑"②。陆侃如等认为该碑作于延熹九年(166年)度尚卒后。③ 另一碑为宋代政和二年(1112年)出土的《度尚碑二》,立于永康元年(167年)。

《度尚碑一》的出土情况不明,唐以后散失,宋人金石著作中不见记载。对于《度尚碑二》,洪适《隶释》详细介绍了其发现的经过:"此碑石下段残缺,事有遗失,碑在湖陵荒野,政和壬辰,巡检王当世见之,始迁于官廨,其后邑令滕君欲迁徙于沛,舟三载而三覆,继因大水,涨没不出。乙未年(1115年),刘宗仪摄事,乃能立之使星亭云。"南宋文人娄机《汉隶字源》中有相似的记载:"荆州刺史度尚碑,永康元年立,在徐州湖陵荒野。政和壬辰,巡检王当世迁于官廨,刘宗仪立之使星亭。"④《度尚碑》发现后原本想移到沛县,因载船时覆于水只好立在使星亭中。使星亭的具体位置不见史载,当在湖陵南距沛县不远的古泗水旁。

明朝成化年间,《度尚碑二》由工部郎中顾崇善从沛县使星亭移至徐州城内衙署中。明都穆(1458—1525年)《金薤琳琅》载:"碑今在徐州州治,盖成化间吾乡顾君崇善,以工部郎中管理河道,见其沦于湖陵城闸,出之,遂置于此。"⑤ 明朝著名文人、书法家吴宽(1435—1504年)《匏翁家藏集·卷第五十》跋《度尚碑》曰:

---

① 刘跃进:《秦汉文学编年史》,商务印书馆2006年版,第548页。
② 邓安生:《蔡邕集编年校注》(上),河北教育出版社2002年版,第95、595页。
③ 陆侃如:《中古文学系年》,人民文学出版社1985年版,第237页;石观海主编:《中国文学编年史·汉魏卷》,湖南人民出版社2006年版,第312页。
④ (宋)娄机:《汉隶字源·卷六·碑目第六十三》,内府藏本。
⑤ 王文才、万光治主编:《杨升庵丛书》(二),天地出版社2002年版,第91页。

此汉荆州刺史度侯碑也，在沛县湖陵城闸下。僚友董尚矩过其地，见而为予道之：适顾崇善工部出理漕渠，予因托之加爱护焉，崇善欣然既徙置徐州官廨。他日乃拓此本见寄观之，则残缺已甚，独其额完，而首尾有君讳尚字博平与永康元年数字可识耳，其余隐隐皆不成文，以其残缺。宋人遂磨而题识其间然亦难识矣。若谓此碑初在北陵东郊，缺裂仆地有欲徙之者不果，既而大水至冲入于河，或集善水者挽出之。始徙于使星亭而嵌其西壁，盖叙其徙置之难。如此所谓使星亭不暇访，独不知此碑何时复在今闸下，岂其地即亭之遗址耶。夫度侯事具载《汉书》，不假此而传。独惜古刻之存于世者少，若此碑使更岁久将益为风雨所坏，其与顽然片石何异。此尚矩崇善之力，足为好古之助而予所欲书者也。①

《度尚碑二》清初应还存于徐州。康熙时文人杨宾（1650—1720年）《大瓢偶笔》载："汉荆州刺史度尚碑，相传初在北（湖）陵东郊，缺裂仆地。大水至冲入河，或集善水者挽出之，徙于使星亭。不知何时徙沛县湖陵城闸下，明顾崇善工部出理漕渠，徙置徐州官廨。吴文定公云：残缺已甚，独额完。有宋人题识。"② 顾南原在《隶书字典》中对《度尚碑》有概要描述："题额云汉故荆州刺史度侯之碑十篆字，为二行，碑式云有穿，文十五行，空三行低十三字刻立碑年月，其石下缺，所存者行三十二字，亦有棋局之纹。"③ 按古人的记载，《度尚碑二》有篆书题额，碑身有穿，碑身画有界格。文有15行，满行32字，原碑约有480字，宋时尚存420字，明代所存文字已不多，不可连读。《度尚碑二》大约佚失于清康熙以后，拓本也不见传世。据马邦玉《金石寓目记》载，此碑后来见于方与县。马邦玉为鱼台人，《金石寓目记》为其在嘉庆、道光年间于各地所见金石拓片罕

---

① （明）吴宽：《匏翁家藏集》，民国涵芬楼影印明正德本。
② （清）杨宾：《大瓢偶笔·论夏周秦汉三国六朝碑帖》，浙江人民美术出版社2012年版。
③ （清）顾南原：《隶书字典（隶辨）》，中国书店1982年版，第1013页。

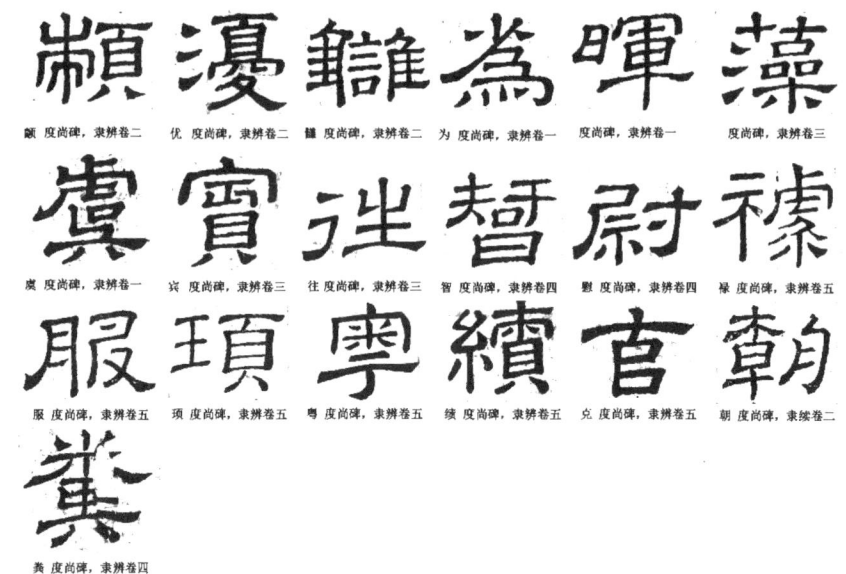

图2-2 《度尚碑》中的碑别字(《隶辨》)

见之品的考证。① 这也是《度尚碑》流传经历的最后线索。

《度尚碑二》虽已散失，拓本也不见传，但也不是全然无迹可寻。清初学者顾南原撰《隶辨》，钩摹了《度尚碑》中的古隶字、异体字、隶变字、通假字20多字。(图2-2)清初《度尚碑》"残缺已甚"，字迹大都磨泐不清，顾南原辑录《度尚碑》中的文字，采撷自宋代娄机《汉隶字源》，虽不是原拓，但"碑字出自手摹，谛审无差"②。从中依然可以看出《度尚碑二》的书风。

《度尚碑二》中的文字是古今杂糅的体系，有先秦的旧体，也有汉代的新字。《度尚碑》中有许多字保留着篆书的写法。如碑文中"出自颛顼"的"颛"字，"在彼上虞"中的"虞"字，"殊俗宾服"中的"宾"字，"匪禄是荣"

---

① 阳海清主编：《中南、西南地区省、市图书馆馆藏古籍稿本提要》，华中理工大学出版社1998年版，第180页。
② (清)顾蔼吉：《隶辨·序》，中华书局1986年版，第1页。

的"禄"字,"智含渊薮"中的"智"字,"绩莫匪嘉"中的"绩"字,"朝贡厥重"中的"朝"字等,则直接上承钟鼎"古文"的写法。《度尚碑》中还有一些异体字,如"克忠克真"中的"克"字写作"㞢",属"古文"中的碑变字体。这些字体的不同变化表现出书者深厚的文字学功底和书法水平。

《度尚碑二》具体出土地点为沛县龙固镇前程子村湖陵城闸附近,此处与山东省鱼台县交界,《读史方舆纪要》载:"沛县又北三十里曰庙道口闸,又北十八里为湖陵城闸,入鱼台县界。"一些碑文著作将该碑列入山东碑刻,《济宁全汉碑》中说:"湖陵故城在今鱼台县东南,沛县东,今属微山县。"① 湖陵城的具体地望在沛县龙固镇三里庙村、前程子村、后程子村。2003年,徐州博物馆在大沙河水利工程中,曾对沛县后三里庙遗址进行过发掘,发现部分城墙遗存及一处大型高台建筑基址。经勘探,湖陵城由南北两城组成,中间以泗水古道相隔,城垣和城门尚有残存。②《水经注·泗水》载:"又东径湖陵城东南……城东有《度尚碑》。"确定了湖陵城的位置,《度尚碑》的出土地点就有依据了。

二、《度尚碑》的文史价值

《度尚碑一》的作者被学术界公认为是东汉大文学家蔡邕,《昭明文选·卷四十七·颂赞》李善注:"蔡邕度侯碑曰:朗鉴出于自然,英风发乎天骨。"《艺文类聚》所录的《度尚碑》中有同样的句子。《度尚碑一》的作者为蔡邕没有多少异议。该碑的性质有功德碑、墓碑两种说法,碑的年代也有延禧七年、延禧九年两种说法。度尚为汉末与宦官集团作斗争的党人"八厨"之首,厨者,言能以财救人也。延熹九年(166年)度尚卒时,恰遇党锢之祸,桓帝下诏逮捕党人,受牵连者多达200余人。延熹十年六

---

① 宫衍兴:《济宁全汉碑》,齐鲁书社1990年版,第99页。
② 南京博物院、徐州博物馆、连云港市文物保护研究所:《江苏徐海地区汉代城址调查简报》,《东南文化》2014年第5期。

月,桓帝改元为永康,大赦天下,解除党锢。从当时的政治背景来看,《度尚碑》应作于"除党锢"之后的永康元年(167年)。《度尚碑一》与《度尚碑二》的性质一样,同为竖立在湖陵郊外的度尚墓碑。

《度尚碑二》的作者不明,历代《蔡邕集》中没有收录此文,严可均《全后汉文》将此碑列入"阙名"一类。从《度尚碑二》的文风来看,两块《度尚碑》有可能同为蔡邕的作品。蔡邕有为同一碑主作多篇碑文的例子,如为"太尉陈球""陈留太守胡硕""太尉桥玄"作两篇碑文,为"太傅胡广""司空掾陈寔"作三篇碑文。度尚与蔡邕的关系甚密,元嘉元年(151年)度尚为上虞令时,为曹娥立碑,蔡邕读碑并题写赞词。蔡邕非常崇拜度尚的人品及忠烈事迹,为度尚作两篇碑文的情况完全有可能。

《度尚碑一》与《度尚碑二》虽描述的内容及描述笔法不同,但文采华丽,句法工整,笔势夸张,非文苑巨匠而不能为也。《度尚碑一》对度尚的事迹全为虚笔叙述,几乎都是修饰、形容的铺陈句式:"君资天地之正气,含太极之纯精,明洁鲜于白珪,贞操厉乎寒松,朗鉴出于自然,英风发乎天骨。"碑文中看不到度尚的具体事迹,甚至不明确他的经历,但通过碑文的形容我们依然能知道度尚的品性及为人富有正气,潇洒自然,事亲以孝,结交以信,为官清正。

《度尚碑一》的虚笔形容是因为有《度尚碑二》的实笔叙述。《度尚碑二》叙颂结合,虚实相间。实笔以叙碑主生平,虚笔以颂碑主的德行。《度尚碑二》叙述度尚的仕宦经历类似史传。《后汉书·度尚传》与《度尚碑二》所记基本相同,具体情节更为详细。如《度尚碑二》叙述度尚仕宦:"初奉岁计,拜郎中,除上虞长……以从父忧去官,更举孝廉,为右校令。"《后汉书》曰:"尚少丧父,事母至孝。"据《度尚碑二》可知,其丧父在为官以后,曾以父忧去官,后举孝廉再仕为右校令。《度尚传》中度尚任上虞长后迁文安令,为碑文缺失。《度尚碑二》云"迁辽东太守",而《度尚传》作"守桂阳",二说不同。《度尚传》云"自右校令擢为荆州刺史",《度尚碑二》中不见此事,疑为碑文缺失。度尚终官"复拜荆州刺史",故碑额题"汉故荆州刺史度侯之碑"。因此,《度尚碑二》具有一定的史学价值。

"度尚二碑"具有强烈的文学色彩,语求骈俪,文辞隽永。如《度尚碑二》碑序中赞颂度尚之德,用了"智含渊薮,仁隆春暖,义高秋云,行洁冰霜,慷慨壮厉"的俪句,仁、义、礼、智、信尽含其中。叙述度尚的功绩卓著,用了很多典故,如"干戈载戢",语出《诗·周颂·时迈》"载戢干戈,载櫜弓矢",喻战事平息。"走马以粪",语出《道德经》"天下有道,却走马以粪;天下无道,戎马生于郊",喻天下安定。碑文后面的"铭",全部为四字偶句。"于惟我侯,允懿允明,文武是该,克忠克贞,粤初发藻,在彼上虞",是刘勰《文心雕龙·诔碑》中所说的"标序盛德,必见清风之华;昭纪鸿懿,必见峻伟之烈"。蔡邕为经学大家,碑中的典故多取自《诗经》《尚书》《周易》《左传》《论语》等经典之作,引用时并非原文照录,而是化用经文,造为新语,达到语言的文学化。《度尚碑二》虽因碑文残缺,事有遗失,但它的文采极强,不失为一篇文学美文。现将"度尚二碑"碑文照录如下:

度尚碑一

君资天地之正气,含太极之纯精,明洁鲜于白圭,贞操厉乎寒松,朗鉴出于自然,英风发乎天骨。事亲以孝,则行侔于曾、闵;结交以信,则契明于黄石。温温然弘裕虚引,落落然高风起世,信荆山之良宝,灵川之明珠也。爰在弱冠,英风固以扬于四海矣。拜为荆州刺史,仗冲静以临民,施仁义以接物,恩惠著于万里,诚信畅于殊俗,由是抚乱以治,绥扰以静也。帝嘉其功,锡以车服。方将扫除寇逆,清一宇宙,廓天步之艰难,宁陵夷之屯否。

度尚碑二

君讳尚,字博平,其先出自颛顼,与楚同姓,熊严之后,(缺)亦世掌位,统国法度。秦兼天(缺)和之纯质,秉黄中之正性。智含渊薮，仁隆春暖，义高秋云，行洁冰霜，慷慨壮厉。临（缺）休誉，固己著矣。及其典牧，必招振贤才，抽拔幽逸，选召所任，极当世之秀士，养民有（缺）令闻弥崇，晖光日新，可谓盛德者已。初奉岁计，拜郎中，除上虞长，玄化潜洞，百姓（缺）数县，恩信并宣，令行禁止。以从父忧去官，更举孝廉，为右校令。是时南蛮蠢动，擢拜（缺）丑，殊俗宾服，远人用绥。封右乡侯，迁辽东太守。旬月之间，秽貉宁辑。会杨贼畔于（缺），拜中郎将，料敌制胜，威谋合神。持重优于营平，深入则轻冠军。附士渥于李广，御众（缺）同滋味。必达井辨幕，然后饮舍。惠以厚下，说以犯难，是故所征辄克，师徒无顿，（缺）寇珍殪，干戈载戢，走马以粪，朝贡厥重：复拜荆州刺史，以故秩居，册书尉荐，因赐（缺）之。荆域号慕，虽周人之思召伯，弗此逾也。于是故吏感《清庙》之颂，叹《斯父》之诗，乃（缺）曰：

于惟我侯，允懿允明，文武是该，克忠克贞，粤初发藻，在彼上虞，迈种厥德，（缺）矣，匪禄是荣，无言不雠，帝扬厥声，俾作配（缺），往抚于荆，抚荆惟何，南夏是（缺）邦家。截彼海外，绩莫匪嘉，天生我侯，实为民望，心乎其爱，四方是仰，如何不永，（缺）而不死。芳烈遗令，永康元年，岁在鹑尾，龙集丁未，时维（缺）岁（缺）。

第三节　徐州"二严碑"

徐州"二严碑"系指北宋政和五年（1115年）下邳出土的《祝长严䜣碑》（《严䜣碑》）和北宋时期出土的《处士严发碑》（《严发碑》）。这两方汉碑都已散失，碑文存洪适《隶释》中，碑中异体字见娄机《汉隶字源》和顾南原《隶辨》。

一、严䜣碑

严䜣,字少通,生于章帝建初六年(81年),卒于桓帝和平元年(150年),历任郡掾史,会稽、诸暨尉,守乌程、毗陵、余暨、章安、山阴长,因病去官,再仕后为丹阳、陵阳丞,守春谷长。举孝廉,迁东牟侯相,下邳祝长。严䜣史书无传。事迹见于《严䜣碑》。

(一)《严䜣碑》的发现情况

《严䜣碑》发现于北宋政和五年,比《度尚碑》发现晚三年,郦道元《水经注》、欧阳修《集古录》皆不见此碑。据《李清照年谱》,北宋政和五年"明诚得汉祝长严䜣碑"[①]。赵明诚《金石录》卷十四云:"政和中,下邳县民,耕地得之。文与费凤两碑略相似,铭诗亦五言。"洪适《隶续》卷三云:"碑无额,政和中,出于下邳。"南宋陈思《宝刻丛编》卷一云:"京东东路,淮阳军(下邳、宿迁)条下录《严䜣碑》,文与赵明诚《金石录》同。"[②]《同治徐州府志·碑碣考》载:"碑在下邳,故《邳州志》谓䜣即下邳人。今碑文录《人物·严䜣传》下。洪氏仅见拓本,碑在宋时已不经见,今久堙没矣。"

《严䜣碑》在宋代被发现时,碑中文字已有许多残泐。赵明诚《金石录》中的录文不全,有225字,为碑文的第一部分,其中仅缺5字。赵明诚云:"其后有铭,铭为五言,颇残缺难读。"洪适《隶释》卷二十四基本上是按《金石录》所录的释文。后来洪适"博求阙遗,转拓此碑",得到清晰的拓本,在《隶续》卷三中补《金石录》所缺275字,但其中仍有88字阙文。《严䜣碑》的全文应在500字左右,碑文中的"序""颂"部分保存文字较好,"铭"的部分残缺文字较多,但通篇可以顺读,文意不偏。《严䜣碑》

---

① (宋)李清照著,徐培均笺注:《李清照集笺注》,上海古籍出版社2002年版,第443页。
② (宋)陈思:《宝刻丛编》,中华书局1985年版,第33页。

的碑额缺失,原题名不存,"祝长严䜣碑"是根据碑文中的内容由宋人题名的。

《严䜣碑》碑文作者缺失,洪适认为:"文与费凤两碑略相似,铭诗亦五言。'列种诸奇树'一句又同,岂此碑亦卜君所作乎?"卜君为费凤之妻弟卜胤,事迹不详。《费凤碑》为熹平六年(177年)作,《严䜣碑》为和平元年(150年)作,二者相差27年。但《严䜣碑》的作者是否为卜胤还待进一步考证。

《严䜣碑》碑石、拓本俱失,顾南原《隶辨》中依娄机《汉隶字源》收录《严䜣碑》中的部分文字。《严䜣碑》中使用了较多的俗字,如"华泽青葱"的"葱"写作"苁","故著名诔"的"诔"写作"誄","发愤授笔"的"愤"写作"噴"、"笔"写作"肀","仿佛"写作"叻咈","行旅歌谣"的"旅"写作"旅"等。碑文中使用的通假字有:以"央"为"殃",以"億"为"意",以"掩"为"奄",以"噴"为"愤"等。《严䜣碑》为辨识汉代碑文的俗字、通假字提供了一些参考例证。与《度尚碑》相比,《度尚碑》较多使用的是隶变字,《严䜣碑》较多使用的是东汉俗字和通假字。(图2-3)

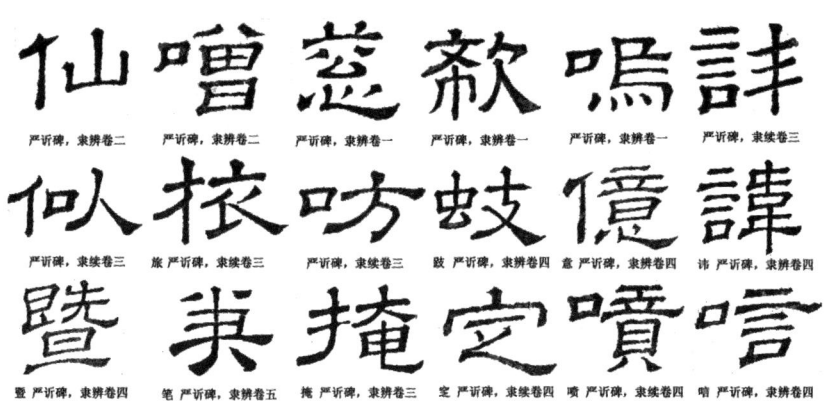

图2-3 《严䜣碑》中的碑别字(《隶辨》)

（二）《严䜣碑》的文学特征

《严䜣碑》为格式完备的碑诔文章，全文共500余字，由碑序、碑诔（碑颂）、碑铭三部分组成。整篇碑文结构严整、遣词古腴、叙事有章，实为汉代碑诔文学中的精品之作。

第一部分为碑序，寥寥数语就表现出作者与众不同的叙事手法。碑序是碑文之首，往往先叙死者不幸而卒的年月。一般碑文采用的是年号纪年、干支纪月的方法，《严䜣碑》的开篇首语用"惟汉中兴，卯金休烈"代替了"后汉"一词。"卯金"典出《后汉书·光武纪》："谶记曰：'刘秀发兵捕不道，卯金修德为天子。'""休烈"典出李斯《会稽刻石》："皇帝休烈，平一宇内，德惠修长。""和平元年，岁治东宫，星属角房"，用年号加岁星纪年而述。岁星纪年是以木星所在星次纪年的方法，司马贞索隐："太岁在寅，岁星正月晨出东方。""岁治东宫"即岁始东宫的意思。"星属角房"，角星、房星，属东方苍龙七星，《史记·天官书》曰："东宫苍龙，房、心。""月建朱鸟，中吕之均"为斗建纪月和律吕纪月。斗建纪月指每月所建之辰，正月建寅，顺行十二辰，每月一辰。朱鸟为南方，午、巳皆属，即四五月份。律吕纪月是十二音律调名称来纪月的方法。《礼记·月令》曰："孟夏之月，律中中吕。""中吕"指月份中的四月。简单意思的"汉和平元年四月"，在碑文中表述得深奥诘屈，显示了作者对天文历法的熟练掌握及其深厚的语言功底。

叙述过死者卒年后，作者转而叙述四月之景，这是"万物慈射，华泽青葱；跂行蠕动，咸守厥常"的季节，其辞与《汉书·礼乐志》"青阳开动，根荄以遂，膏润并爱，跂行毕逮"相同。就在春回大地、万物复苏的季节，严䜣却"独遭灾霜，巅殒徂落"。紧接着作者用了"经设三命，君获其殃"的典故。"三命"即《通纬·孝经援神契》所说的"命有三科：有受命以保庆，有遭命以谪暴，有随命督行"。受命谓年寿也，遭命谓行善而遇凶也，随命谓随其善恶而报之。碑序后面用了"咨嗟痛兮，呜呼悲伤"的感叹词叙其哀。

第二部分为碑诔，《严䜣碑》中用了"故著名诔"以示诔文的开始。碑诔主要是叙述死者生前事迹的文字，类似于为死者作传。《严䜣碑》的诔词为汉代诔文中的套路格式，先叙其名，再叙世系，再叙行事。"兆自楚庄，祖考相承"是严䜣的远代世系。严、庄本为一氏，战国时楚王侣，谥号为庄王，其支庶遂为庄氏。东汉时，汉明帝为刘庄，为避皇帝的名讳，令庄氏改姓严氏。"招命道术，治严氏春秋冯君章句"是叙严䜣的学业成就。这里的道术是指数术类的"杂术"。严䜣治学为《严氏春秋冯君章句》，史书所见为《严氏春秋》做章句的学者有丁恭、钟兴、樊鯈、张霸等，洪适说："两汉传《春秋》严氏学无姓冯者，盖史之阙文也。"

严䜣为东汉桓帝时的普通官吏，终官为东侯相、下邳祝长，史书无传。《严䜣碑》叙严䜣仕宦经历以郡掾史始，后为会稽、诸暨县尉，守乌程、毗陵、余暨、章安、山阴长，以疾去官。后为丹阳、陵阳丞，守春谷长。举孝廉，迁东牟侯相，下邳祝长。《严䜣碑》中反映出汉代官吏的升迁制度，严䜣为县长多为守官，汉代管制某官开始升迁时，称为"守"，经过一年考试，如能胜任，成为真官。严䜣是在经过"举孝廉"以后才迁为东牟侯相、下邳祝长的。汉代王国的侯相，秩同令、长。汉代规定病假三月"以疾去官"，病愈再仕须从低官做起，严䜣即从守长的位置退官后，从县丞复起。

碑文中的"下邳祝长"，洪适认为汉代没有祝县，"阙其一字"，补为"祝其长"。祝其县在今连云港赣榆区境内，古属东海郡，下邳国属县中没有祝其，洪适以为"疑此邑尝割隶耳"①。不过这种推测并无依据，"祝长"为汉代的官名而非地名。汉有太祝令，为太常属官，秩六百石。《后汉书·百官志》本注云："凡国祭祀，掌读祝及迎送神。"汉代王国置太祝或祝长。《秦汉南北朝官印征存》著录一方"长沙祝长"印②，山东巨野红土山

---

① （宋）洪适：《隶释　隶续》，中华书局1985年版，第308页。
② 罗福颐：《秦汉南北朝官印征存》，文物出版社1987年版，第42页。

西汉墓出土的一方封泥原释为"祝(其?)",吕健释为"山阳祝长"①。此外,《古封泥集成》著录有"齐大祝印"②,徐州土山汉墓出土有"楚大祝印"封泥③。张家山汉简《秩律》中六百石有"太祝",同时三百石的部分又有"祝长"④。可见,太祝和祝长为不同秩级的属官。严䜣终官为下邳祝长,而不是祝其县长。

第三部分为碑铭。碑铭在碑序、碑诔之后,是对全文的概括与总结。这部分内容继承了先秦以来庙堂颂诗雍容典重的传统,多用诗铭的格式,竭力夸耀赞美碑主的懿行美德。赵明诚《金石录》云:"其后有铭,铭为五言,颇残缺难读。"洪适《隶续》补全了碑铭文字,《严䜣碑》中的碑铭,前面14句56字为四言韵文:"宣布政声,□□甘棠;贫细随附,贤士敬名;行旅歌谣,慎于所□;□□□郑,寔与相似;恩泽矣舄,□□□□;□名臧文,威如哮虎;仙南俗□,德配公刘",以表达死者德高功显。后半部分为有韵散文,或用比喻,或用对仗,或议论,或铺陈,尽表哀切之情。虽然碑铭部分缺字较多,但仍可以看出碑铭的语言呈现深厚茂密、隽秀典丽、雍容雅泽的特点。

严䜣碑

惟汉中兴,卯金休烈。和平元年,岁治东宫,星属角房,月建朱鸟。中吕之均。万物慈射,华泽青葱;跂行蠕动,咸守厥常。人物同授,独遭灾霜,巅殒徂落,寿不宽弘,经设三命,君获其殃。年六十有九,礼胜蚤天,咨嗟痛兮,呜呼悲伤!故著名诔,憎叹欷歔,发喷(愤)授笔,舒虑旷喟。其辞曰:

---

① 吕健:《从出土封泥谈巨野红土山汉墓的墓主问题》,《考古》2016年第9期。
② 孙慰祖:《古封泥集成》,上海书店出版社1994年版,第40页。
③ 王恺:《狮子山楚王陵出土印章和封泥对研究西汉楚国建制及封域的意义》,《文物》1998年第8期。
④ 阎步克:《从爵本位到官本位:秦汉官僚品位结构研究》,生活·读书·新知三联书店2009年版,第383页。

伊叹严君，讳䜣，字少通。兆自楚庄，祖考相承。招命道术，治严氏春秋冯君章句，众书渊（缺），靡不（缺）览。君体性慈仁，常容□□，忠公清白，好善博爱。有文有武，□□兼备。幼为郡掾史，会稽、诸暨尉，守乌程、毗陵、余暨、章安、山阴长，以疾去官。后为丹阳、陵阳丞，守春谷长。举（孝）廉，迁东牟侯相，下邳祝长。典牧十城，所在若神。（赵明诚《金石录》录文到此，云："其后有铭，铭为五言，颇残缺难读"，后文为洪适补之）宣布政声，□□甘棠；贫细随附，贤士敬名；行旅歌谣，慎于所□；□□□郑，寔与相似；恩泽奂昺，□□□□；□名臧文，威如哮虎；仙南俗□，德配公刘。□□□宣为二□风□□，至今不灭。年（缺十字）何意，掩忽摧藏，（缺三字）于是宫（缺七字）送君，莫不悲哀舒气。啍（缺二字）后官贵人。上（缺二字）君（缺）魂灵柩（缺四字）农夫桑妇，（缺）叹欲（缺二字）人僮优（缺）目（缺三字）哀（缺二字）嗟君（缺四字）云斯（缺）道（缺七字）身甘复（缺五字）次子（缺三字）昔先予女斯（缺三字）有命，不可追留。呜呼哀哉。（缺）何棠所宰临十城，布化垂光明。功名休赫，盛巍难蔽障。今歌于道，（缺三字）甘棠。君不享黄耇寿，賮没归（缺）窀。且于中岳玄照，洞仓弘高显（缺五字）刻画文磐堂，列种诸奇树，窈何椆，灵魂审有知，福祚遗子（缺）。

二、严发碑

《严发碑》又称《汉处士严发残碑》。严发，东汉彭城处士。《正字通》云："处，女未嫁曰处女，士未仕曰处士。"处士指闲居未仕或不仕之人。《荀子·非十二子》曰："古之所谓处士者，德盛者也。"汉代处士"生无印绶之荣，卒无官谥之号"，但其"德行纯备，著于人听"，深得时人的景仰。汉代多为处士树碑立传，如刘桢《处士国文甫碑》、蔡邕《处士圈典碑》，此外还有《玄儒先生娄寿碑》《故民吴仲山碑》等。《严发碑》为研究汉代的隐逸文化和朝廷对处士的态度，提供了可信的文献资料。

(一)《严发碑》概况

《严发碑》不见于郦道元《水经注》、欧阳修《集古录》、赵明诚《金石录》的记载。碑文最早见于洪适《隶续》卷一。《隶续》云："碑所存十有二行，行凡十字。大略载桓䚊、陈章所言：处士严发有曾、闵之行，栖迟衡门，诚于朋友。引《春秋》褒仪甫之事，后有听表门闾复之文。盖邑官称发之行，遂表其门闾，复其租徭，而碑之所由立也。末有丞汝南番君及户曹掾题，当是其时官僚。其首行月日之下，有'彭城'字，乃其乡国也。"①《同治徐州府志·碑碣考》云："《西汉会要》'郡掾'下，无'户曹'。唯'县掾史'下有'户曹掾史'……据此知䚊，实县令；陈章等皆县佐，无疑。发为彭城人，则䚊、章等皆彭城官吏可知。碑版既亡，文又残缺，依理寻究，录存于此。"该碑年代不清，碑文前首仅存"月戊申朔五日癸丑"，《隶续》云："碑不见岁年疑其非汉刻，虽字画不工，不类魏晋以后书法。"

《严发碑》的出土地点不详。严发为彭城人，原碑应立在徐州，《同治徐州府志·碑碣考》录入此文。《严发碑》在宋代已经散失，清代金石著作也不见此碑的记载。据洪适《隶续》的记载，《严发碑》残存12行，每行存10字，从碑首文字纪年"月戊申朔五日癸丑"来看，前面缺失约6字。从残缺的碑文可以看出，碑身上、下两端缺失，仅存中间部分。《严发碑》缺字较多，现存100余字，依《隶续》而录：

(上缺)月戊申朔五日癸丑，彭城(下缺)桓䚊佐陈章言处士严发(下缺)生则有曾闵之行，送终则(下缺)允诚于多友不求直，以(下缺)分离拔身委让，勤四体以(下缺)志，镌坚仰高，西(栖)迟衡门，甚(下缺)例所述，士有一行则可尊(下缺)，盖孔子作《春秋》褒仪甫

---

① (宋)洪适：《隶释 隶续》，中华书局1985年版，第300页。

西 严发碑，隶辨卷一　身 严发碑，隶辨卷一　陈 严发碑，隶辨卷一　贵 严发碑，隶辨卷一　甚 严发碑，隶辨卷三

图2-4 《严发碑》中的碑别字(《隶辨》)

以（下缺）塞利欲之溪，是故贵有商（下缺）以显宝玉。今听表门间。复（下缺）勉陵俟巳表栈言会月（下缺）（上缺）君丞汝南番君户曹掾（下缺）。

顾南原《隶辨》钩摹了《严发碑》中的部分文字，有丑、西、身、陈、贵、甚等字。碑文中"栖迟衡门"中的"栖"，写作"西"；"分离拔身"的"身"，写作俗字"身"；"陈章"的陈，写作"陈"。（图2-4）此外，碑文中"癸丑"的"丑"字，写作异体字"丑"（《汉隶字源》），"以"字都写作"以"。这些文字在一定程度上表现了《严发碑》的书法风貌。

（二）《严发碑》的文学特征

《严发碑》虽为残碑，碑文不能连读，但可以看出残存文字为铭诔之文，隶事用典，字字珠玑，表现出文辞高妙的文学功底。在汉碑文学研究中，经常用到《严发碑》中的遣词造句。

《严发碑》为颂赞之文，严发既无印绶之荣，又无赫赫功绩，碑文赞颂严发的德行用了许多典故。如赞颂严发的孝行，用"曾闵之行"的典故，曾参、闵骞均是孔子的弟子，以孝行著称于世，《后汉书·明帝纪》载："昔曾闵奉亲，竭欢致养。"赞颂严发的勤劳，用"勤四体"，典出《论语·微子》："四体不勤，五谷不分，孰为夫子？""勤四体"是古时学者本色，《三国志·步骘传》载："(步骘)种瓜自给，昼勤四体，夜诵经传。"赞颂严发的德行，用"镌坚仰高"，典出《诗经·小雅·车辖》。"高山仰止，景行行止。"赞颂严发的俭朴,用"栖迟衡门",典出《诗经·陈风·衡门》:"衡门之下,可以栖迟。"《汉书·韦贤传》载:"勿枉其志,使得自安衡门。"颜师古注:"衡门,谓横一木于门上,贫者之所居也。""衡门"本指贫寒者之所居,引申义为怀才隐居。汉碑中多用"衡门"之典,如《武梁碑》"州郡请召,辞疾不就,安衡门之陋,乐朝闻之义";《金乡长侯成碑》"君睿精谦虚,委也衡门";《山阳太守祝睦后碑》"色斯举矣,殁身衡门";《繁阳令杨君碑》"处靖衡门,童冠如云";《太尉杨震碑》"鸿渐衡门,群英云集"。赞颂严发的高节,引《春秋》褒仪甫之事。仪甫即仪父,《左传·隐公元年》载:"未王命,故不书爵。曰仪父,贵之也。"邾国国君邾子克,未册王命,而施政有德,故称"仪父",处士严发虽辞官不就,因有德行而以"仪甫"比之。

汉代对德盛不仕、居家不官的处士有旌表褒奖。处士严发因为其德行"镌坚仰高""栖迟衡门"得到朝廷的旌表,故碑文有"听表门闾"之句。《后汉书·百官志》云:"孝子顺孙,贞女义妇,让财救患,及学士为民法式者,皆扁表其门,以兴善行。"《说文解字》曰:"扁者,题门户之文。""听表门闾"即在家门上悬挂匾额或门旁竖立双阙,以便百姓效法。彭城处士严发,史书无传,《严发碑》为研究汉代处士的礼遇情况提供了碑学文献依据。

第四节 彭城姜肱碑

姜肱(96—173年),字伯淮,东汉彭城广戚人。出身名族,祖父曾任豫章郡太守,父亲曾任任城国相。姜肱与弟仲海、季江皆以孝著称。姜肱博通《五经》,兼明星纬,士之远来就学者3000余人。桓帝延熹二年(159年),尚书令陈蕃、仆射胡广等上疏辟荐徐稺、姜肱为官,被姜肱谢绝。《后汉书·周黄徐姜申屠列传》载:"桓帝乃下彭城使画工图其形状。肱卧于幽暗,以被韬面,言患眩疾,不欲出风。工竟不得见之。"①建宁元年(168年),灵帝即位后,宦官曹节等奏征诏姜肱为犍为太守。姜肱得诏后与朋友说:"吾以虚获实,蕴藉声价。盛明之际,尚不委质,况今政在家哉。"②于是隐身遁命,远浮海滨。之后,灵帝又亲自下诏拜姜肱为太中大夫。姜肱以"久病就医"为由谢辞。姜肱一生"凡一举孝廉,十辟公府,九举有道,至孝、贤良、公车三征,皆不就"③。熹平二年(173年)在家去世,终年77岁。

一、《彭城姜肱碑》概况

《彭城姜肱碑》早已散失无存,《集古录》《金石录》《隶释》《隶续》等金石著作都无此碑的记录,郦道元《水经注》也无此碑的记录。按史书记载,姜肱为彭城广戚人,卒于家,应葬于广戚。《水经注·泗水》载:"泗水又东南流,迳广戚县故城南。汉武帝元朔元年,封刘择为侯国,王莽更之曰力聚也。"《魏书·地形志》载:"留县有广戚城,在今沛县东。"考其地望,广戚位于沛县东,今微山县西北部附近。《徐州府志》《沛县志》也无《彭城姜肱碑》的记载,《滕县续志稿·艺文》仅录"彭城姜肱碑"目录。

《彭城姜肱碑》为姜肱弟子陈留申屠蟠等所立。申屠蟠与蔡邕同郡,蔡邕极为看重他,曾推举过他。蔡邕应申屠蟠、刘操之请,于熹平二年癸丑作《彭城姜伯淮碑》(《彭城姜肱碑》)。该碑是蔡邕碑诔中的代表作之一,唐初本《蔡中郎集》已收录此文。北宋欧静《蔡邕集·序》,明张溥《汉魏

---

① (南朝宋)范晔撰,(唐)李贤等注:《后汉书·周黄徐姜申屠列传》,中华书局1965年版,第1750页。
② (东汉)应劭撰,吴树平校释:《风俗通义校释》,天津人民出版社1980年版,第202页。
③ (晋)皇甫谧:《高士传》,载(晋)葛洪等《古今逸史精编》,重庆出版社2000年版,第85页。

六朝百三家集·蔡中郎集》、明梅鼎祚《东汉文纪》、海源阁杨氏刻本《蔡中郎集》、清严可均《全后汉文》等俱录此文。

二、《彭城姜肱碑》的文学价值

蔡邕的《彭城姜肱碑》是汉代碑诔文学中的精品佳作，全文计468字，由碑序、碑诔、碑铭三部分组成。

第一部分为碑序，记述了碑主姜肱的姓氏、郡望、世系、近祖。从碑序中可知姜肱为彭城广戚人。广戚，秦置县，属泗水郡，西汉时属沛郡，东汉时属彭城国。《后汉书·姜肱传》李贤注："广戚故城今徐州沛县东。"东汉时人们注重出身门第，姜肱出身名族，"其先出自帝胤"，"其裔吕望，佐周克殷。俾侯齐国，姓有姜氏"。《史记·齐太公世家》载，吕尚之先祖尝为四岳，"佐禹平水土甚有功，虞、夏之际封于吕"。索隐引谯周："姓姜名牙，炎帝之裔，伯夷之后。"姜肱远祖为齐国的开创者姜尚。姜肱的近祖皆为官，"高祖、祖父，皆豫章太守、颍阴令"，《后汉书·姜肱传》李贤注引《谢承书》曰：肱父任城令，与碑文不同。碑序虽为写实之作，但蔡邕多用四字韵文，读起来朗朗上口。

第二部分为碑诔，为碑文中的主体部分，以290多字的长文赞颂姜肱的德行、学识，叙事皆用典。汉代社会尤重孝行，碑诔中先叙姜肱孝亲，《后汉书·姜肱传》载："肱与二弟仲海、季江俱以孝行著闻，其友爱天至，常共卧起，及各娶妻，兄弟相恋，不能别寝。"李贤注引《谢承书》曰："肱性笃孝，事继母恪勤。"碑文曰："事亲惟孝，如大舜五十而慕，友于兄弟。""五十而慕"，典出《孟子·告子下》："孔子曰：舜其至孝矣，五十而慕。""有棠棣之华，萼韡之度"，典出《诗经·小雅·常棣》："常棣之华，鄂不韡韡。"毛传："常棣，棣也。鄂，犹鄂然，言外发也。韡韡，光明也。"郑玄笺："鄂足得华之光明，则韡韡然盛兴者。喻弟以敬事兄，兄以荣覆弟，恩义之显亦韡韡然。"

姜肱的学识极高,《后汉书·姜肱传》说他"博通五经,兼明星纬",碑文也说:"三坟、五典、八索、九丘,俯仰占候,推步阴阳。"文义与《后汉书·姜肱传》相同,而文辞更加优美。姜肱的弟子很多,《后汉书·姜肱传》说"士之远来就学者三千余人",弟子申屠蟠、刘操等皆为汉末名士。碑文曰:"学而不厌,诲人不倦。童冠自远方而集者,盖千余人。"

姜肱为汉末著名的处士,桓帝、灵帝屡次下诏征辟并家拜姜肱出仕,姜肱屡次推辞不就。《后汉书·姜肱传》载:"桓帝乃下彭城使画工图其形状。肱卧于幽暗,以被韬面,言患眩疾,不欲出风。工竟不得见之。"碑文叙姜肱不就高官,隐匿市间,用"十辟公府,九举贤良、方正,公车特征,玄纁礼聘"。碑文中赞姜肱荣辱不惊,用"不陨获于贫贱,不充诎于富贵"之典。《礼记·儒行》曰:"儒有不陨获于贫贱,不充诎于富贵,不恩君王,不累长上,不闵有司,故曰儒。"郑玄注:"陨获,困迫失志之貌也。充诎,喜失节之貌。"碑文赞姜肱"拔乎其萃,出乎其类",语出《孟子·公孙丑上》:"出于其类,拔乎其萃,自生民以来,未有盛于孔子也。"

碑文的第三部分为长篇四言诔铭,计104字,是对姜肱事迹的总结。这篇四言有韵的铭文跟四言诗在形式上没有任何差别,句式整齐,基本隔句押韵,数句一转韵。"邈矣先生,应天淑灵。孝友是备,上德是经。弘此文艺,耽怡是宁。恂恂善诱,童冠来诚。有烨其誉,有焕其声……"铭文前半韵脚为清韵,后半韵部为高韵,基本是偶句押韵,句式整齐,音节和谐,从外在形式和韵律来看,应该说具有诗的特征。

蔡邕是汉代文坛上的诔碑高手,"自后汉以来,碑碣云起,才锋所断,莫高蔡邕"[①]。蔡邕的碑文特点是叙事质朴简要,抒情文采焕然,隶事用典,遣词工整,行文清允,语言雅致。蔡邕的表墓之文虽多,却无一相同。《彭城姜肱碑》韵散结合,叙颂相间,碑文虽重文采,却不溢美失实,

---

① (南朝)刘勰撰,范文澜注:《文心雕龙·诔碑》,人民文学出版社1958年版,第1214页。

尽显彭城高士姜肱的懿德风范。

《彭城姜肱碑》与史书所载基本相同，但有些地方与史书有异。如关于姜肱的父亲，《后汉书·姜肱传》注引《谢承书》曰："祖父豫章太守，父任城相"，碑文为："高祖、祖父，皆豫章太守、颍阴令。"《后汉纪》卷二十三"就拜姜肱为犍为太守"①，碑文作"又家拜为犍为太守、太中大夫"。再如为姜肱立碑者，《后汉书·姜肱传》："弟子陈留刘操追慕肱德，共刊石颂之"，《姜肱碑》为"从游弟子陈留申屠蟠等……"姜肱的卒年，《姜肱传》"熹平二年终于家"，《姜肱碑》为"熹平二年四月丁巳卒"②。蔡邕与姜肱为同时代人，所叙之事更为可信。

彭城姜伯淮碑

先生讳肱，字伯淮，彭城广戚人也。其先出自帝胤，在皇唐盖与四岳共叶，能礼于神，舜命秩宗，爰封于吕。其裔吕望，佐周克殷。俾侯齐国，姓有姜氏，即其后也。高祖、祖父，皆豫章太守、颍阴令。先生既蹈先世之纯德，体英妙之高姿，立性纯固，百行修备。故其平生所能，事亲惟孝，如大舜五十而慕，友于兄弟，有棠棣之华，萼韡之度。体惠理和，有上德之素。安静守约，恩及婴儿。恬荡之固，至操动俗，邑中化之，外户不闭，冶藏无隐。及其学而知之者。三坟、五典、八索、九丘，俯仰占候，推步阴阳。有名物定事之能，独见先睹之效。然犹学而不厌，诲人不倦。童冠自远方而集者，盖千余人。夫水盈而流，德交而形。是故德行外著，洪声远布，华夏同称，名震当世。凡十辟公府，九举贤良、方正，公车特征，玄纁礼聘。又家拜为犍为太守、太中大夫。先生盘桓育德，莫之肯就。不陨获于贫贱，不充诎于富贵，拔乎其萃，出乎其类，生民之杰也。年七十有七，熹

---

① （晋）袁宏撰，周天游校注：《后汉纪校注》，天津古籍出版社1987年版，第640页。
② 严可均作四月丁巳，熹平二年四月无丁巳，惠栋《后汉书补注》为"四月辛巳"。

平二年四月丁巳卒。

于是从游弟子陈留申屠蟠等悲悼伤怀,惧微言之欲绝,感绝伦之盛事,乃建碑于墓,甄述景行,曰:

邈矣先生,应天淑灵。孝友是备,上德是经。弘此文艺,耽怡是宁。恂恂善诱,童冠来诚。有烨其誉,有焕其声。显显群公,并加辟命;赫赫圣皇,仍获其聘。委策避国,守此玄静。绰乎其裕,确乎其操。畴昔洪崖,双名并高。嗟乎陨没,搢绅永悼。依依我徒,靡则靡效。勒铭金石,弥远益耀。

第五节　太尉陈球二碑

陈球(118—179年),字伯真,下邳淮浦(今江苏涟水)人。世为豪家大族,三代为官,父亲曾任广汉太守。球少年时承家学,通儒术,尤喜律令。顺帝阳嘉时(132—135年),被本郡举为孝廉,历任郎中、县令、郡太守、将作大匠等。灵帝熹平六年(177年),继刘逸为司空。光和元年(178年)九月,继张颢为太尉。与司徒刘郃、尚书刘纳谋诛宦官,事泄被曹节等宦官拘捕,下狱而死。陈球清高忠直,为汉末"二十四贤"之一。

一、《陈球碑》考略

《陈球碑》的最早记载见于南朝宋郭缘生《述征记》,《太平御览》卷五八九引《述征记》曰:"下相城西北,汉太尉陈球墓,有三碑,近墓一碑,记弟子卢植、郑玄、管宁、华歆等六十人。其一碑陈登立,碑文并蔡邕所作。"[1]北魏郦道元《水经注·泗水》载:"泗水东南,径下相县故城东……

---

[1] (宋)李昉等:《太平御览》卷五八九"文部五碑",中华书局1960年版,第2654页。

城之西北,有汉太尉陈球墓。墓前有三碑,是弟子管宁、华歆所造。"①《述征记》和《水经注》记载得非常清楚,陈球墓位于下相城西北,墓前立有三通石碑,其中一碑为弟子卢植、郑玄、管宁、华歆所立,一碑为陈登所立,另外还有一碑,两书都没有介绍。

宋代的时候,情况发生了变化,陈球墓前的三碑只存二碑,并由下相移至下邳。欧阳修在北宋治平元年(1064年)四月晦日得到《汉太尉陈球碑》的拓片,并在拓片后跋尾。②后来,赵明诚得到了比欧阳修更完整的拓片,编为"汉太尉陈球碑""陈球碑阴""陈球后碑"三目。赵明诚在《汉太尉陈球碑》跋文:"球有两碑,皆在下邳,其一已残缺,此碑差完可考。"③南宋时期的洪适,著录了《太尉陈球碑》《陈球碑阴》《陈球后碑》的碑文,并在《陈球碑阴》跋云:"陈公两碑皆在淮阳。"④宋时淮阳军治设在下邳县,《宋史·地理志》:"淮阳军,同下州。太平兴国七年,以徐州下邳县建为军。"⑤这里说的淮阳就是下邳。南宋陈思《宝刻丛编》卷一"京东东路·淮阳军"条下录《陈球碑》,称为"汉太尉陈球前碑""汉太尉陈球碑阴""汉太尉陈球后碑"。⑥郑樵《通志·金石略》:"《太尉陈球碑》,蔡邕文并书,光和元年,徐州;《太尉陈球后碑》,徐州;《陈球碑阴》。"从宋代的文献记载来看,陈球二碑当在下邳。洪适认为:"陈公两碑,皆在淮阳,莫识为先后。赵氏但有一碑阴,而《水经》谓墓前有三碑,似亦指碑阴为一也。"⑦应当指出的是,郦道元和郭缘生所说的陈球墓前三碑是亲眼看见的,洪适将碑阴凑成三碑有失常理。清代学者赵一清指出:"洪景伯之言非也。……

---

① (北魏)郦道元:《水经注》,岳麓书社1995年版,第385页。
② (宋)欧阳修:《集古录跋尾》,人民美术出版社2010年版,第71页。
③ (宋)赵明诚:《金石录》,齐鲁书社2009年版,第140页。
④ (宋)洪适:《隶释 隶续》,中华书局1985年版,第112页。
⑤ (元)脱脱等:《宋史·地理志》,中华书局1977年版,第2109页。
⑥ (宋)陈思:《宝刻丛编》,中华书局1985年版,第33页。
⑦ (宋)洪适:《隶释 隶续》,中华书局1985年版,第112页。

故《金石录》仅有二碑,而乃以碑阴充数,何耶?"①

如果将诸家之言做整理归纳,陈球墓前三碑为:(1)故吏、故民所立《太尉陈球碑》(又称《陈球前碑》),此碑的碑阴文字《隶续》中有著录,"碑阴故吏、故民凡四十人,各有出钱之数"。(2)门生、弟子所立《陈球后碑》,为弟子卢植、郑玄、管宁、华歆等60人所立。(3)陈球后人陈登所立《陈球碑》,陈登(165—204年),字元龙,为陈球弟陈珪之子,建安初为广陵太守。邓安生、张鹏飞认为卢植等所立之碑散失,《陈球后碑》为陈登所立。②张鹏飞说,建安三年(198年),陈登随魏武征吕布于下邳,"见其伯祖之墓,为之补立新碑,其碑文为蔡邕书。故其碑文有'呜呼哀哉''泣涕涟如'之语"③。

宋郑樵《通志·氏族》载:"后汉太守陈球碑阴,有城阳炅横被诛,四子,一守坟姓炅,一避难徐州姓昋,一居幽州姓桂,一居华阳姓炔。"④此碑记载有守坟事,应是陈球卒后一段时间所立。《隶释》所录陈球前、后碑不见此事,该碑当为陈登所立。洪适《隶释》云:"汉太尉陈球碑阴有城阳炅横。此碑亦不见之,若非石损,则恐是彼一碑也。"宋代散失的一碑即此碑。

陈球前、后碑两碑形制相同,洪适《隶续》卷五绘有碑图并有详细描述。(图2-5)《太尉陈球碑》(《陈球前碑》):"篆额两行,黑字,圭首甚大,一晕覆之其右,复有二晕;文在穿下,凡十九行,后有裂者,石又下断,所存者行二十四字。碑阴穿晕皆同,纵横亦有裂,文前两行书二人之事,余存二十行,行二人。"⑤从洪适所绘碑图可以看出,碑穿在碑身上端三分之一处,篆书题额"汉故太尉陈公之碑"。洪适叙述《陈球后碑》:"复

---

① (清)赵一清:《水经注释》第九册卷二五《泗水注》一清按,光绪六年(1880年)八月会稽章氏重刊本,第21页。
② 邓安生:《蔡邕集编年校注》(下),河北教育出版社2002年版,第588页。
③ 张鹏飞:《〈水经注〉石刻文献丛考》,社会科学文献出版社2015年版,第126页。
④ (宋)郑樵:《通志·氏族》,中华书局1987年版,第478页。
⑤ (宋)洪适:《隶释 隶续》,中华书局1985年版,第334页。

图2-5 《陈球碑》碑额(《隶续》)

有一碑,篆额两行,穿晕略同,文二十行,行三十七字,其下亦有断者。"《陈球后碑》的题额内容不明。《陈球前碑》《陈球后碑》宋以后散失,明清时期的金石著作都没有提到陈球二碑的下落。

清代学者顾蔼吉《隶辨》采摭汉碑或娄机《汉隶字源》,手摹了《陈球前碑》《陈球碑阴》和《陈球后碑》中的部分文字。《陈球前碑》中有"啬、宽、祗、引、公、队、涤、乔"等字;《陈球碑阴》有"黄"字等;《陈球后碑》中有"懿、阆、焰、鹅、编、涟、洒、随、緘、阙、侯、继"等字。《陈球前碑》中的通假字有:"啬"通"穑","队"通"堕","条"通"涤"(守其条贯)。《陈球前碑》中的隶变字有:"引众而遁"的"引"写作"𢎥",从"弓"从"人",与《刘修碑》的写法相同;"司空乔玄"的"乔"写作"髙"。《陈球后碑》中的通假字有:"涟"通"涟"(泣涕涟如);"随"通"堕"(仍随緘截);"阙"通"阆"(礼纪向阆);"侯"通"候"等。《陈球碑》虽泯世已久,拓本也不见传,凭借《隶辨》钩摹文字,可略知《陈球碑》的书法风貌(图2-6)。

目前能见到《陈球碑》的有关线索是清代学者钱泳书的《陈球后碑》[①]。钱泳(1759—1844年),初名鹤,字立群,号梅溪,吴越武肃王三十世孙,金匮泰伯乡(今无锡)人,中年迁居常熟。精于金石,工于汉隶,是活动于乾隆至道光间的著名书法家、金石学家。钱泳一生收藏和临摹汉碑诸多,缩临汉碑编为《攀云阁帖》,其子钱曰祥跋道:"先君子束发受业,即好隶古之学,又好金石碑版之文。后承当代名公延聘,游幕四方,书丹

---

① 周倜主编:《中国历代书法鉴赏大辞典》,北京燕山出版社1990年版,第1699页。

图2-6 《陈球碑》中的碑别字(《隶辨》)

勒石,名目不下数千百种。"钱泳书《陈球后碑》为纸本,高128厘米,宽29.8厘米,为《陈球后碑》中的一段文字。从碑中的文字来看,钱泳的《陈球后碑》不是临本,而是钱泳的书法作品。

二、《陈球碑》的作者及其文风

陈球墓前有三碑史实确切,三碑的作者有不同的推测。明末张溥《蔡中郎集》没有收录《陈球碑》,洪适《隶释》也没有提及《陈球碑》的作者,因此陈球碑的作者问题值得讨论。

东晋郭缘生《述征记》最早提到《陈球碑》为蔡邕所作,宋郑樵《通志·金石略》载有"《太尉陈球碑》,蔡邕文并书"。虽蔡邕作《陈球碑》之事没有异议,但陈球墓前有三碑,蔡邕所作为哪一碑,郭缘生和郑樵都没有言明。从现有史料来看,蔡邕作《陈球后碑》的理由最为允足。南朝梁萧统《昭明文选》所收潘岳《金谷集作诗》曰："王生和鼎实，石子镇海沂"，李善注："蔡邕《陈球碑》曰：'远镇南裔'。"①陆机《赠顾交趾公真诗》："发迹翼藩后，改授抚南裔"，李善注："蔡邕《陈球碑》曰：远镇南裔，近抚侯服。"②"远镇南裔，近抚侯服"句见于《陈球后碑》。清人严可均曰："蔡邕《陈球碑》云：'远镇南裔，近抚侯服'，知李善所见六朝唐初本蔡集有此碑。"③今人著作中多从此说，施蛰存《水经注碑录·汉太尉陈球墓碑》下注云："蔡邕文并书，光和元年。"④《陈球后碑》为弟子卢植、郑玄、管宁、华歆等立。卢植为东汉著名的经学大师，与蔡邕结交甚深，熹平年间二人同朝为官，共同参与正订《五经》文字、校书东观、补续汉志等事宜；两人还有生死之交，二人在对方深陷囹圄的时候，互有请愿营救。受卢植等人之请，蔡邕为陈球撰碑文是情理之中的事情。陈球是光和二年（179年）因谋诛杀宦官事败入狱而死，此时蔡邕正在宦官的追杀下流寓江海，衣食无着。在这种情形下蔡邕敢为谋诛宦官的陈球撰碑文，可见其勇气可嘉。

《述征记》所说陈球墓三碑，"其一碑陈登立，碑文并蔡邕所作"。邓安生《蔡邕集编年校注》认为《陈球前碑》为陈登所立，据此认为是蔡邕的作品。⑤而《陈球前碑》已证明为故吏、故民捐钱所立，邓安生所说立论不足。陆侃如《中古文学系年》⑥、陈海燕《蔡邕研究》附录《蔡邕年谱》⑦，皆认为蔡邕于光和二年冬十月，撰写《太尉陈球碑》和《太尉陈公赞》，但也没有新的证据。张鹏飞《〈水经注〉石刻文献丛考》认为，陈登建安三年（198

---

① （南朝梁）萧统编，（唐）李善注：《昭明文选》，吉林人民出版社1998年版，第390页。
② （南朝梁）萧统编，（唐）李善注：《昭明文选》，吉林人民出版社1998年版，第467页。
③ （清）严可均辑：《全上古三代秦汉三国六朝文》（第2册），河北教育出版社1997年版，第718页。
④ 施蛰存：《水经注碑录》，天津古籍出版社1987年版，第283页。
⑤ 邓安生：《蔡邕集编年校注》（上），河北教育出版社2002年版，第297页。
⑥ 陆侃如：《中古文学系年》，人民文学出版社1985年版，第271页。
⑦ 陈海燕：《蔡邕研究》，清华大学出版社2013年版，第251页。

年)随魏武征吕布于下邳,请蔡邕撰文为伯祖补立新碑。此说虽新,却经不起推敲,蔡邕卒于初平三年(192年),建安三年蔡邕撰文与年系不符。蔡邕对陈球敬慕景仰,为陈球撰写两碑是可能的,《陈球前碑》为蔡邕所作还疏于文献证据。严可均将《陈球后碑》列入蔡邕作品,将《陈球前碑》列入"阙名"一类,其治学态度还是严谨的。

从《陈球后碑》的文风来看,与蔡邕的碑诔风格是一致的。与《陈球前碑》相比,《陈球后碑》文辞优美,叙事更详。《陈球后碑》由碑序、碑诔、碑铭三部分组成。

第一部分碑序累述碑主陈球的姓氏、近祖、世系。由碑文得知,陈球为"广汉太守之元子",《后汉书·陈球传》曰:"父亹,广汉太守。"陈球的祖上"自营州来宅海淮",即由齐地迁往下邳淮浦,《尔雅·释地》曰:"齐曰营州。"碑文中"世耽典籍,兼通勤诲",叙述了陈球的家学渊源。

第二部分碑诔述陈球事迹。《后汉书·陈球传》记载陈球仕途经历简略:举孝廉、繁阳令、侍御史、零陵太守、魏郡太守、将作大匠、南阳太守、太尉、光禄大夫、永乐少府等;《陈球后碑》在繁阳令前还有郎中、尚书符节郎、恒陵园令,中东城门候的官职。陈球一生有四次去官复起,《陈球传》记有"以日食免""以地震免"两次;《陈球后碑》有繁阳令后丧母去官,南阳太守后父病去官。在一般的碑诔中,多溢美赞颂虚词,《陈球后碑》为"实在传纪"。《陈球传》中陈球事迹主要有:为繁阳令时拒贿,为零陵太守时破敌,为廷尉时议窦太后合葬,为永乐少府时设计除宦官曹节。除了除宦官一事外,陈球的其他事迹碑文都有叙述。在叙陈球任零陵太守与叛军朱盖、胡兰作战,在强兵压境、孤城难守时,属下劝陈球举家避难,陈球"慨然抑留妻子,以振民心。擐甲登埤,亲帅吏士"。其事迹"威震南夷,功光王室"。陈球卒于诛宦官之事,受当时政治背景的影响,蔡邕在碑文中没有提到这件事情,仅以"天命弗□,呜呼哀哉"一笔带过。汉代诔碑多有不实,欧阳修说"铭志所称,有褒有讳,疑其不实",而蔡邕此碑文不同，"予所集录古文，与史传多异，惟此碑所载与列传同也"①。碑文中的"铭诔尚实"的文风，尽显陈球心存社稷，胸怀苍生，忠君爱民的政治操守。正所谓"标序盛德，必见清风之华；昭纪鸿懿，必见峻伟之烈"②。

第三部分碑铭是对陈球事迹的总结。碑文中自称"铭□玄石"，用四言有韵的铭文，隔句押韵。由于缺字较多，连读起来虽有困难，但仍可看出"铭兼褒赞，体贵弘润"摛文简深的文学色彩。

《陈球前碑》所叙述的内容与《陈球后碑》大致相同，但记述的事情较为简略，文采亦略逊于《陈球后碑》。

陈球前碑

君讳球，字伯真，有虞氏之裔也。当周盛德，有虞遏父。为陶（下缺）公生公子完，适齐，为桓公公正。其后强大，遂有齐土。楚汉之（下缺）官生屯，有令名，广汉太守。公既纂世业，不队（堕）前轨。孝友祗穆，（下缺）《典》《诰》微言，《雅》《颂》情指。宪发纲统，莫不守其条贯，综其伦理。采（下缺）换东城门候，虔恭职司，凤夜匪解。迁繁阳令，宽以（缺二字）温而（下缺）不（缺）遗迹邈而不（缺），丧母去官。服除，辟司徒府，拜侍御史。（下缺）陆梁荆扬，州郡（缺）弱，莫能禁御。大尉杨秉举公（下缺）帅傁（缺二字）弱（缺三字）难一（缺）而平。诏书（缺五字）十万，州（下缺）公发遣家属，辟（缺二字）难公赫（下缺），有言者斩。乃悉（缺）人民老弱（缺）共（缺三字）材，为大弧（下缺）攻前（缺）遇之，引众而遁。全郡保（缺六字）拜子男（下缺）作大匠。孝桓晏驾，（缺四字）躬亲功（下缺）司空乔玄表公为河南（缺）惟明克（缺）公（下缺）遂作司空。通导水泉，稼啬繁阜。阴阳（下缺）致仕，赐荣而退。复拜永乐少府。光和（下缺）而不挠，虽

---

① （宋）欧阳修：《集古录跋尾》卷三，人民文学出版社2010年版，第71页。
② （南北朝）刘勰：《文心雕龙·诔碑》，凤凰出版社2011年版，第46页。

有周之申、甫,汉优之匡、翟,(下缺)知公之明德。其辞曰:於显明德,峻哲(缺二字),亶(缺)丕度伊(下缺)。

陈球后碑

君讳球,字伯真,广汉太守之元子也。盖周存六代,妫满继虞,建国于陈,逮完徂齐,实为陈氏。公(下缺)父自营州来宅海淮。世耽典籍,兼通勤海,振裘褐,即征聘,答宰司,荷显贡者,继世而传焉。

至公(下缺)刚寡欲,□懿惠和,高明柔克,甘味道艺,强学博物,凡坟素遗训,圣贤立言,搠精极微,无□不究。(下缺)除郎中、尚书符节郎、恒陵园令,换中东城门候,迁繁阳令。养老长孤,救灾匡困,化恶以善,扰逆以(下缺)牡,厥泽鸿醇,则百姓敬之如神祇,爱之如慈亲矣。暨于考绩,遭继母忧,礼纪向阕,群公争招,遂(下缺)拜侍御史。尔时蛮□贼胡兰、李研等,蜂聚蛾动,剥落荆扬,出师命将,辄有奔北之困。太尉杨(下缺)公严□典陈,为鹅为□,兵扬霆激,期月献捷,有诏厚赐。策书叹述,绩遇畔兵朱盖等建(下缺)三牧二守,零陵之宜初□阻□,土地平夷,编木为城,旧有过寇,未尝能亢。盖等望(下缺)以为□□入便就馆穀,公慨然抑留妻子,以振民心。擐甲登埤,亲帅吏士,身当锋(下缺)围城至平旬有六日,伤焰稍(隶辨作"后")逸,仍随歔截(以堕代随),威震南夷,功光王室,诏拜子为郎(下缺)。优□□劳,事列□□,迁魏郡太守,征拜将作大匠,会孝桓皇帝崩,实掌梓宫□事身安荼(下缺)南阳太守,父病去官。居家半年,引授廷尉,八议实□,□无幸民,乃迁卫尉,遂作司空。□土□□济可黜否(下缺)□盈致仕,复拜廷尉,进登太常,三礼咸□,□时西戎不王,选能□□朝(下缺)举荒伤,干戈斯戬,□□□黜,又拜永乐少府,年六十有二。光和(下缺)执法三应符守,八作卿□□任相□慎在宰割□□茂思树□为志(下缺)特立□□□顾秉心兹隆,天命弗□,呜呼哀哉!□是凡我困蒙洒埽文(下缺)廊□虚悠将□稚,泣涕涟如,惟□不朽,实在传纪,乃相□□□勋绩,铭□玄石(下缺)。

□临万国,降兹□氂,爰作民牧,远镇南裔,近抚(侯)服,芟□□□□□凶虐,播恩(下缺)升大鹿,沛乎如川,礦□犹岳□休休之志。天□为之,堕我梁(下缺)勿思,是用钻勒,永□万基。

第六节　存目的徐州汉碑

徐州还有碑、文俱佚,仅存碑目的汉碑,如《汉高祖感应碑》《汉张侯残碑》《龚胜碑》《汉司徒袁安碑》《汉刘熙碑》等。这些汉碑宋以后均已佚失,碑石及拓片俱不传世,宋人金石著作中虽有提及,也是略而不详。明清金石著作中记载这些汉碑,多是照录古人,鲜有新意。为将这些存目不详的汉碑考证得尽量翔实,笔者广搜各种文献及今人的研究成果,以期为研究者增加新的参考。

一、汉高祖感应碑

《汉高祖感应碑》原立于丰县北。宋人《天下碑录》载:"汉高祖感应碑,在丰县北,延熹十年丰令刘瓕立。"①《后汉书·郡国志》"沛国条"李贤注引戴延之《西征记》:"丰县西北有汉祖庙,为亭长所处。"②《汉高祖感应碑》文已逸,从碑额题目考证应是记载刘邦母亲刘媪梦与神遇的事情。

《史记·高祖本纪》:"高祖,沛丰邑中阳里人,姓刘氏,字季。父曰太公,母曰刘媪。其先刘媪尝息大泽之陂,梦与神遇。是时雷电晦冥,太公往视,则见蛟龙于其上。已而有身,遂产高祖。"东汉时期,谶纬之风

---

① (宋)洪适:《隶释　隶续》,中华书局2003年版,第286页。
② (南朝宋)范晔撰,(唐)李贤等注:《后汉书·郡国志》,中华书局1965年版,第3428页。

盛行，刘媪梦与神遇的故事在汉代纬书中有更多的附会传说。《史记正义》引《帝王世纪》："汉昭灵后含始游洛池，有宝鸡衔赤珠出炫日，后吞之，生高祖。"昭灵夫人即刘邦母亲刘媪的谥号。《春秋纬握诚图》云："刘媪梦赤鸟如龙，戏己，生执嘉。"执嘉为刘邦的名字。《艺文类聚》卷九十八引《诗含神雾》云："含始吞赤珠，刻曰玉英生汉皇，后赤龙感女媪，刘季兴。"《汉高祖感应碑》应包含着纬书中高祖感应而生这些内容。

沛县丰邑中阳里乃刘邦故里，刘媪遇神感应的地方在丰县大泽之陂，后人于此处建有龙雾桥。明代《丰县志》载："龙雾桥，县治东北五里许，即汉高祖（母）遇神，息大泽之陂处。"《同治徐州府志·碑碣考》载："右高祖感应碑。按：丰县东北有龙雾桥，《明一统志》云：即汉高祖之母遇神处。《天下碑录》云：高祖感应碑在丰县北，延熹十年丰令刘瓘立。今碑湮文佚。盖去龙雾桥不远，文则高祖感生之祥也。"①

郦道元《水经注·泗水》有泗水亭高祖庙延熹十年碑："泗水南径小沛县东，县治故城南垞上。东岸有泗水亭，汉祖为泗水亭长，即此亭也。故亭今有高祖庙，庙前有碑，延熹十年立。庙阙崩褫，略无全者。水中有故石梁处，遗石尚存。"②《水经注》中没有注明泗水亭高祖庙碑为丰令刘瓘立的《汉高祖感应碑》，而且泗水亭高祖庙已立有班固《高祖泗水亭碑铭》。沛县故城南泗水亭高祖庙与丰县西北高祖庙是否为同一所庙，两方"延熹十年碑"是否为同一方碑，还有待进一步考证。《汉高祖感应碑》宋时碑、文俱佚失，仅存其目。明人赵均《寒山堂金石林时地考》、于奕正《天下金石志》载此碑之目，皆根据郦道元《水经注》。

---

① 赵明奇主编：《全本徐州府志》，中华书局2001年版，第1101页。
② （北魏）郦道元：《水经注》，岳麓书社1995年版，第384页。

二、汉张侯残碑

《汉张侯残碑》为东汉刻石，无年月，石久佚，拓本也不见传世。赵明诚《金石录·卷二·目录二》存目："第二百九，汉张侯残碑。"[1]《金石录·卷十九·跋尾九》曰：

> 右汉张侯残碑。张侯者，子房也，碑已断裂摩灭，不可次叙，独其额尚完，题"汉故张侯之碑"，在今彭城古留城子房庙中。验其字画，盖东汉时所立。乐史《寰宇记》："陈留县有张良墓。引《城冢记》云：'张良封陈留侯，食邑小黄一万户。汉为良筑城，因名张良城。'今陈留有子房庙，庙貌甚盛。"余按《西汉书·地理志》注："留属陈，故称陈留。宋亦有留，彭城留是也。"《子房传》曰："始臣起于下邳，与上会留，臣愿封留足矣。"下邳与彭城相近，而此碑汉人所立，乃在彭城；然子房所封非陈留明矣。《城冢记》诞妄，盖不足信也。[2]

南宋末年《汉张侯残碑》仍存，但已是"断碑泐蚀，驳不可读"。南宋景定元年、元世祖中统元年（1260年），元初名臣郝经使宋过留城见到《汉张侯残碑》，郝经《留城留侯庙碑》载："留，故沛国属邑，今徐州沛县留城是也。由汉以来，庙祀不绝。中统元年夏五月，经持节使宋，由泗舟行，而留城在泗汭，遂顿于庙下。殿庑圮没，荒基遗树，覆茅半椽，香火肃然，有断碑泐蚀，驳不可读。"[3] 明嘉靖以后，留城湮于水中，《同治徐州府志·碑碣考》云："古留城已经陷没，碑额并轶。"[4] 清顾南原《隶辨》、王原祁《佩文斋书画谱》等金石著作所录《汉张侯残碑》，都是照录《金石录》中的文字。

---

[1] （宋）赵明诚：《金石录》，齐鲁书社2009年版，第9页。
[2] （宋）赵明诚：《金石录》，齐鲁书社2009年版，第155页。
[3] （元）郝经撰，秦雪清点校：《郝文忠公陵川文集》，山西人民出版社2006年版，第475页。
[4] 赵明奇主编：《全本徐州府志》，中华书局2001年版，第1102页。

三、龚胜碑

《龚胜碑》为东汉初碑碣。《太平御览》引东晋戴延之《西征记》载:"泗水东三里,有汉大夫龚胜冢,石碣犹存。"① 《水经注·泗水》载:"泗水又南,获水入焉,而南径彭城县故城东……泗水又径龚胜墓南,墓碣尚存。又经亚父冢东。"② 宋乐史撰《太平寰宇记》载:"龚胜墓在(彭城)县城东南三里。按前汉书,龚胜,楚人,居彭城。王莽篡位,遣玺书安车奉迎,胜称疾不起,闭目十四日而死。魏地形志:'彭城有龚胜墓。'石碣犹存,至今禁刍牧。"③ "禁刍牧"就是禁止在此割草放牧。龚胜碑有题额,宋郑樵在《通典·金石略》中也提到徐州《龚胜碑》,编目为"太傅龚胜碑"。据《汉书·两龚传》,龚胜于哀帝时位至光禄大夫,未曾居太傅之职。新莽时,王莽曾遣使者以太子师友、祭酒之印绶征辟龚胜,但龚胜坚辞未应。施蛰存《水经注碑录》卷七中说:"然胜义不仕莽,后人为立碑,岂可以太傅题额,疑'太傅'乃'大夫'之讹也。"④ 张鹏飞《〈水经注〉石刻文献丛考》中说:"太傅"亦可能是东汉时追赠之位,"东汉建武初年,光武帝嘉卓茂、孔休、蔡勋、刘宣、龚胜、鲍宣六人同志不仕,遂征其六人之子孙封侯赐官,而龚胜之子龚赐遂被封为上谷太守,则龚胜或亦其时追封为太傅"⑤。

龚胜(前68—11年),西汉楚国人,哀帝时任光禄大夫,著名大儒。《全汉文·龚胜》载:"胜字君宾,彭城人。成帝时为郡吏,三举孝廉,再为尉,一为丞,州举茂材,为重泉令,病去官。哀帝即位,征为谏大夫,

---

① (宋)李昉等:《太平御览》卷五六〇"礼仪部三十九·冢墓四",中华书局1960年版,第2530页。
② (北魏)郦道元:《水经注》,岳麓书社1995年版,第384页。
③ (宋)乐史等:《太平寰宇记》卷一五"河南道徐州彭城县",中华书局2007年版,第300页。
④ 施蛰存:《水经注碑录》,天津古籍出版社1987年版,第279页。
⑤ 张鹏飞:《〈水经注〉石刻文献丛考》,社会科学文献出版社2015年版,第121页。

迁丞相司直，进光禄大夫，守右扶风，复为光禄大夫，除勃海太守，谢病免。复征为光禄大夫。元始中策遣归乡。王莽篡位，遣使再征，闭口不饮食，卒，年七十九。"① 龚胜居彭城西北"廉里"，《汉书·两龚传》曰："胜居彭城廉里，后世刻石表其里门。"② 龚胜卒于新莽始建国三年（11年）。龚胜卒时，使者、太守临丧，赐复袭祭祠如法，门人衰绖治丧者百数。《水经注·获水》："（彭）城西北旧有楚大夫龚胜宅，即楚老哭胜处也。"龚胜家"种柏，作祠堂"③，按汉代陵园的布置规律，《龚胜碑》置祠堂前。欧阳修、赵明诚、洪适诸家都没有收录《龚胜碑》，碑文内容不得而知。《同治徐州府志·碑碣考》云："又龚胜碑碣。见旧志铜山古迹，今不知所在。"④

四、汉司徒袁安碑

《汉司徒袁安碑》（《袁安碑》），最早的著录见于郦道元《水经注》。《水经注·获水》："又东至彭城县北，东入于泗。……徐州治。城内有汉司徒袁安、魏中郎将徐庶等数碑，并列植于街右。咸曾为楚相也。"⑤（图2-7）洪适《隶释》卷二十载："彭城城内有汉司徒袁安、魏中郎徐庶等数碑。"⑥《天下碑录》说得更清楚："袁安碑，在子城南门外百步。"⑦ 郑樵《通志·金石略》亦有著录："袁安碑，徐州。"说明此碑宋时犹存。而欧阳修、赵明诚、洪适等的金石著作中皆不载其文，碑文亦失传。

---

① （清）严可均辑：《全上古三代秦汉三国六朝文》（第1册），河北教育出版社1997年版，第716页。
② （汉）班固撰，（唐）颜师古注：《汉书·两龚传》，中华书局1962年版，第3085页。
③ （汉）班固撰，（唐）颜师古注：《汉书·两龚传》，中华书局1962年版，第3085页。
④ 赵明奇主编：《全本徐州府志》，中华书局2001年版，第1102页。
⑤ （北魏）郦道元著，陈桥驿注：《水经注》，浙江古籍出版社2013年版，第313页。
⑥ （宋）洪适：《隶释 隶续》，中华书局1985年版，第204页。
⑦ （宋）洪适：《隶释 隶续》，中华书局1985年版，第286页。

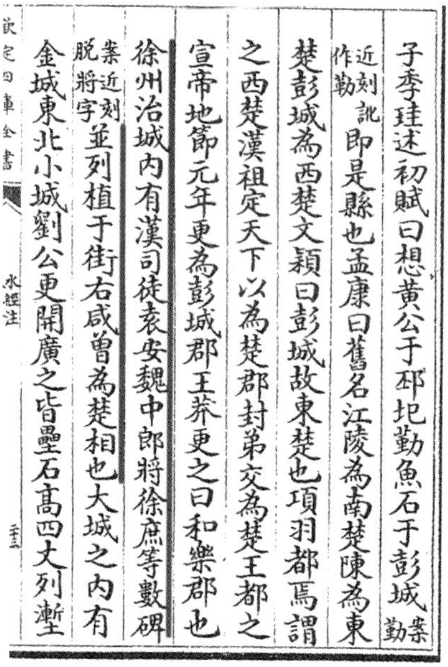
欽定四庫全書　水經注

子季珪述初賦曰想黄公于邳圯勤魚石于彭城案勤近刻訛作勤即是縣也孟康曰舊名江陵為南楚陳為東楚彭城為西楚文穎曰彭城故東楚也項羽都焉謂之西楚漢祖定天下以為楚郡封弟交為楚王都之宣帝地節元年更為彭城郡王莽更之曰和樂郡也徐州治城內有漢司徒袁安魏中郎將徐庶等數碑案近刻脱將字並列植于街右咸曾為楚相也大城之內有金城東北小城劉公更開廣之皆壘石高四丈列塹

图2-7 《水经注》载徐州《袁安碑》

徐州的《袁安碑》后来下落不明，宋以后的金石著作再也没有提及，清代倪涛《六艺之一录》称：“今碑文俱佚。”1929年，河南偃师县城南牛王庙发现了《袁安碑》，关于其出土情况，王壮弘《增补校碑随笔》云：“据河南省文物工作队报告，此石原出土地不详，明万历廿六年三月被人移置于偃师县西南约三十里辛村东牛王庙中，置作供案，因字在下面，无人知为碑刻。一九二八年初，庙改为辛村小学，供案仍置原地未动。一九二九年夏，村中一儿童仰卧其下纳凉，发现石上刻有文字，即起告村人，村人任继斌遂以拓本流传行世。”[①] 张彦生《善本碑帖录》说：“碑侧刻有明万历廿六年题字，或明出土后移至辛家村牛王庙作供案。”[②] 马子云、施安昌《碑帖鉴定》说：“碑侧有万历二十六年三月题字，为‘永元四年□月造’。”[③]《袁安碑》渐渐被金石界所重视，并很快闻名全国。刘承干《希古楼金石萃编》卷六云：“汉司徒袁安碑，在河南偃师。”1934年移置偃师县教育局，将此碑收存，后又不知所在。1961年8月，该碑重新发现于偃师县扒头乡院内，后被河南省博物馆收藏。[④]

河南偃师出土的《袁安碑》，碑高153厘米，宽约74厘米。篆书，有穿（图2-8）。共10行，满行16字，下截残损，每行各缺1字。除第8、

① （清）方若原著，王壮弘增补：《增补校碑随笔》，上海书画出版社1981年版，第37页。
② 张彦生：《善本碑帖录》，中华书局1984年版，第9页。
③ 马子云、施安昌：《碑帖鉴定》，广西师范大学出版社1993年版，第28页。
④ 河南省文化局文物工作队：《河南现存的汉碑》，《文物》1964年第5期。

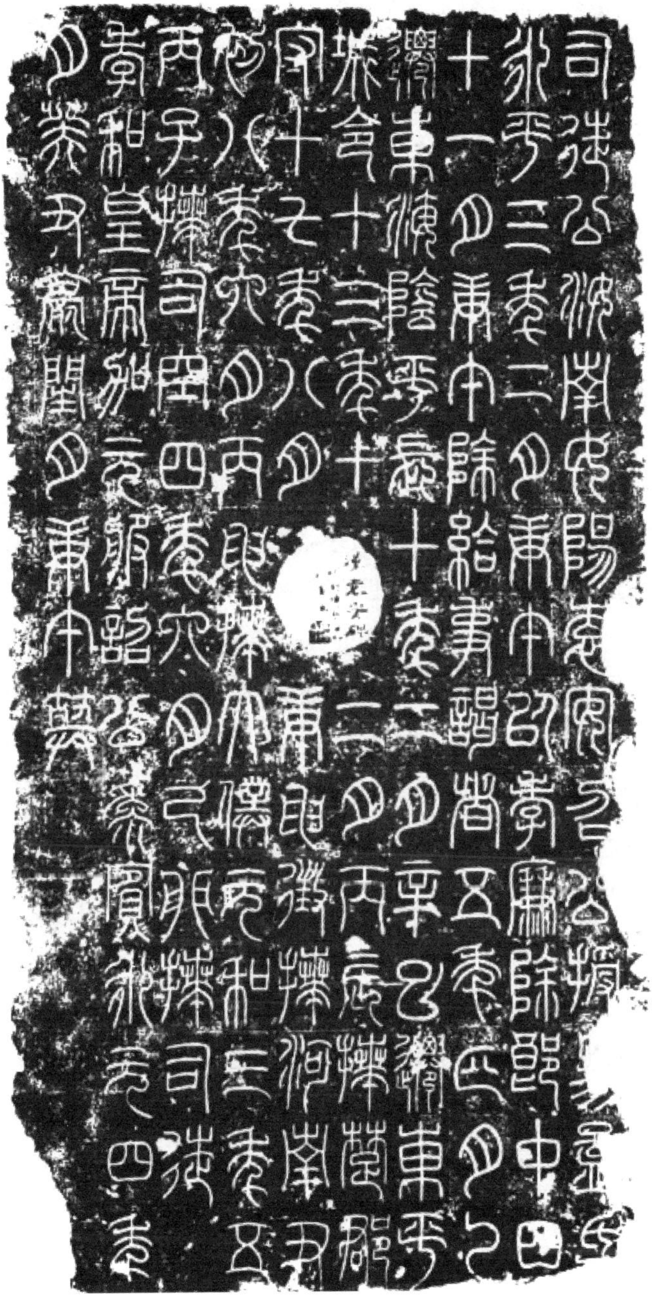

图2-8　河南偃师出土的《袁安碑》

第二章　佚失的徐州汉碑　｜　087

第10两行为不满行外，其他行下一字均缺，仅存139字。文曰：

> 司徒公汝南女（汝）阳袁安，召公授《易》孟氏［学］。永平三年二月庚午以孝廉除郎中。四［年］十一月庚午除给事谒者。五年正月乙□迁东海阴平长。十年二月辛巳迁东平［任］城令。十三年十二月丙辰拜楚郡［太］守，十七年八月庚申征拜河南尹。［建］初八年六月丙申拜太仆。元和三年五［月］丙子拜司空。四年六月己卯拜司徒。孝和皇帝加元服，诏公为宾。永元四年［三］月癸丑薨，闰月庚午葬。

偃师出土的《袁安碑》碑文简略，有许多时间与史书记载不符。如碑文中说："孝和皇帝加元服，诏公为宾。"孝和皇帝是东汉第四代皇帝刘肇的谥号，皇帝在位时可称年号，但不能称谥号，马衡先生据此认为《袁安碑》立碑较晚："（袁）安卒于和帝永元四年，碑称孝和皇帝，则非当时所立可知，或（袁）敞葬时追立此碑，未可知也。"①

由于徐州《袁安碑》没有具体录文，偃师出土的《袁安碑》不知是否与徐州《袁安碑》为同一碑。《袁安碑》所以立在徐州，与东汉初年发生的"楚狱"事件有关。东汉永平十三年（70年）十一月，有人告发楚王刘英造作金龟玉鹤、祥瑞图书，有叛逆朝廷的意图，汉明帝废楚王刘英，改楚国为楚郡，刘英被谪迁到丹阳，后自杀而死。汉明帝又下令在彭城逮捕刘英的同党，株连者达数千人。十二月，袁安任楚郡太守。"安到郡，不入府，先往案楚王英狱事，理其无明验者，条上出之。府丞、掾史皆叩头争，以为'阿附反虏，法与同罪，不可'。安曰：'如有不合，太守自当坐之，不以相及也。'遂分别具奏。"②明帝终于醒悟，释放了尚在关押的四百余家。人们感激袁安，因此彭城立有《袁安碑》。

---

① 马衡：《凡将斋金石丛稿》，中华书局1977年版，182页。
② （南朝宋）范晔撰，（唐）李贤等注：《后汉书　袁安传》，中华书局1965年版，第1518页。

偃师出土的《袁安碑》刻有明万历二十六年（1598年）三月题记，说明早在明代就发现了已散失的《袁安碑》。清康熙年间的进士孙岳颁（1639—1708年）《御定佩文斋书画谱》卷六十一"历代无名氏书"引《天下碑录》云："'司徒袁安碑，永元四年。'昔在徐州者，今出于偃师，不知是否一碑。"①偃师出土的《袁安碑》从行文格式来看是墓碑，而徐州《袁安碑》应为歌功碑。要证明偃师出土的《袁安碑》就是《水经注》记载的《袁安碑》，还有待于新的考古发现和文献的考证。

五、汉刘熙碑

《汉刘熙碑》最早见于北宋《天下碑录》："汉刘熙碑，在徐州萧县二十五里。"②郑樵《通志略·金石略》云："刘熙碑，又碑阴。徐州。"③施蛰存《水经注碑录》云："徐州古碑，见于宋人著录者，有汉刘熙碑、魏乐安长刘世碑，当在郦注所言街右数碑之列，然宋人亦无有得其拓本者，不知亡于何时。"④《同治徐州府志·碑碣考》："右汉刘熙碑。天下碑录云：在徐州萧县二十五里，今碑文俱轶，为墓碣，为庙碑，皆不可考。"⑤

东汉时期史书可考的刘熙有三人：一是汉献帝之子济阴王刘熙，建安十七年（212年）"立皇子刘熙为济阴王"⑥。建安二十五年（220年），曹丕代汉，刘熙降为侯。二是琅邪王刘容之子刘熙，建安十一年（206年）刘容子刘熙被封为琅邪王，刘熙"在位十一年，坐谋欲过江"，建安二十一年

---

① （清）孙岳颁：《御定佩文斋书画谱》，中国书店1984年版，第1675页。
② （宋）洪适：《隶释·天下碑录》，中华书局1985年版，第286页。
③ （宋）郑樵：《通志略》（四），山东画报出版社2004年版，第40页。
④ 施蛰存：《水经注碑录》，天津古籍出版社1987年版，第235页。
⑤ 赵明奇主编：《全本徐州府志》，中华书局2001年版，第1103页。
⑥ （南朝宋）范晔撰，（唐）李贤等注：《后汉书·献帝纪》，中华书局1965年版，第286页。

（216年）曹操杀琅玡王刘熙，国除。①三是桓、灵之世的著名文人、《释名》的作者刘熙。刘熙，字成国，北海（今山东昌乐）人，官至南安太守，著有《谥法注》三卷、《释名》八卷②。

三国曹魏时期刘熙有三人：一是黄门侍郎、庐江太守刘靖之子刘熙。刘靖为沛国相县（今安徽濉溪西北）人，封建成乡侯，嘉平六年（254年）刘熙嗣之。③二是魏明帝时中书监刘放之子刘熙。④三是光武帝之子广陵王刘荆五世孙，魏尚书郎刘熙。⑤

史书所载汉魏时期的六位刘熙，曹魏时期的刘熙，不当称汉，应该排除。东汉的三位刘熙又与彭城或萧县无关。《徐州府志·碑碣考》认为，《汉刘熙碑》的碑主为《释名》作者刘熙的可能最大："稽其时代，成国为近""碑泐刘熙，疑即此人"⑥。由于《汉刘熙碑》碑文俱失，刘熙的生平事迹实难考证。

---

① （南朝宋）范晔撰，（唐）李贤等注：《后汉书·光武十王列传》，中华书局1965年版，第1452页。
② （清）严可均辑：《全后汉文·释名序》（下），商务印书馆1999年版，第869页。
③ （晋）陈寿：《三国志·魏书·刘馥传》，中华书局1959年版，第465页。
④ （晋）陈寿：《三国志·魏书·诸葛诞传》，中华书局1959年版，第769页。
⑤ 何光岳：《中华姓氏源流史》（一），湖南教育出版社2003年版，第883页。
⑥ 赵明奇主编：《全本徐州府志·碑碣考》，中华书局2001年版，第1103页。

第三章
西汉刻石

"西汉无碑",几乎是古代金石学家的一致看法。宋陈槱《负暄野录》说:"赵明诚云:西汉文字世不多有,不知何为希罕如此,略不可晓。"① "西汉无碑",指的是西汉没有竖立在地面上的纪念性石碑,但是西汉不乏一些纪事性的文字刻石。从总体上来说,西汉刻石发现的数量不多,据统计,目前发现的西汉刻石有30处左右,其中徐州的西汉刻石有近10处,这些刻石有着重要的历史价值和艺术价值。

第一节 王陵塞石题记

"塞石"是西汉诸侯王陵墓中用以封堵填塞墓门、甬道的特制石块。墓道塞石应是一种礼制,山东曲阜九龙山三号墓封堵墓道的石块上刻有"王陵塞石广四尺"的文字,由此可知汉代人称这些封堵墓道的巨石为"塞石"。这种塞石打磨光滑,制作规范,形体巨大,徐州西汉楚王陵墓中使

---

① (宋)陈槱:《负暄野录》,中华书局1985年版,第2页。

用的塞石，宽约100厘米，厚约90厘米，长度超过200厘米，最长的达350厘米，重近10吨。封堵墓道的塞石通常为每四块一组，每组双层双列，有的是双层单列。为了能将加工好的塞石顺利填入墓道，往往在塞石的两端刻有文字，文字的内容为塞石的尺寸，排列方向等。

目前国内发现的王陵塞石题记有三处：一是1970年发掘的山东曲阜九龙山三号西汉崖墓。该墓用19块长方形巨石堵塞墓门，塞石大小厚薄不一，最长230厘米、宽118厘米、厚50厘米。其中14块的前后侧刻有篆体阴文，或刻人名，如"得于文""胡纪国"，为治石工匠名；或刻尺寸，如"一尺八寸""二尺九寸半"，是塞石的某一面尺寸；其中一石刻"王陵塞石广四尺"。二是河南永城芒砀山西汉梁国王室陵墓群。其中，保安山二号墓清理塞石近3000块，大部分塞石上书有文字，内容有塞石的序号、石工姓名、干支计时等。柿园汉墓出土塞石100余块，大部分刻有文字，其中编号030207石刻有"厚尺三寸，广三尺三寸，长五尺，八月戊戌，佐则工"。此外，永城僖山二号墓的刻石有53处，题记内容较简略。三是徐州楚王陵墓群。徐州西汉王陵塞石题记内容最为丰富，徐州狮子山楚王陵、羊鬼山楚王王后墓、驮篮山楚王墓、北洞山楚王墓、西卧牛山楚王墓、龟山楚王墓都发现了王陵塞石题记。

一、狮子山楚王陵塞石题记

狮子山楚王陵甬道前段10.3米用双层双列4组共16块塞石封堵，塞石的大小基本相同，长约250厘米，宽、厚各约90厘米。据发掘者介绍，狮子山楚王陵所有塞石上凿有一个小方形平底凹槽，槽内直接用朱砂书写铭文，标明该石所处组列、序次，每组分别称为"第甲""第乙""第丙""第丁"四组，每组4块，都有朱书文字，其中13块塞石文字保存较好

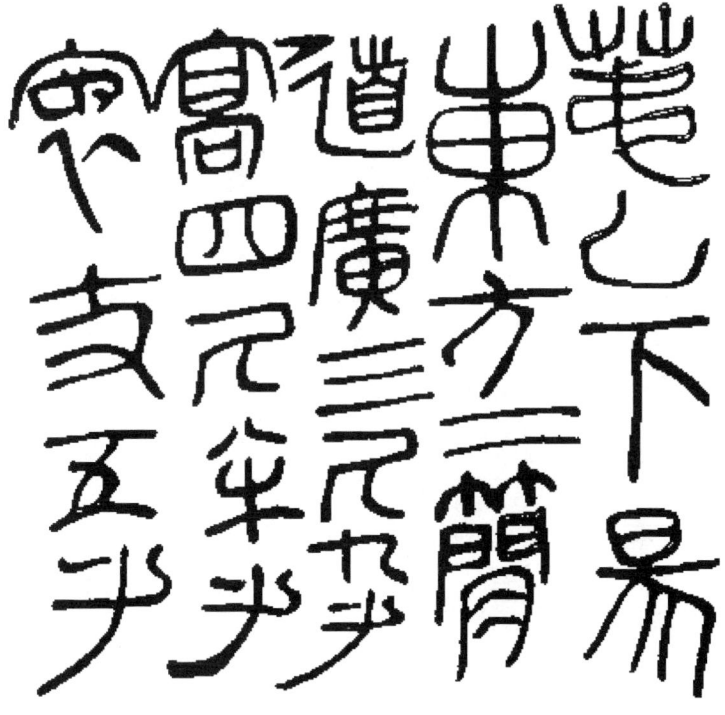

图3-1 狮子山楚王陵塞石朱书题记

（见表3）①。乙组东下的塞石文字保存最好，在打磨约10厘米见方的平面上，用朱砂书写"第乙下易，东方二简道，广三尺九寸，高四尺半寸，袤丈五寸"②。（图3-1）文中的"易"在塞石题记中常见，有"始端"的意思，扬雄《方言》曰："易，始也。""简"同"间"，《释名》曰："简，间也。"间道即延道，也称羡道、墓道。《尔雅·释诂》曰："延，间也。"邢昺疏："间，谓间隙也；延者，今墓道也。"

---

① 葛明宇：《狮子山西汉楚王陵墓考古研究》，河北美术出版社2018年版，第55页。
② 狮子山楚王陵考古发掘队：《徐州狮子山西汉楚王陵发掘简报》，《文物》1998年第8期。

表3 徐州新发现的纪年汉碑刻石

序号	塞石编号	塞石上的朱书文字	备注
1	甲组东上	第甲上易，东方二，广四尺四寸，高四尺半寸，袤九尺八寸半	被盗出
2	甲组东下	第甲下易，东方二简道，广三尺九寸，高三尺□寸，袤九尺□□	
3	甲组西上	第甲上易，西方一，广四尺四寸，高四尺□寸，□九尺八寸半	
4	甲组西下	第甲下易，西方一，广四尺四寸，高四尺半寸，袤九尺半寸	
5	乙组东上	第乙上易，东方二，广四尺四寸，高四尺半寸，袤丈五寸	被盗出
6	乙组东下	第乙下易，东方二简道，广三尺九寸。高四尺半寸，袤丈五寸	
7	乙组西上	（文字缺损）	
8	乙组西下	第乙，西方一，广四尺四寸，高四尺半寸，袤丈五寸	
9	丙组东上	第丙上易，东方二，广四尺四寸，高四尺半寸，袤丈二尺	被盗出
10	丙组东下	第丙下易，东方二简道，广三尺九寸，高四尺半寸，□丈二尺	
11	丙组西上	第丙上易，西方□，广四尺四寸，高四尺□寸，□丈尺八	
12	丙组西下	第丙□易，西方一，广四尺四寸，高四尺半寸，袤丈二尺	
13	丁组东上	第丁上易，□二，广四尺四寸，□四尺半寸，□丈□尺	被盗出
14	丁组东下	第丁下易，东方二简道，广四尺四寸，高四尺□寸，□丈二尺	
15	丁组西上	（文字缺损）	
16	丁组西下	（文字缺损）	

狮子山楚王陵的年代不详，学术界有第一代楚王刘交、第二代楚王刘郢、第三代楚王刘戊三种说法，但其年代都在西汉景帝前元三年（前154年）削藩之前。狮子山楚王陵塞石字体篆书意味浓厚，如"第""简""寸""宽""丈"等字，具有战国楚系篆书文字的特点，有些笔画前细后粗，又有隶书的笔势。

二、羊鬼山楚王王后墓塞石题记

羊鬼山汉墓为狮子山楚王的王后墓,用双层双列两组共8块塞石将整个甬道全部封堵。塞石大小接近,长近350厘米,宽、高各约90厘米。塞石制作十分规整,表面平整光滑。在塞石的后端发现有阴刻的文字,是先刻出一个方框,然后在方框内刻塞石的尺寸及位置编号,如"甲石上易,第三后方北"等。"甲"是用作顺序第一的代称;"上"表示位置在水平线以上的方位;"易"为始端,狮子山楚王陵和羊鬼山王后墓塞石题记中都出现了"易"字;"第三后方北"更明确了塞石的具体位置。

三、驮篮山楚王墓塞石题记

1987年发现的驮篮山楚王墓共两座,驮篮山一号墓用双层双列5组共20块塞石将整个甬道全部封堵。塞石长300厘米至340厘米,宽101厘米,高94厘米。塞石制作极为精致,表面平整光滑,部分塞石的一端刻有位置编号,如"前山东下一""前山东下三"(图3-2)等。驮篮山二号墓为驮篮山一号墓楚王的王后墓,塞石为3组共12块,长度均近350厘米,宽101厘米,高94厘米。塞石的形制与封填方法与一号墓相同,塞石的前后端也刻有位置编号文字,如"西上一""西下二""东下二"等。驮篮山一号墓位于驮篮山西部,为当时楚王墓,二号墓为王后墓,为了区别两座墓的塞石,一号墓塞石上注明了"前山"二字。驮篮山楚王墓的年代为西汉早期,目前还没有确切资料证明驮篮山楚王墓的墓主,考古界认为他

图3-2 驮篮山楚王墓塞石题记

是西汉楚国前三代的某一位楚王。

驮篮山楚王墓塞石题记的篆书意味浓厚，如"前山东下三"中的"前"写作"歬"，这是战国时期的古文字。《说文解字·止部》曰："前，不行而进谓之歬。从止在舟上。"这在一定程度上反映了西汉早期篆书的使用情况。

四、北洞山楚王墓塞石题记

1986年发掘的北洞山楚王墓，据初步研究为第四代楚文王刘礼的墓葬。北洞山楚王墓的题记包括塞石题记和墓室顶部条石题记两部分内容。

北洞山楚王墓的墓道后部及甬道、后室门道中都使用了塞石。墓道中的塞石共32块，多较小，或较短，或较薄。甬道中共有12块塞石，双层双列，将甬道全部塞满。塞石大小接近，长270厘米，宽、高各98厘米。塞石制作极为精致，表面平整光滑，上下两层塞石之间以榫卯扣合。在32块塞石中有9块塞石有朱书文字，内容为塞石的厚度、宽度、长度及榫卯的尺寸和工匠的姓名。工匠的名称作"某匠"及"某省"，"省"在这里作"监制"解释。在计量用语上，称横长为"广"，纵长为"袤"，称凸起的榫为"牝"，凹入的卯为"牡"。

北洞山楚王墓墓室的顶部为条石结构，是按设计的尺寸加工好后现场安装的。条石上有朱书文字，内容有表示方位的文字，如"东"等；有用天干和地支表示条石顺序，如天干中的"甲""乙""辛""壬""癸"，地支中的"子""卯""午"等；有用数字表示顺序的，如"一""三""五""六""八"等；有天干地支与数字组合的文字，如"甲五""壬一"等。这些文字用以表示条石排列的顺序及其方位。此外，还有表示吉祥的文字，如"吉""寿"等（图3-3）。[①]

---

① 徐州博物馆、南京大学历史学系考古专业：《徐州北洞山西汉楚王墓》，文物出版社2003年版，第35—39页。

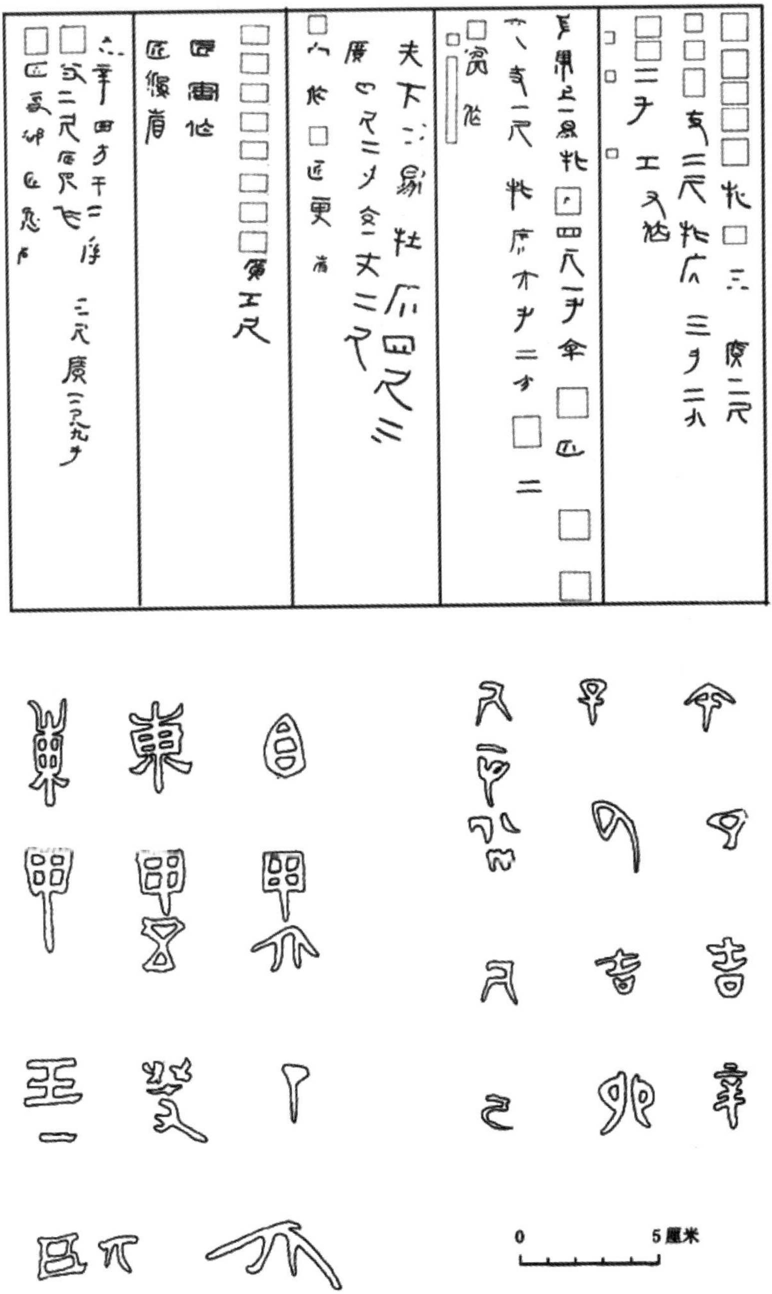

图3-3 北洞山楚王墓的朱书文字

第三章 西汉刻石

由于是用朱砂直接在石材上书写，一些文字已经漫漶不清，有些文字出土时还比较清楚，干燥后字迹慢慢地消褪。书写在附属建筑顶部条石上的文字，保存较好。北洞山楚王墓的书体兼具篆、隶，表现了西汉初期由篆书向隶书转变的文字风格。与狮子山楚王陵塞石题记相比较，隶书的笔意更为浓厚。

五、西卧牛山楚王墓塞石题记

2010年发掘的徐州市西卧牛山楚王墓，为楚王和王后的同茔异穴合葬墓，两墓之间有门道相通。甬道以双层单列塞石封堵。西墓共有43块塞石，其中前甬道有14组28块，将甬道全部塞满；后甬道下层有9块塞石，上层6块塞石已被盗墓者拉至墓室内。东墓共有22组44块塞石。两墓塞石的大小基本相同，长230厘米，宽103厘米，高约86厘米。塞石制作极为精致，表面平整光滑。所有塞石都刻有编号，前后两端的内容相同。最大的编号数字为"第九十二"，说明原设计的塞石有92块。西卧牛山楚王墓的墓主据推测为第五代楚安王刘道，如果这一推测成立，西卧牛山楚王墓的年代为汉武帝元光六年（前129年）。

六、龟山楚王刘注墓塞石题记

龟山汉墓为第六代楚襄王刘注与其王后的夫妻同茔异穴合葬墓，也是徐州西汉楚王墓群中唯一能够确定墓主人的墓葬。刘注的卒年为汉武帝元鼎元年（前116年）。龟山楚王墓为楚王刘注和王后的合葬墓。刘注墓甬道中塞石为双层单列，共发现13组26块塞石，其中前甬道有12组24块，将甬道全部塞满，后甬道仅在前端有1组2块。塞石的大小稍有差异，长度基本上都在230厘米左右，宽约100厘米，高约87厘米。塞石题记分为铭刻和朱书两类，有的是在刻铭以后填充朱色。题记的位置在塞石一端或

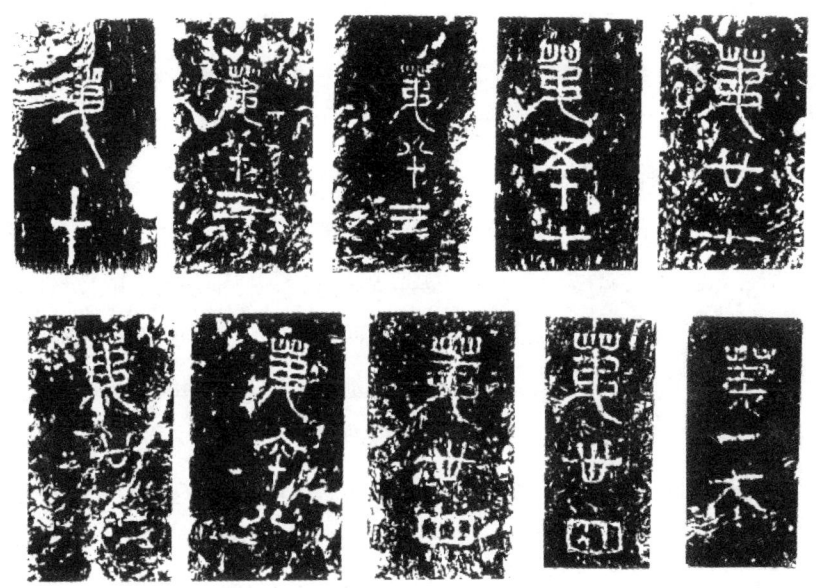

图3-4 刘注墓塞石题记中的刻铭文字

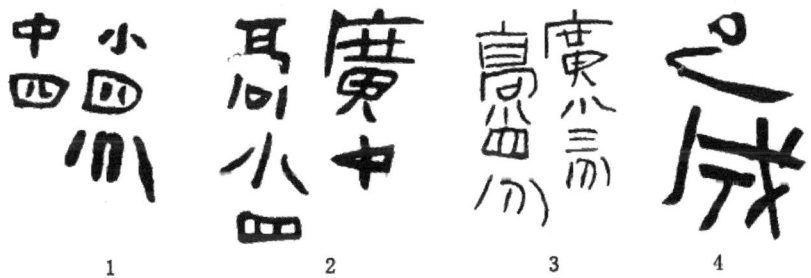

图3-5 刘注墓塞石题记中的朱书文字

前后两端,内容多是位置编号,同一塞石的两端内容相同。因塞石有正放和反放两种,因此,塞石的编号也有正向和反向两种。(图3-4)在26块塞石中,有题记的塞石为20块,其中前后两端都有题记的为4块。在20块塞石题记中,有14块为朱书文字,文字以朱色书写,内容多为反映塞石的大小尺寸或制作的完成情况。(图3-5)如第六组上层后部的"小四分中四"、第八组上层前部的"广中高小四"、第八组下层北侧的"广小三分,高小四分"、第十组上层后部的"已成"等。① 在发现的塞石题记中,墓道入口处有一段"第百上石"44字的铭文,内容十分重要,在下一节中将对这篇铭文做重点考释。

徐州西汉楚王陵墓群中的塞石题记,大多是塞石的编号。在塞石上刻写编号主要是为了方便确定塞石在墓葬中的位置,特别是塞石的数量比较多且大小又不一致,编号尤其重要。徐州西汉楚王陵墓中,时代比较早的墓葬塞石的位置编号比较详细、明确,并基本上都是按照编号的位置进行摆放,如羊鬼山、狮子山、驮篮山等墓葬都是如此。塞石按照一定的顺序,一般是从内向外一组一组放置,先下层后上层。但有些塞石的编号和墓中塞石的实际情况并不符合,如龟山楚王墓中共有52块塞石,却出现了"第百上石"的编号;西卧牛山楚王墓发现87块塞石,但在塞石上发现有"第九十二"的编号。对此情况耿建军解释的原因是:原设计是甬道全部填满来做塞石的,后因故塞石未达到原来的数量,遂不得不改变原来的封填计划,"塞石减少但仍用原来的编号"②。

第二节 "第百上石铭"考释

龟山楚王刘注墓是1982年由南京博物院组织发掘的,由于墓内出土了"刘注"龟纽银印,墓主人为第六代楚王刘注(前128—前116年在位)确定无疑。刘注墓是夫妻合葬墓,有南、北两个甬道,两墓间有"壶门"相通。北甬道历史上被盗,甬道塞石部分被拖出,发掘时由北侧墓道及甬道进入,南侧甬道没有发掘。1992年,铜山县文化局对南墓墓道及甬道

---

① 徐州博物馆:《江苏铜山县龟山二号西汉崖洞墓材料的再补充》,《考古》1997年第2期。
② 耿建军:《徐州西汉楚王墓塞石的开凿与封填》,《考古》2013年第3期。

图3-6 "第百上石铭"拓本及描字

进行清理,将甬道中的塞石全部取出,在南侧甬道入口处的塞石上发现了"第百上石"刻铭。"第百上石"属塞石编号,行文部分45字,分9行,每行4—7字,学术界称其为"第百上石铭"(图3-6)。《考古》1997年第2期《江苏铜山县龟山二号西汉崖洞墓材料的再补充》一文首次公布了"第百上石铭"的拓本和释文。此后,顾风、武利华、毛远明、刘正成、沃兴华、林通雁、陈世庆①等参与了文字考辨和书法研究,提出了不同的学术观点。"第百上石铭"引起了学术界的高度重视。

一、"第百上石铭"释文辨字

"第百上石铭"刻在塞石的前端,石面未经打磨光滑,直接用扁凿镌刻在有錾纹的石面上。由于塞石一直埋藏在甬道内,风化不大,文字保存情况较好,释读起来难度不大,但对部分文字的隶定学术界还有不同的看法。现将一些不同观点的释文附表如下:

表4 "第百上石铭"释文的比较

行数	耿建军	顾风	何应辉	陈世庆
1	楚古尸王通于	(同左)	(同左)	楚霝王通于君
2	天述葬棺郭	(同左)	(同左)	(同左)
3	不布瓦鼎	(同左)	(同左)	不布甂䰙鼎(豆)
4	盛器令群	(同左)	(同左)	壶器令群
5	臣已葬去服	臣已(以)葬去服	臣已葬去服	臣曲葬去服(更)
6	毋金玉器后	(同左)	(同左)	毋金玉器后(百千)
7	世贤大夫幸	(同左)	世贤丈夫□	世贤丈夫幸(得)
8	视此书□	(同左)	(同左)	视此书如见自

---

① 顾风:《寥若晨星珍比拱璧——徐州龟山汉墓石刻文字的发现与研究》,《书法丛刊》1998年第3期;武利华:《徐州市汉碑刻石及画像石题记研究》,载《两汉文化研究》(第二辑),文化艺术出版社1999年版,第285页;毛远明校注:《汉魏六朝碑刻校注》(第一册),线装书局2008年版,第17—18页;刘正成主编:《中国书法全集》(第8卷),荣宝斋2008年版,第551、644—645页;沃兴华:《碑版书法》,上海人民出版社2005年版,第180—181页;林通雁:《西都:汉长安城美术史迹的发现与研究》,陕西人民美术出版社2012年版,第130—131页;陈世庆:《汉代石刻篆书研究》,安徽大学博士学位论文,2014年。

（续表）

行数	耿建军	顾风	何应辉	陈世庆
9	目此（？）也仁者悲之	目（以）劳也（？）人（仁）者悲之	二□也心者悲之	身劳心安者悲哉

对"第百上石铭"45字辨识中，多数学者的意见比较统一，仅在第九行的文字中分歧稍大。陈世庆认为，"第百上石铭"经过今人"新洗錾刻"，有些文字原拓没有拓出，故出现了56字的不同释文。

第一行，"楚古尸王通于"，陈世庆认为"古""尸"二字为一字，应写作"声"，由"夷""尸"二字合成，即古"夷"字；"通于"后面，陈世庆多释出一个"君"字。

第二行，"天述葬棺郭"，各家均无异议。

第三行，陈世庆认为"不布瓦鼎"释读有误和衍文，应释为"不布甗舩鼎（豆）"。"瓦"应是"甗"字，由"厂、瓦、鬲"三个构件组成，即《说文解字》中的"甗"。"舩"字，陈世庆认为是"舟、㐾"组成，即"㐾"字，以往认为此字位是刻痕。此外，陈世庆认为"鼎"后面还有一"豆"字。

第四行，"盛器令群"，陈世庆认为"盛"应释读为"壶"，原释为"盛"字，可能为误洗所致。

第五行，"臣已葬去服"，陈世庆认为"已"应释为"曲"，原释为"已"为误洗所致。"臣已葬去服"，应读为"臣曲葬去服"。此外，陈世庆认为"去服"后还有"更"等字。

第六行，"毋金玉器后"，多家释文一致，陈世庆认为"毋金玉器后"后疑有"百千"二字。

第七行，"世贤大夫幸"中的"幸"字，何应辉认为是一个疑字。该字形与睡虎地秦简中的"幸"字形相近，释"幸"无误。陈世庆认为"幸"后有"得"字，然各家均以为此字位无字。

第八行，"视此书□"，陈世庆释为"视此书如见自"，比以往释家多"如见自"三字。

第九行"目此(?)也仁者悲之",此句疑字较多,各家意见不统一。"目"字,顾风释为"以",即篆书的"㠯",何应辉释为"二",陈世庆释为"身"。从字形和字义来看,应是"目"。"𡕰"字,耿建军释为"此",顾风、陈世庆释为"劳"字。从字形上看,应是"劳"字。"也"字,多数释为"也"字,陈世庆释为"心"。"也""心"二字篆书字形相近,"也"写作"也","心"写作"心",从字形字义看,当为"也"。"仁"字,耿建军等释为"仁",顾风释为"人",何应辉释为"心",陈世庆释为"安"。从字形上看,当为"仁"字。《说文解字》曰:"仁,亲也。从人,从二。""悲之",陈世庆认为"之"字有"原铭凿痕",应释为"悲哉"。

陈世庆对"第百上石铭"的辨字考证虽详细,每字的笔画都做了勾描。但他认为"第百上石铭"中的文字经过今人"新洗刻铭"缺少根据。据了解,1992年"第百上石铭"发现后,即采取保护措施,没有人重新洗刻,不存在"新洗凿痕"和"原铭凿痕"。陈世庆的释读值得商榷。

结合诸家之言从其善,笔者将"第百上石铭"楷定为:

楚古尸王通于天述:葬棺郭(椁),不布瓦鼎盛器。令群臣,已葬去服,毋金玉器。后世贤大夫,幸视此书,如目劳也,仁者悲之。

二、"第百上石铭"内容考释

"第百上石铭"可分为三段,内容为楚王刘注关于薄葬的遗训。

第一段:"楚古尸王通于天述。"

"楚"即西汉楚国,高祖六年(前201年),刘邦封其异母弟刘交为楚王,都彭城。"古"与"故"通,《说文解字》曰:"古,故也。从十口,识前言者也。""尸"有多义,在此"尸王"连读为葬礼时代表神灵接受祭祀的活人,《公羊传·宣公八年》:"祭之明日也。"汉何休注:"祭必有尸者,节神也。礼,天子以卿为尸,诸侯以大夫为尸。"尸有神主之意,能与大沟通,尸就是主祭祀的执事,故曰"祭必有尸者"。"楚古尸王"即代表楚王刘注颁布遗训的祭司。"尸"还有"夷"的意思,《周礼·天官·凌人》:"大丧,共夷盘冰。"郑玄注:"夷之言尸也。实冰于夷盘中,置之尸床之下,所以寒尸。"金文中,"夷"写作"尸",专指蛮夷之夷。第二代楚王刘郢谥号为夷王,取夷"平"意,与"尸"的字义无关。因此,楚古尸王不能理解为楚夷王刘郢。

第二段:"葬棺郭(椁),不布瓦鼎盛器。令群臣,已葬去服,毋金玉器。"

"葬棺椁"即因山为陵,以石为椁。"因山为陵"始于楚元王刘交,徐州西汉楚王墓都是这种葬制。"不布瓦鼎盛器","不"在这里不是"禁止"的意思,"不"通"鄙",有简陋之意,《说文通训定声·颐部》曰:"不,假借又为鄙。"① 《韵补·纸韵》曰:"不,陋也。"意思与《史记·孝文本纪》"治霸陵皆以瓦器,不得以金银铜锡为饰"相同。"不布瓦鼎盛器"就是简单地放置陶鼎等瓦器。

"令群臣,已葬去服",为刘注颁布的遗令。"已葬"意为葬毕,"去服"即去除服丧,汉文帝实行三十六日短丧,《史记·孝文本纪》载:"其令天下吏民,令到出临三日,皆释服。""毋金玉器"意思是赠丧不以金玉器为之。

第三段:"后世贤大夫,幸视此书,如目劳也,仁者悲之。"

"后世贤大夫"即贤良大夫。"幸视此书","幸"在这里意为哀怜,《吕氏春秋·至忠》载:"王必幸臣与臣之母。"高诱注:"幸,哀也。""幸视此书"者为"已葬而祭"的奠墓者。

"第百上石铭"的内容不是为盗墓者设立的禳盗文,而是楚王刘注的遗言,其意出自汉文帝刘恒的遗诏。文帝遗诏曰:"死者天地之理,物之自然者,奚可甚哀。当今之时,世咸嘉生而恶死,厚葬以破业,重服以伤生,吾甚不取。且朕既不德,无以佐百姓;今崩,又使重服久临,以离寒暑之数,哀人之父子,伤长幼之志,损其饮食,绝鬼神之祭祀,以重吾不德

---

① (清)朱骏声:《说文通训定声》,国际文化出版公司1983年版,第204页。

也,谓天下何!……其令天下吏民,令到出临三日,皆释服。"① 文帝的遗诏发布后,逐渐成为国法,诸侯王、卿大夫皆依法行事。《汉书·翟方进传》载:"方进为丞相……及后母终,既葬三十六日,除服起视事,以为身备汉相,不敢逾国家之制。"楚王刘注效文帝去坟薄葬,意为"宜弘汉家之德,崇刘氏之美"②。

三、"第百上石铭"的书法艺术

"第百上石铭"书于汉武帝元鼎元年(前116年),略晚于"群臣上寿刻石"(前158年)和"鲁北陛石题字"(前149年)。这一时期正是中国书法的嬗变阶段,是篆书向隶书衍变过渡的中间状态。篆书是先秦时期的通行文字,秦朝统一中国以后"书同文",形成了笔画整齐圆匀、法度森严的秦篆。汉代篆书开始向隶书演变,至汉武帝时隶变基本定形。但在官方的文书中,还多是篆书,郭沫若说:"篆者掾也,掾者官也。汉代官制,大抵沿袭秦制,内官有佐治之吏曰掾属,外官有诸曹掾史,都是职司文书的下吏。故所谓篆书,其实就是掾书。"③

"第百上石铭"的字体以篆为主,结字变秦石刻之长形为方形或扁方形,用笔由圆转变为方折或间用转笔的自由体。毛远明《汉魏六朝碑刻校注》认为其是"篆书,而含隶意,文字大小参差,颇草率",顾风认为是"古隶",沃兴华《碑版书法》认为"介于篆书和分书之间"。古隶在战国时代已形成雏形,通行于秦代到西汉,属早期的隶书。云梦秦简、马王堆帛书都属"古隶"。"第百上石铭"为官方文书,字体应属"汉篆"。汉篆的特点是体态宽博、松散、自由、活跃,书写率减,偏旁、部件出现讹同、别异,是由篆入隶时期的篆体字。"第百上石铭"的篆书保留着较多的战国

---

① (汉)司马迁:《史记·孝文本纪》,中华书局1959年版,第433—434页。
② (汉)班固撰,(唐)颜师古注:《汉书》,中华书局1962年版,第1956页。
③ 郭沫若:《古文字之辩证的发展》,载《文史论丛》,中华书局香港分局1974年版,第22页。

古文的篆意,如"第、百、楚、天、不、布、瓦、鼎、葬、去、器、也、任、者、悲、之"篆意较浓,其中"天""葬"等字源于战国楚文字。"第百上石铭"结体布局严谨,疏宕自在,充分表现了书家的高超水平,绝不是石工草率为之。

第三节 "元寿二年"刻石

元寿刻石为西汉哀帝刘欣元寿二年(前1年,庚申年)二月刻成。该石原出土于山东济宁市两城镇南薄山,经调查了解,20世纪七八十年代该石出土后被乡民用于拴系牲口(该石顶部有打琢的拴孔,使用痕迹明显);后又被用于地头小桥石板。其表面部分文字磨损现象明显,且被车辙碾压断为两截,后被废弃道旁。1997年被征集,现藏于徐州大公堂。

该石应为汉代石椁墓的头挡或足挡。石椁墓是汉代流行于鲁南、苏北的一种墓葬形式,起源于西汉早期,流行与西汉中晚期。石椁墓是这一地区画像石墓的起源,西汉石椁墓刻有铭文的现象并不多见,该石的发现具有重要的考古价值和艺术价值。

一、"元寿二年"刻石内容考释

"元寿二年"刻石,长120厘米,宽74厘米,厚130厘米。石质为青色石灰岩;雕刻技法为阴线刻。碑文共8行,除末行以外,每行9字至10字不等,通篇文字共有70余字(图3-7):

> 元寿二年二月甲午朔三日丙申,始造冢者,复里颜绀君、尹宾明子、元少子,所共为冢者。绀君曰弟。诸家欲有上者,敢以五千(钱)即得之。不得树木有丧。欲戕树木有所用,斩此。绀君曰弟。

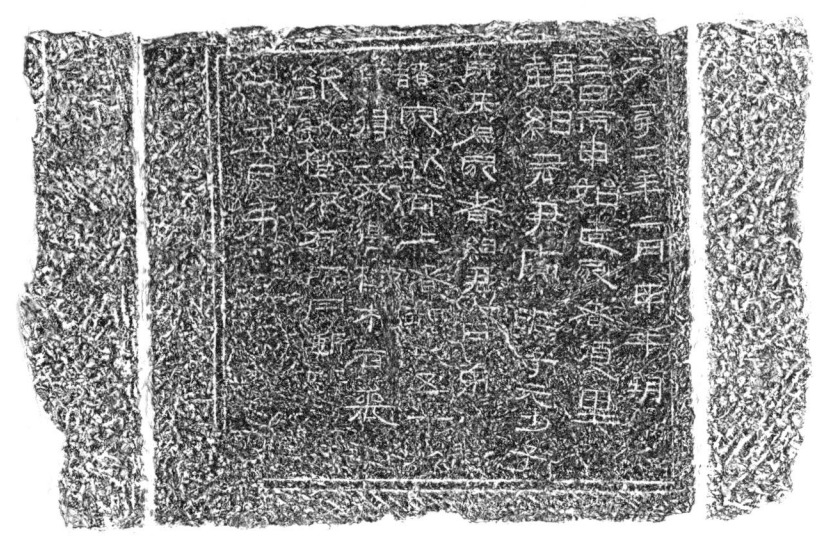

图3-7 "元寿二年"刻石及描字

"元寿"为西汉哀帝刘欣的年号,元寿二年为庚申年,即公元前1年。二月朔日为甲午,二月三日为丙申日,与《二十史朔闰表》相同。

"始造冢者"为始作坟冢者,《说文解字》:"冢,高坟也。"段玉裁注:"《土部》曰:'坟者,墓也。'墓之高者曰冢。"《周礼·春官》曰:"冢人,掌公墓之地。""复里",地名;"颜绀君、尹宾明",人名。《周礼·载师》郑注:"廛里者,若今云邑居矣。里,居也。"《史记·高祖本纪》载:"高祖,沛丰邑中阳里人。"

"绀君曰弟","曰"是"谓之"的意思。《增韵》:"谓也,称也。"《尚书·洪范》:"五行:一曰水,二曰火,三曰木,四曰金,五曰土。""弟"同"悌",《广雅·释亲》:"弟,悌也。"《论语·学而》:"其为人也孝悌。"邢昺疏:"孝于父母,顺于兄长。"

"诸家欲有上者,敢以五千(钱)即得之。""上"在这里有进献的意思。《释名·释书契》:"又曰上,示之于上也。"《庄子·说剑》:"宰人上食。"

"不得树木有丧。欲戕树木有所用,斩此。"大意为:要砍伐的树木确实对造墓有用,可以砍伐。古代陵园种有树木,《礼纬含文嘉》曰:"天子坟高三仞,树以松;诸侯半之,树以柏;大夫八尺,树以栾;士四尺,树以槐;庶人无坟,树以杨柳。"[①]

"绀君曰弟。"颜绀说:"这就是孝悌。"

"元寿二年"刻石从考古学的角度意义有二:其一,该石有准确的纪年,由于早年墓葬遭到破坏,并不能知道该墓的具体形制,但能证明这一类型石椁墓流行的时代;其二,该刻石现存70余字,记录了西汉末年丧家建冢刻石的内容,为研究墓室刻石内容的演变提供了新的资料。

---

① [日]安居香山、中村璋八辑:《纬书集成》(中),河北人民出版社1994年版,第503页。

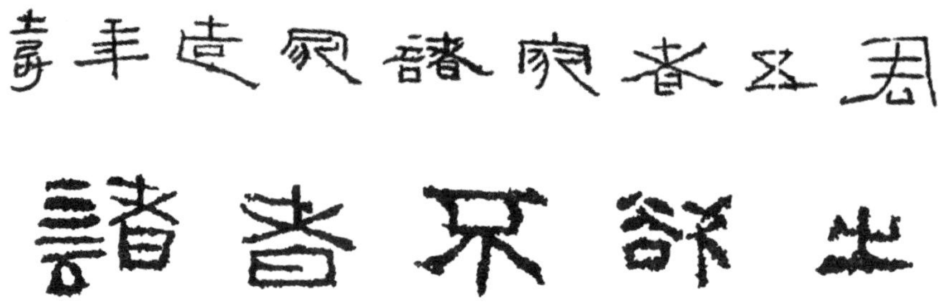

图3-8 "元寿二年"刻石（上）与"襄盗刻石"（下）文字比较

二、"元寿二年"刻石的书法价值

"元寿二年"刻石为西汉晚期的作品，略晚于西汉河平三年（前26年）的《廉孝禹碑》；略早于王莽居摄二年（7年）的《祝其卿坟坛刻石》和新莽天凤三年（16年）的《莱子侯刻石》。"元寿二年"刻石为隶变中的"古隶"阶段，结体较严谨，字形横扁，用笔方折，略有波挑，笔画横平竖直，分布均匀。转折处呈方形，无粗细起伏变化。有些字的写法尚存篆意，有着由篆变隶的过渡风格。与"第百上石铭"相比，结体已脱篆为隶，篆意尚浓，隶意已出（图3-8）。"元寿二年"刻石书风稳健，转角走势有力，笔画长短广狭，气势开张。如"造""为"等字，苍劲质朴，古秀天然。如"者""家"，古拙浑穆，趣味横生；如"寿""丧"，线条中锋行笔，遒劲有力。整体章法布局疏密恣意，并无界格制约，自然率真。其刀法为西汉典型的单刀刻，走刀率性犀利，丰筋力满，如锥画沙。该石地子并无精细打磨处理，石面虽有局部凸凹，却显得质朴无华，凸显出朴素自然的时代风格。

"元寿二年"刻石的书风及其雕刻方法与山东金乡鱼山村发现的"襄盗刻石"（图3-9）非常接近。"襄盗刻石"书风古朴，书体具有古隶的特点，不少字带有浓厚的篆意，是由篆向隶书过渡的字体。凿刻技法单刀直取，

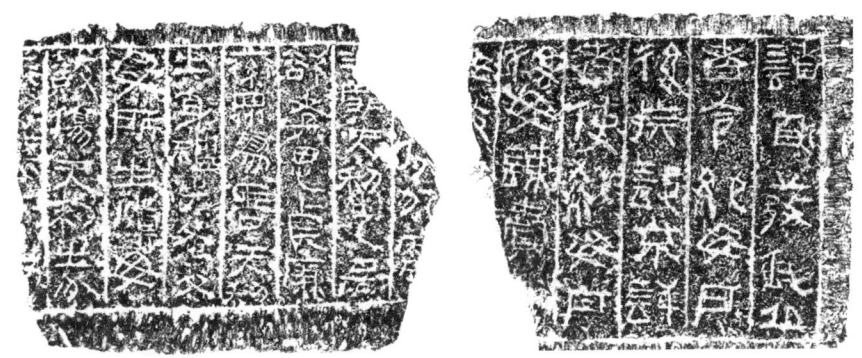

图3-9 山东金乡"禳盗刻石"

线条纤厚,极少修饰。"元寿二年"刻石中的"诸""者""不""欲"等字与"禳盗刻石"中的同字结构基本相同,进而可以推断二碑的年代接近,"禳盗刻石"的年代也为西汉晚期。

第四章

汉画像石墓阙、祠堂题记

墓阙与祠堂同属于汉代陵园的地面建筑。汉代陵园地面建筑的排列顺序是墓阙、祠堂，有的在祠堂前面立碑，山东嘉祥武氏祠是陵园地面建筑保存最为完好的例子。由于墓阙、祠堂是敞开式的开放空间，因此墓阙与祠堂往往刻有题记，以便人们在祭祖时能够了解墓地主人更多的信息。我国发现的画像石题记大都刻在石阙及祠堂上。

第一节　墓阙题记

阙是古代宫殿、祠庙和陵墓前入口处的建筑，有标志和装饰的作用，同时象征着身份等级。庙阙和墓阙上通常刻有文字，记录着建阙的年代和阙主的有关信息。现存的墓阙题记有孙仲阳为父建石阙题记、南武阳皇圣卿阙铭、南武阳功曹阙铭、幽州书佐秦君神道石阙铭、兖州刺史洛阳令王稚子阙铭、嵩山太室石阙铭、嵩山少室石阙铭、嵩山开母庙石阙铭、武梁祠石阙铭、成都永寿元年画像石阙铭、雅安高颐阙铭、沈府君神道阙铭、冯使君神道阙铭、益州牧杨宗阙铭、故侍中杨公阙铭、蜀中贾公阙铭等。

徐州没有发现大型的汉阙，主要流行着形制较小的碑形墓阙。徐州汉画像石中的墓阙题记发现两例：一为"永元元年"碑阙题记，二为"永宁元年"石柱题记。

一、"永元元年"碑阙题记

2005年，徐州汉画像石研究会征集4件简易石阙，该石阙被宋代墓葬所利用，出土时有白灰黏附，应为两对石阙的阙身石。阙石高215厘米，宽75厘米，厚20厘米，应为碑形阙。二号阙第二石第四层原满刻铭文，大部分磨泐，仅存铭文的后两行可以辨识（图4-1）：

图4-1 "永元元年"碑阙题记

石閼（阙）以永元元年□月□□□
□以大增王父为□□□□

"永元"是汉和帝刘肇的年号，"永元元年"即公元89年。该阙与山东省平邑县的皇圣卿阙（86年）、功曹阙（87年）的年代接近，阙身的画像风格及雕刻技法基本相同。

汉代的墓阙制度形成于汉明帝"上陵礼"的颁布之后。"上陵礼"完善了以祭祀为核心的陵园地面建筑设施。东汉时期的陵园设施以墓阙、祠堂或墓碑为标志和基础，墓阙是陵园入口的标识物，同时又象征着天门。"永元元年"墓阙是东汉早期的墓阙之一，对于研究东汉陵园墓阙制度的形成及其形制有重要意义。

二、"永宁元年"石柱题记

2001年,徐州汉画像石艺术馆征集到一块圆首竖石,石高229厘米,宽46厘米,厚26厘米,上部刻铭文,下部刻二龙穿璧,左侧刻菱形图案。该石柱应是立于祠堂前的一种小型墓阙,或称为墓表、神道石柱。东汉时期陵墓前常立有石柱,《水经注》卷二十四:"太尉桥玄墓……庙南列二柱";卷二十九:"……文将军冢,墓隧前有石虎、石柱,甚修丽"等。神道石柱上往往刻有铭文,如汉幽州书佐秦君石柱,芗他君祠堂石柱等。"永宁元年"石柱的铭文位于石柱顶部位置,铭文竖刻9行,每行约12字,碑文释读如下(图4-2):

永宁元年七月中太[岁]
[在][庚]申作祠棠贾以
□□故吏使工陛析
□□学事辨四方勤力自
□[祠]毕成近远来贺数百
□□善邻东无成复自□
□□年未有孙息其心皇天
除七日亡荣谢于后世当奉一
观者观之勿贼伤辟□来悉①

"永宁"是东汉安帝刘祜的第三个年号。刘祜使用这个年号有两年,元初七年(120年)四月改元为永宁元年,永宁元年即公元120年。

该题记中使用的通假字有"棠""贾"等。"棠"通"堂","作祠棠"即"作祠堂"。《鲁峻碑》中有"棠棠忠惠",洪适《隶释》中有"堂堂作棠棠",《严䜣碑》中有"棠棠容貌",即"堂堂容貌"。"贾"与"价"通,《小尔雅·广

---

① (清)朱骏声:《说文通训定声》,国际文化出版公司1983年版,第889页。

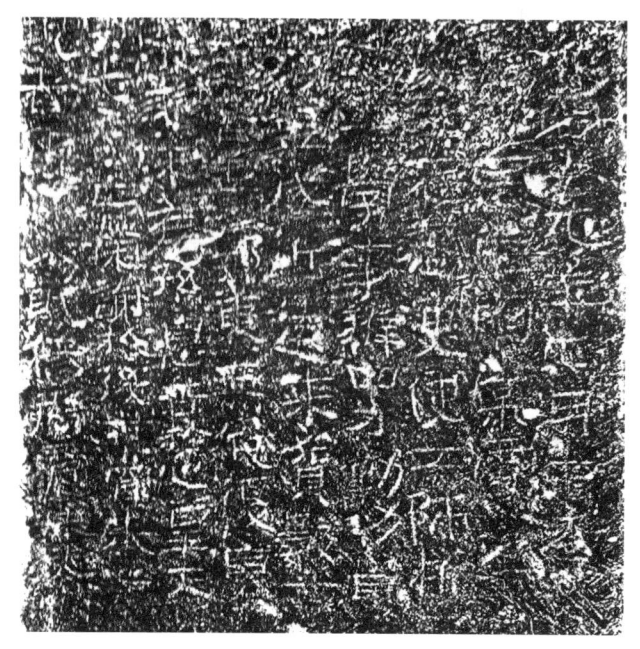

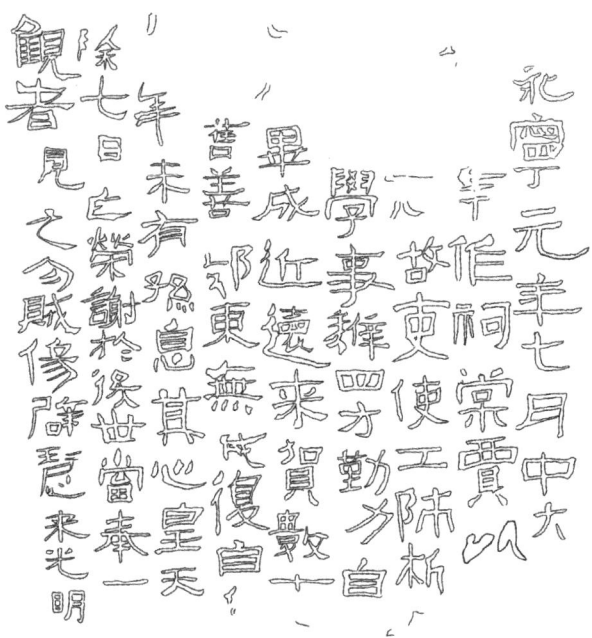

图4-2 "永宁元年"石柱题记拓本及描字

言》:"贾,价也。"《礼器碑》中有"工不争贾",《隶辨·卷四》引《经典》曰:"价皆作贾。"汉代祠堂题记中常见标明造祠堂的价格。俗体字有"阤","工阤"即"工师"。吴任臣《字汇补·阜部》:"阤,与师同。"汉碑中载石师、工师常用此字,如《杨震碑阴》:"山阳阤子则。"洪适注:"阤即师字。"

石柱题记中出现的丧葬用语,"除七日"即"服除七日","服除"指守丧期满;"荣谢于后"即治葬已毕,拜谢前来吊唁的亲朋。

石柱题记中的"故吏"常见于汉碑,汉碑的碑阴多刻有门生故吏捐款立碑的内容。"故吏"意为原来的属吏,《后汉书·袁绍传》载:"袁氏树恩四世,门生故吏遍于天下。"东汉时期,"门生故吏"有为主子死后服丧尽孝的义务,《后汉书·胡广列传》载胡广死后,"故吏自公、卿、大夫、博士、议郎以下数百人,皆缞绖殡位,自终及葬"。此阙的赞助人就是死者的"故吏"。"观者观之勿贼伤"与永寿三年许安国祠堂题记中的"唯诸观者,深加哀怜。寿如金石,子孙万年。牧马、牛羊,诸僮皆良家子,来入堂宅。但观耳,无得刻画,令人寿"之句意思相同。同样的句式还有《芗他君祠堂题记》:"唯观者诸君,愿勿败伤,寿得万年。"

"永宁元年"石柱为成熟的隶书,字径大小不完全一致,结体方正而略显古拙,笔力遒劲,意态奇逸,笔画有粗细变化,"远""来"等字的捺笔有燕尾之势。

第二节 祠堂题记

祠堂是陵园中祭奠死者的地方,汉代陵园祠堂有多种称谓,如庙祠、食堂、斋祠、食斋祠、石室等。画像石的祠堂往往刻有题记,记录了祠堂当时的称谓、建造年月、所用费值等信息。徐州汉画像石中祠堂题记共发现16处,其中有9块画像石上刻有纪年,时代从明帝永平四年(61年),到顺帝汉安二年(143年)。

一、"永平四年"祠堂题记

该石于1992年发现[①],为平顶小祠堂的后壁,高66厘米,宽90厘米,画面内容为拜谒场面,雕刻方法为平面阴线刻。题记刻在画像的右边框内,竖行一排计36字,内容为(图4-3):

建武十八年腊月子日死。永平四年正月,乃作石室,直五千泉,工莒少郎所为。后子孙皆忌子。

这幅画像题记中出现"建武""永平"两个年号。建武是东汉光武帝刘秀的第一个年号,也是东汉的第一个年号,共计32年,建武十八年为公元42年;永平是汉明帝刘庄的年号,共计18年,永平四年为公元61年。从建武十八年到永平四年相差19年。汉代建墓的时间和立祠的时间并不相同,"永平四年"应是墓主死亡19年后,由其"后世子孙"所建石室,汉代画像石祠堂常自称"石室"。该石室费值五千钱。"莒少郎所为"说明工匠来自汉代的莒县。永平四年祠堂画像石的发现,证明了这种平顶小祠堂流行的时代在东汉初年。

"永平四年"祠堂题记中的书法为隶书,字径约1厘米,结体扁方,字体隽永秀丽,用笔遒劲流畅,雕工精细。个别字书体还保留有篆书的风格,如"武""年"等。

二、"永平十七年"杨德安祠堂题记

2003年,徐州铜山张集出土了东汉"永平十七年"杨德安祠堂题记。该题记为祠堂画像的右壁,正面为题记,侧面有画像。高98厘米,宽25

---

① 王黎琳、李银德:《徐州发现东汉画像石》,《文物》1996年第4期。

图4-3 "永平四年"祠堂题记拓本及描字

厘米,以往的著录名《杨德安墓石》不妥,忽略了其为祠堂题记的意义。①题记竖排4行,满行20字,总计有69字(图4-4)。

> 永平十七年十月十五日乙丑,甾丘戍守士史杨君
> 德安不宁遭疾,春秋卅有六,闻噩耗悲哉哀哉。子尚
> 从抚业,世幼无亲贤者相之,行丧如礼,起石室
> 立坟,直万五千泉,始得神道。

永平十七年为公元74年,查《中华日历通典·秦汉》,永平十七年十月朔辛亥,十五日为乙丑无误。

"甾丘戍守士史"有两种解释的可能。一是甾丘人戍边的士史。士史,也称士吏,主兵之官,《汉书·匈奴传》注引《汉律》:"近塞郡皆置尉,百里一人,士史、尉史各二人巡行徼塞也。"②王国维说:"古'史''吏'二字通用,'士史'即'士吏'也;'守士吏',则摄行士吏事者。"③二是甾丘的戍守屯兵。汉代诸侯国有自己的军队,其职能是戍守王都,卫护封国内的社会治安,但是汉代文献中并没有内地城市设戍守的记载。

甾丘为汉代楚国(彭城国)属县,《汉书·地理志》载楚国有甾丘。《水经注·睢水》:"睢水又东与潓湖水合,水上承甾丘县之渒陂。"甾丘当在睢水北岸,故《大清一统志》认为在今宿州东北60里处城孜乡。《汉书·地理志》写作"甾丘",《后汉书·郡国志》写作"菑丘"。西汉成帝时期的尹湾汉简写作"楚国菑丘"(三正·二)④,而题记中写作"甾丘",因此可证明"菑"与"甾"通假,二者作为地名使用没有时代的不同。

---

① 徐玉立主编:《汉碑全集》(一),河南美术出版社2006年版,第128页。
② (汉)班固撰,(唐)颜师古注:《汉书·匈奴传》,中华书局1962年版,第3766页。
③ 王国维:《王国维手定观堂集林·敦煌汉简跋三》,浙江教育出版社2014年版,第343页。
④ 张显成、周群丽:《尹湾汉墓简牍校理》,天津古籍出版社2011年版,第20页。

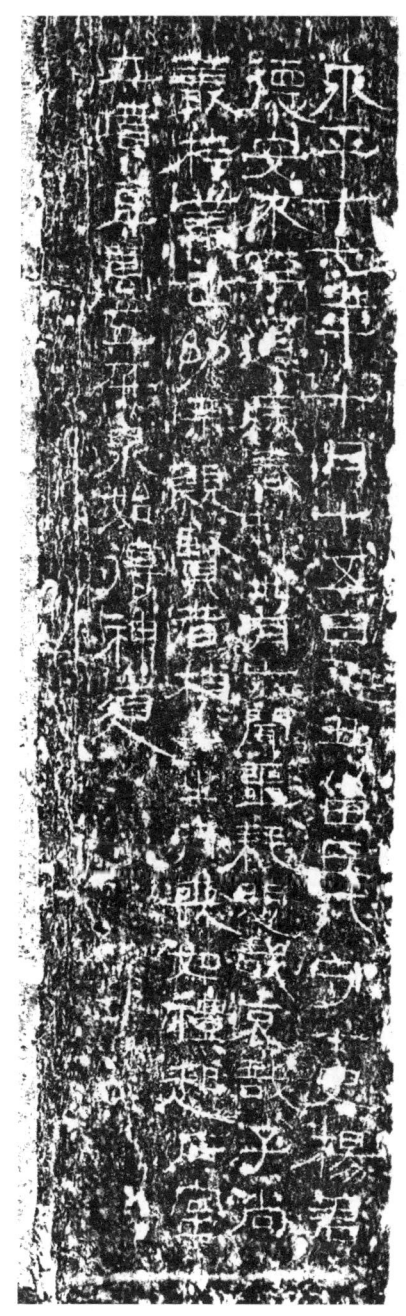

图4-4 "永平十七年"杨德安祠堂题记

"春秋卌有六","春秋"指年龄,《战国策·楚策四》:"今楚王之春秋高矣。"杨德安殁年46岁,未满寿年,所以称为"不宁遭疾"。"卌"为"四十"的本字。宋洪迈《容斋随笔》卷五云:"今人书二十字为廿,三十字为卅,四十为卌,皆《说文》本字也。"①《芗他君祠堂题记》有"年卌二,不幸早终",《汉郎中郑固碑》有"乃遘凶愍,年卌二"。

士史为县尉下属吏,《居延汉简》:"士吏石彊八月奉钱千二百。"②杨德安为东汉初年奉秩百石的军中小吏,其葬礼"起石室立坟"用钱一万五千,由此可见汉代祠堂建造的等级制度。

杨德安祠堂题记有较高的书法水平,结体略显长方,笔画平直,并无明显的波挑之势,字体苍健有力,书风古拙,金石韵味浓厚,与山东金乡"襄盗刻石"、陕西褒城"开通褒斜道摩崖刻石"的书风有相似之处,而法度更为严谨。

三、"元和三年"祠堂题记

该石于1986年发现。③该石为平顶小祠堂右侧壁,厚20厘米,高69厘米,画面中刻一双檐门阙,阙身有卫士,阙顶有一对凤鸟衔鱼。题记刻在画面左侧边框内,竖行题款32字,内容为(图4-5):

> 元和三年三月七日,三十示大人子、侯世子豪,行三年如礼,治冢石室,直钱万五千。

元和三年为公元86年。根据题记,该小祠堂为死者的嫡长子所建,"世子"即长子,此人可能因功封侯,故曰侯世子。"三年如礼"是指居丧

---

① (宋)洪迈撰,穆公校点:《容斋随笔》(上),上海古籍出版社2015年版,第47页。
② 杨剑虹:《秦汉简牍研究存稿》,厦门大学出版社2013年版,第220页。
③ 徐州博物馆:《徐州发现东汉元和二年画像石》,《文物》1990年第9期。

图4-5 "元和三年"祠堂题记

的时间,《礼记·三年问》曰:"故三年之丧,人道之至文者也。"袁宏《后汉纪·孝顺皇帝纪》载:"敞有孝行,丧母三年如礼。"① 三年丧期是古代最长的居丧时间,它所对应的服丧关系是子女为父母、臣下为君主等。"三年之丧"在丧服制度中具有特别隆重的地位,历来受到人们的重视。题记中"治冢石室,直钱万五千",是指祠堂建造的费值,"万五千"即一万五千钱。

---

① (晋)袁宏撰,李兴和点校:《袁宏〈后汉纪〉集校》,云南大学出版社2008年版,第221页。

四、"丁巳立石"祠堂题记

铜山汉王东沿村画像石第三石的题记刻在祠堂前立面的方向，画像中刻一子母阙，文字刻在阙上。由于原石风化结有砂粒碱垢，原释读文字不全且有误。原释读有21字，且有7字辨认不清，核对原石和清晰拓片得知此画像石题记为5行，每行字数不等，计有35字左右（图4-6）：

□□□年九月十八日
丁巳立石室，直钱
七千，天命有结，始知
命不长，君之厚祖重宗者也。

原发掘报告没有注意图像的上方有"丁巳立石"四字，直接读为"室有一，钱七千"，观察原石发现，这是题记中的第二行，应读为"丁巳立石室，直钱七千"。① 题记中的首行记录了立石年月，可惜这部分最重要的内容残缺。东汉时期的丁巳年有建武中元二年（57年）、元初四年（117年）、熹平六年（177年）等，该石与"元和三年"画像石同时出土，两石虽为两座石祠堂的构件，但年代应相距不远，该石所刻"丁巳"可能为建武中元二年（57年）或元初四年（117年），应以建武中元二年可能性更大。该石室费值七千钱。从铭文中的"天命有结，始知命不长"可知，祠堂的主人寿命不长，殁年约50岁。《庄子·盗跖》中说："人上寿百岁，中寿八十，下寿六十。"不满寿而亡，谓之"命不长"。这里的"君"为立祠者的代称，"厚祖重宗者"即孝敬祖先的意思，厚祖、重宗为孝观念中重要的组成部分。

---

① 武利华：《徐州汉碑刻石及画像题记研究》，载《两汉文化研究》（第二辑），文化艺术出版社1999年版。

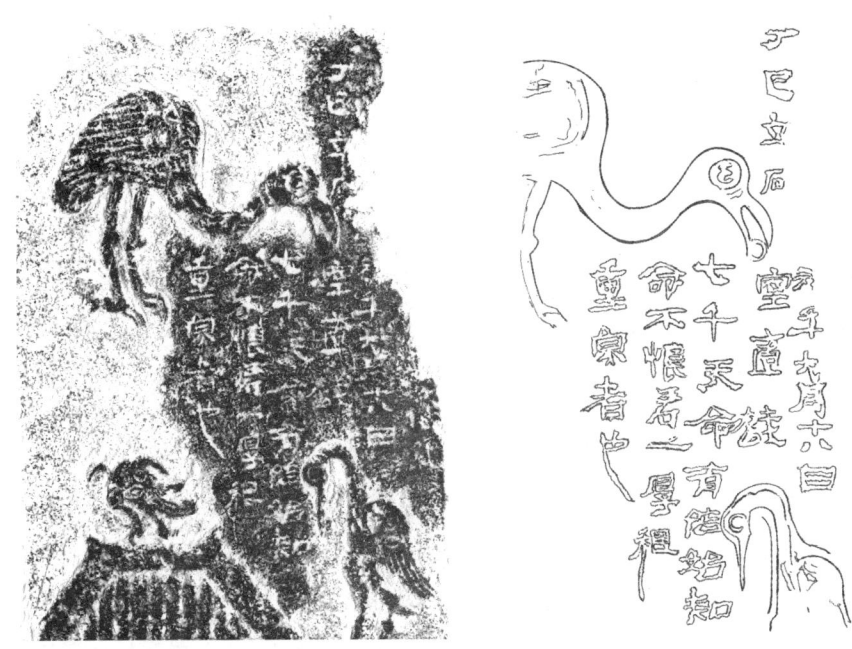

图4-6 "丁巳立石"祠堂题记(拓本及描字)

"丁巳立石"祠堂题记为典型的隶书,结体略微宽扁,横画长而竖画短,笔画均匀平稳,表现出安稳、平和的风格。

五、"永元三年"祠堂题记

2005年,徐州汉画像石艺术馆征集到一块祠堂山墙画像石,残高70厘米,宽104厘米,厚24厘米,锐角顶,两面有刻画内容。内壁刻画西王母、大树、马、羽人、凤凰、九尾狐、蟾蜍、玉兔捣药等。侧壁刻有铭文6行,每行残存约20字,因为石头残断,首行文字与末行文字不能连读。由于石头磨泐严重,释读特别困难,辨读如下(图4-7):

永元三年正月丙午丁□日筑毕,长阳、外阳、少阳弟兄三……

□天□□天□□不□□之不立轮□□后立藏□石祠使成□□□……

毋毁伤，后世当□□□□更吉□□加也。□□永□无□□……

敬日诸王维气治乎（子）养育前珍，天妊而有。《易》曰：吉无不利……

积善之家必有余庆，积不善之家必有余央。子孝于父，臣忠……

□□□斯治并直钱三万五千。

该题记分为三段。第一段叙述立祠的经过；第二段引《周易》名句，言忠孝之事；第三段为立祠的花费。

第一段文字中"永元"的"永"字半边模糊，"元"字清晰，东汉有"元"字的年号仅有光武帝的"建武中元"和汉和帝刘肇的"永元"。"建武中元"只有两年，当排除；铭文中的"永元三年正月丙午"，查《二十史朔闰表》，永元三年正月的朔日恰为丙午[①]，因此定该石年代为"永元三年"（91年）。"筑毕"即完成的意思，"筑毕""毕成"等词是汉代祠堂题记常用句式，如苍山（兰陵）元嘉元年（151年）题记"立椁毕成，以送贵亲"，微山永和六年（141年）桓子祠堂题记"……到六年正月廿五日，毕成"等。"长阳、外阳、少阳"为立祠的三兄弟。

第二段文字多引《周易》名句。题记"《易》曰：吉无不利"，出自《周易·大有》，原文为："上九，自天祐之，吉无不利。"[②] 孔颖达注《周易正义》："《易》曰：自天祐之，吉无不利者，言人于此易之四象所以示，系辞所以告，吉凶告所断而行之，行则鬼神无不祐助，无所不利。"《系辞·上传》："易曰：自天祐之，吉无不利。子曰：佑者，助也。天之所助者顺也，人之所助者信也。履信思乎顺，又以尚贤也。"[③] 据此可知该祠堂是按

---

① 陈垣：《二十史朔闰表》，中华书局1962年版，第31页。
② 宋祚胤注译：《周易·系辞上》，岳麓书社2000年版，第341页。
③ 宋祚胤注译：《周易》，岳麓书社2000年版，第21页。

图4-7 "永元三年"祠堂题记(下段残缺)

照卜辞所占吉凶而设立的。题记"积善之家必有余庆，积不善之家必有余央"，出自《周易·坤·文言》，与原文完全相同。题记"子孝于父，臣忠……"出自《焦氏易林·大畜》中的"鬼舞国社，岁乐民喜。臣忠于君，子孝于父"。

第三段为建立祠堂的花费。祠堂题记中为炫耀孝子的孝心常刻出祠堂的费值，"斯治并直钱三万五千"是一个不小的数目。吕思勉考证："汉代黄金一斤直钱万，则中人一家之产，为钱十万。"东汉初年，普通小祠堂的花费在万钱左右，汉王东沿村祠堂题记"直钱万五千"，显然该祠堂的规模要大于汉王东沿村的祠堂。

"永元三年"祠堂题记的书风接近《西狭颂》，结体方整雄伟，方整中又带圆融，庄严浑穆，刀笔稳健，已有波磔笔画，整体风格古朴苍劲，气韵浑厚。

六、"延平元年"祠堂题记

2005年，铜山汉王东沿村发现两块小祠堂画像石，画像的侧面即祠堂的前立面下方刻有楼阙，阙上刻有铭文题记，上方残缺，右方漫漶不清。一块为祠堂山墙的左壁，画面阴刻九条竖线，共8行文字，文字大都磨失。第一行可辨文字有"鲁国"，第二行可辨文字有"西北"，第三行可辨文字有"仓"，第四行可辨文字有"子男长阳长阳弟口子"，第五行可辨文字有"以延平元年十二月"，第六行可辨文字有"五铢钱三万五千傅（赙）"，第七行可辨文字有"得"，第八行可辨文字有"也"。另外一石为祠堂山墙右壁，形制如前，文字缺失较多，仅存第六行"工作石室直五"，第七行"岁时洽除"等文字可辨。（图4-8）

"延平"为汉殇帝刘隆的年号。刘隆是汉和帝刘肇少子，东汉第五位皇

图4-8 "延平元年"祠堂题记（拓本及描字）

帝，刘隆于元兴元年（105年）十二月辛未日继位，改元延平，延平元年（106年）八月辛亥日得病夭折，年仅2岁。刘隆只做了8个月的皇帝，谥号孝殇帝。"延平"这个年号共使用了一年。汉安帝继位初沿用延平的年号，《后汉书·孝安帝纪》："（延平元年）十二月甲子。"《阳三老食堂画像题记》："延平元年十二月甲辰朔十口日，石堂毕成，时太岁在丙午……"虽然延平元年十二月殇帝刘隆已殁四个月，但仍使用着延平的年号。

该题记文字为八分隶书，文字刻在两行竖线中间。字距较宽，结体方整，端庄典雅。笔势中敛，波挑左右开张，疏密有致，行笔圆浑淳厚，端庄肃穆。尽管其挑脚方棱，但仍有姿态而不板滞，是东汉中期汉隶走向规范、成熟的典型。

七、"永初二年"祠堂题记

2005年，徐州汉画像石艺术馆征集到一块"永初二年"平顶式小祠堂的右壁画像石，高62厘米，宽40厘米，厚22厘米，画像的一面刻有铭文，另一面为高禖图。画面中间是头戴三山冠的神人，神人一手牵着伏羲，另一手牵着女娲。题刻部分高62厘米，宽20厘米，铭文阴刻5行，题铭横竖皆有界格，前四行各17字，末行13字，计存81字。（图4-9）该石打磨不平，拓片不清，需对照原石辨识文字，释读如下：

> 永初二年□月□日，□□都乡□□慈孝子
> 后山都弟伯为母行丧如礼，共作□坟费直
> 五万七千，时太岁在戊申，五月廿日天大□
> 昏暗，有五百民大□工师众刊亭部，北临洛
> 周都乡，后世□乃孝学毋随于先。

首行铭文"永"字不清，第二字依稀辨为"初"字，第三行中间有"太岁在戊申"。东汉有三个"戊申"年，即光武帝建武二十四年（48年）、安帝刘祜永初二年（108年）、灵帝建宁元年（168年），其中有"初"的帝号为安帝永初二年。

"为母行丧如礼"是汉碑刻石中常见格式。《芗他君祠堂题记》有"丧服如礼"，方若（1869—1954年）藏建初四年少子侵砖有"行丧如礼"，山东肥城汉画像石墓有"孝子张文思哭父如礼"，"永平十七年"杨德安祠堂题记有"世幼无亲贤者相之，行丧如礼"。"行丧如礼"即父母行三年之丧。铜山汉王元和三年祠堂题记有"侯世子豪，行三年如礼"。

该题记文字字形多扁方，书风端庄质朴，为汉隶成熟期之作。部分铭文的捺笔有"双钩"之形，这也是此刻石的特点之一。

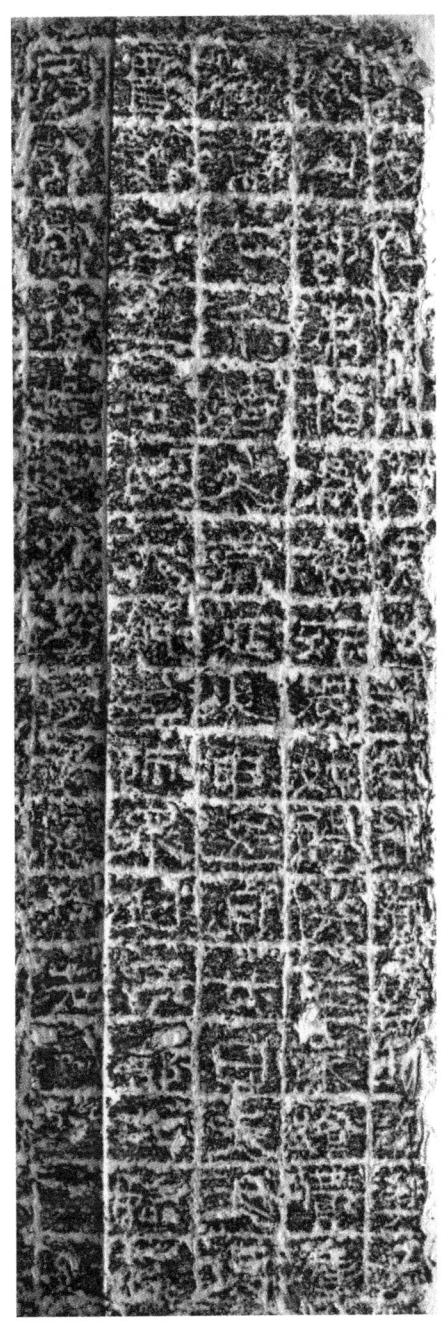

图4-9 "永初二年"祠堂题记

第四章 汉画像石墓阙、祠堂题记 135

八、"永建四年"祠堂题记

2000年，徐州铜山区张集镇发现一块东汉永建四年（129年）的石刻题记。① 该石高33厘米，宽77厘米，厚38厘米，题记刻在石头的左侧边长20厘米的方框内，字径1.5厘米左右，文字排列纵11行，每行约12字，满文约130字。（图4-10）该题记文字錾刻较浅，加之磨泐严重，一些文字辨识相当困难，释读如下：

永建四年三月十四日［戊］［寅］朔［乙］［丑］，
中□□吕□伯明弟文□□
者□□母无后弟文□，永建
二年七月廿二日，筑设楼以□□
字□元讳□□，葬之所从
治石棺及石羊设于石室前，
廿万九千礼。物故时太岁在丁［卯］
礼父作冢，宁□如传还后出
勿有不同，名□□君子，□
□不时□□神鬼第外祭祀
□皆恶之。后子男□□□书。

"永建"为东汉顺帝的年号，永建四年为公元129年，"三月十四日戊寅朔乙丑"的朔日与《二十史朔闰表》相符。后文提到的"永建二年七月廿二日""物故时，太岁在丁［卯］"与前文相一致。汉代使用的是干支纪年和年号纪年两种纪年法，并将太岁纪年与建号纪年并用。过去笔者将"永

---

① 该题记现藏于徐州汉画像石艺术馆。

图4-10 "永建四年"祠堂题记

建四年"误释为"建武四年",仔细辨识字形,应为"永建四年"。①

题记中"吕□伯明弟文□□","吕"为西汉楚国、东汉彭城国的属县,治所在今铜山东南旧黄河北岸张集镇吕梁集。该祠堂题记出土于吕梁集,与题记内容相符。

题记中记有"治石棺及石羊设于石室前","石棺"即墓室,"石室"是当时对祠堂的另一种称谓,"石羊"则是墓前神道的石雕,用于镇墓。1926年在安徽寿县居巢刘君墓前发现的石羊身上刻有"死者藏石羊能愿吉",说明了墓前立石羊的作用。②该题记文字简短,题记中的墓上建筑共计花费二十万九千钱,不仅包括祠堂上的花费,还包括"筑设楼""设石羊""设筑石室"等内容。汉代陵园上有楼观一类的建筑,《水经注·济水》载,蜀郡太守王子雅墓"有三女无男,而家累千金。父没当葬……各出钱五百万,一女筑墓,二女建楼,以表孝思"。王子雅墓前的石楼,"双峙齐竦,高可丈七八……其上栾栌承栱,雕檐四注,穷巧绮刻,妙绝人工"③。汉代陵园的石楼就是石阙。

题记中有"永建四年""永建二年"两个时间,"永建四年"为祠堂建成的时间,"永建二年"为祠堂初建的时间。题记中有"物故时,太岁在丁[卯]",顺帝永建二年,是年岁在丁卯,故题记中有"太岁在丁[卯]"。"礼父作冢"指以丧父之礼作坟。尽管铜山张集"永建四年"祠堂题记磨泐严重,但基本上可以理解题记中的内容。

九、"汉安二年"祠堂题记

该石于1995年在铜山茅村发现,题记刻在画面的上方,画像的内容

---

① 武利华:《徐州汉画像石题记初步研究》,载《全国第三届碑帖学术研讨会论文集》,文物出版社2014年版,第25页。
② 徐玉立编:《汉碑全集》(六),河南美术出版社2006年版,第2035页。
③ (北魏)郦道元著,陈桥驿校释:《水经注校释》,杭州大学出版社1999年版,第547页。

为横刻的鸾凤交颈。题记竖刻，字径约4厘米，刻两行，内容为：

　　汉安二年七月十日□□，
　　遂母夫合□廿四日甲申年。

"汉安"是汉顺帝的第四个年号，从公元142年到公元143年，共用两年。汉安二年为癸未年，翌年为甲申年，甲申年四月改元为建康元年（144年）。甲申三月以前并未改元，因此民间会出现汉安三年的年号。如山东石刻艺术博物馆藏《平莒男子宋伯望刻石》，刻有"汉安三年二月戊辰朔三日庚午"。铜山茅村"汉安二年"祠堂题记中称"甲申年"而不称建康元年，可能葬日在甲申三月改元前。

"汉安二年"祠堂题记为通俗隶书，章法布局随意，书风古拙率真，结体大小参差，奇正相生，颇具奇趣，在汉代刻石中别具一格（图4-11）。

十、铜山伊庄祠堂题记

铜山伊庄位于徐州市东南38公里，笔者在2000年考古调查时发现。该石为祠堂后壁画像，残高60厘米，残宽40厘米，厚30厘米。画面分为两层，下层刻车马出行，上层刻建筑乐舞图。题记刻在建筑图门厅处，三间门厅都刻有题记，每间门厅刻字4行，原来应为12行，右面门厅残，缺失文字2行（图4-12）。字体为隶书，字径约为1.8厘米。文字辨识如下：

　　□□□□□
　　□□□□□
　　□□皆如礼，孝
　　子丧亲，表思明
　　情，哀者作也。父母失年，哭不哀，其

图 4-11 "汉安二年"祠堂题记

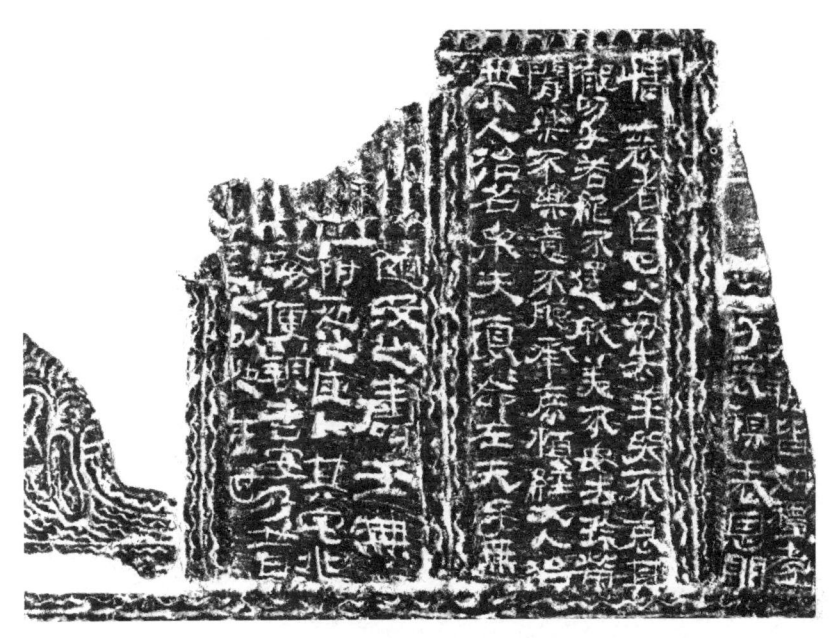
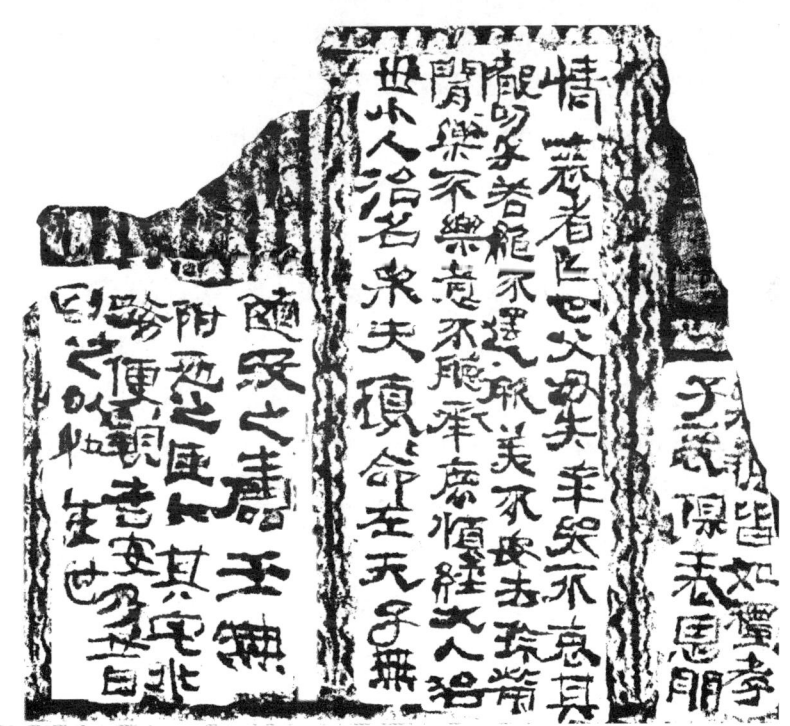

图4-12 铜山伊庄祠堂题记(拓本及描字)

声叨乎若绝不还；服美不安，去玲荣。
闻乐不乐，意不听承。《广顺经》："大人治
世，小人治名。"众史琐命在天，子无
随没之寿，王无
附死之臣。卜其宅兆，
务便亲者安，乃昔
日之以如生也。

该题记满文约105字，失约14字，缺失部分可能是某某年月之类，为汉代祠堂题记常见的开篇模式。

题记的正文取自《孝经·丧亲章》的内容并有注疏句。《孝经》传为孔子或其弟子曾参所作。汉代以孝治天下，《孝经》的地位不断提高，社会各个阶层大力普及《孝经》教育，出现了许多专门注释《孝经》的著作，影响比较大的当数西汉经学家孔安国作的《古文孝经孔传》和东汉经学家郑玄作的《孝经郑氏解》（《孝经郑注》）。此外，汉代还有一些《孝经》的注疏者，《汉书·艺文志》载："《孝经》者，孔子为曾子陈孝道也。夫孝，天之经，地之义，民之行也。举大者言，故曰《孝经》。汉兴，长孙氏、博士江翁、少府后仓、谏大夫翼奉、安昌侯张禹传之，各自名家。"① 汉代为《孝经》注疏的著作有：《孙氏说》二篇，《江氏说》一篇，《翼氏说》一篇，《后氏说》一篇，《杂传》四篇，《安昌侯说》一篇等。可惜这些著作均已散失。该题记中的内容出自散失的《孝经》注本。如题记"孝子丧亲。表思明情，哀者作也，父母失年"，"孝子丧亲"为《孝经》原句，后文为注疏句。郑玄正义："生事已毕，死事未见，故发此事。"题记"哭不哀，其声叨乎若绝不还"，《今文孝经》为"哭不哀"，郑玄正义："气竭而息，声不委曲"，《古文孝经》为"哭不依"。孔安国传："斩衰之哭，其声若往而不反，无依

---

① （汉）班固撰，（唐）颜师古注：《汉书·艺文志》，中华书局1962年版，第1718页。

违余音也。"题记"服美不安。去玲荣","玲荣"为服装上的美玉锦绣。《孝经》:"服美不安。"郑玄正义:"去文绣,衣衰服也。"孔安国传:"美谓锦绣盛服也。"题记"闻乐不乐,意不听承",《孝经》为"闻乐不乐",郑玄正义:"悲哀在心,故不乐也。"题记中对《孝经》的注疏与孔安国和郑玄的注释相比,义同字异,而语句更加精短,言简意赅。

汉代刻石中常引用《孝经》的章句,如出土于山东金乡西汉末年的《禳盗刻石》(又称《鱼山刻石》)铭文中有"身体发肤,父母所生,慎勿毁伤"①,此句出于《孝经》第一章"身体发肤,受之父母,不敢毁伤"。北京石景山出土的《幽州书佐秦君神道题刻》(105年)铭文中"孝悌之至,通于神明",完全引用《孝经》第十六章中的句子:"孝悌之至,通于神明,光于四海,无所不通。"②

此外,题记中有:"《广顺经》:'大人治世,小人治名。'"《广顺经》应是一篇佚文,"大人"指在高位者的贵族,《易·乾》:"九二:见龙在田,利见大人。""小人"指平民百姓,《尚书·无逸》:"生则逸,不知稼穑之艰难,不闻小人之劳。"《孟子·告子上》:"从其大体为大人,从其小体为小人。"③"大人治世"即移孝作忠,报效国家;"小人治名"即博得孝名。《孝经·广扬名章》:"君子之事亲孝,故忠可移于君;事兄悌,故顺可移于长;居家理,故治可移于官。是以行成于内,而名立于后世矣。""大人治世,小人治名"与《广扬名章》的思想一致,《广扬名章》有"事兄悌,故顺可移于长"句,"广顺经"也有可能是"广扬名章"原来的章名。

题记中"众史顼命在天"未找到出典,《荀子·天论》有"故人之命在天,国之命在礼",《诗经·大雅·大明》有"有命自天"。这与当时盛行的"天命"思想一致。"子无随没之寿,王无附死之臣"与山东嘉祥永寿三年(157年)许安国祠堂题记"子无随没寿,王无扶(附)死之臣"句子相

---

① 宫衍兴编著:《济宁全汉碑》,齐鲁书社1990年版,第28—30页。
② 北京市文物工作队:《北京西郊发现汉代石阙清理简报》,《文物》1964年第11期。
③ 杨伯峻编著:《孟子译注》,中华书局1962年版,第270页。

同。赵超认为："子无随没寿，'寿'字前似脱'之'字"，应与"王无扶死之臣"对仗；"王无扶死之臣"为一句虚语，疑采用《左传·成公十年》所载晋平公卒命前，梦小臣负以上天，死后即以之殉葬的典故。①铜山伊庄祠堂题记、嘉祥许安国祠堂题记都有"子无随没之寿，王无附死之臣"的句子，该句可能出自汉代佚名典籍。

题记最后一句"卜其宅兆，务便亲者安，乃昔日之以如生也"与《孝经·丧亲章》"卜其宅兆，而安厝之"的意思相同。昔、错、厝、措古字通用，"昔日"即"厝日"。"昔日之以如生也"即《荀子·礼论》所说的"大象其生，以送其死也。故如死如生，如亡如存，终始一也"。

铜山伊庄画像祠堂题记与其他祠堂画像题记的内容不同，伊庄画像祠堂题记的内容大都为《孝经》的传注或解说。《孝经》是儒家的经典著作之一，汉代人《孝经》的注疏保存下来的不多，传世文献中仅见《古文孝经孔传》和《孝经郑氏解》。出土文献中，河北定州八角廊汉简、甘肃居延肩水金关汉简中有属于《孝经》传注或解说性质的内容。②伊庄画像祠堂题记虽然只是《孝经》中部分内容的传注，但是反映了汉代《孝经》传注类作品的原始面貌，是一份十分珍贵的出土文献资料。

伊庄祠堂题记的书风与《张迁碑》类似，字体严密方整而多变化，朴厚中见劲媚，笔画有波折之势，用笔以方笔为主，方劲朴茂，雅拙沉着，平正中有韵致，苍劲中显奇巧，当属隶书中的成熟之作。

十一、大庙画像祠堂题记

1995年3月，铜山大庙镇发现一处汉画像石墓。该墓为石结构，平面呈长方形，前堂后室，前室东、西两壁为祠堂山墙画像石改建，两块画像

---

① 赵超：《山东嘉祥出土东汉永寿三年画像石题记补考》，《文物》1990年第9期。
② 刘娇：《汉简所见〈孝经〉之传注或解说初探》，载《出土文献》（第六辑），中西书局2015年版。

石上都刻有铭文题记。①

第一石为祠堂的西壁，主要画面为"泗水捞鼎图"，画面边框的右上部有10字题记（图4-13）：

此□室中人马皆食太仓。

"人马食太仓"是汉画像石上常见的题字。山东苍山（兰陵）元嘉元年画像石题记中有"其当饮食就太仓，饮江海"，嘉祥宋山出土的画像石上有"此中人马皆食太仓，饮其江海"，《芗他君祠堂题记》有"此上人马皆食太仓"，安徽褚兰熹平三年邓季皇祠有"上人马皆食"，内蒙古和林格尔汉墓中有"繁阳吏人马皆食太仓"，"上郡属国都尉河西长史吏兵马皆食太仓"。太仓意指国家粮库，陈直先生认为："太仓为汉代太仓令藏粟最多之处，此譬死者食禄不尽。"② 也有学者认为太仓并有"天仓"的含义。③

第二石为祠堂东壁，尺寸与第一石相同。祠堂前立面刻有画像，内容为重檐单阙，画面右侧竖刻一行题记，字径约2厘米。内容为（图4-14）：

起石室立坟直五万二千，《孝经》曰：卜其宅兆而安措之，为家庙以鬼神食享之。

"石室"即祠堂，徐州汉画像石中的祠堂题记皆称祠堂为"石室"，山东画像石习惯将祠堂称为"食堂"。

题记中"孝经曰：卜其宅兆而安措之，为家庙以鬼神食享之"与今本《孝经·丧亲章》"卜其宅兆而安措之；为之宗庙以鬼享之"④ 略有不同。

---

① 徐州博物馆：《江苏徐州大庙晋汉画像石墓》，《文物》2003年第4期。
② 陈直：《汉芗他君石祠堂题字通考》，《西北大学学报（哲学社会科学版）》1979年第4期。
③ 陈路：《汉画榜题"上人马食太仓"考》，《南都学坛》2005年第3期。
④ 《宋刻孝经》（清乾隆内府收藏本影印），天津古籍出版社1987年版，第32页。

图 4-13 "人马皆食太仓"题记

图 4-14 "起石室立坟"题记

题记中"以鬼神食享之",今本《孝经》为"以鬼享之",题记比今本《孝经》多出二字,但二者文义相同。汉代《孝经》主要流传两个版本,一是西汉初年河间人(今河北献县东南)颜芝收藏的版本。颜芝的儿子颜贞用当时通行的隶书文字写成文本,并将其献出,即今文《孝经》。二是汉武帝时,鲁恭王坏孔子旧宅,发现用秦以前文字书写的《孝经》,即古文《孝经》。今、古文本《孝经》的差异并不大,西汉末年,刘向奉诏校官廷藏书,"以颜本比古文,除其繁惑,以十八章为定"[①],确定了后世流行本《孝经》的基本面貌。大庙画像祠堂题记中"孝经曰……"的一段文字,与今、古本《孝经·丧亲章》大同小异,可知汉代在《孝经》的传抄中,各版本稍有不同。

大庙祠堂题记的书风奇特,结体随意而不拘谨,笔画粗细变化不大,直笔较多而曲笔较少,波折没有起伏,隶书中杂有篆意,如"家庙"等字,整体书风有较浓郁的金石镌刻韵味。

十二、"顾君之石"题刻

徐州汉画像石艺术馆2000年在睢宁古邳镇征集一块祠堂后壁画像石,高76厘米,宽95厘米,厚16厘米,画面中间刻简易象形的双阙,双阙两边的题字有篆书"顾君之石"四个大字。笔者原误释读为"观者之石",篆书的"顾"与"观"、"君"与"者"在字形上相近,"顾"由"雇""頁"组成,"观"由"藋""見"组成,两者字义也不同。这里的"顾"当为姓氏,"君"为敬称,"顾君之石"应是顾君石祠堂的意思,"顾"为祠主的姓氏(图4-15)。

祠堂题记中常以祠主的姓氏作为题额,如永兴二年(154年)芗他君祠

---

① (唐)魏徵:《隋书·经籍志》,中华书局1997年版,第935页。

图4-15 "顾君之石"题刻(拓本及描字)

堂的门柱题额:"东郡厥县东阿西乡常吉里芕他君石祠堂。"① "芕"即"乡"字,为汉代姓氏。以"某君之石"作为祠堂的题铭在汉代画像祠堂题记中还是比较少见的。

"顾君之石"的篆书方圆相兼,似在篆隶之间,与马王堆帛书中的写法基本相同。而"君"字中的横画拖延较长,尾端卷曲成云纹,这完全是一种艺术创造。东汉时期,篆书已经从实用的书法演变为装饰性书法,多用于碑额题名。"顾君之石"为东汉篆书碑额研究增加了新的实例。

---

① 罗福颐:《芕他君石祠堂题字解释》,《故宫博物院院刊》1960年第2期。

十三、"作石室直泉五千"祠堂题记

2006年,铜山吕梁发现了一块祠堂后壁画像石,高83厘米,宽91厘米,厚15厘米。画像的中间竖刻一行铭文,上段磨泐不清,下段可辨文字为"作石室直泉五千"(图4-16)。"石室"即石祠堂的意思,"直泉五千"即"值钱五千"。"直"与"值"通,是价格的意思,《正字通·目部》:"直,物价曰直。""泉"即钱的异名,《周礼·地官·序官》"泉府",贾公彦疏:"泉与钱,古今异名。""元和三年"祠堂题记有"直钱万五千",铜山大庙祠堂题记有"起石室立坟直五万二千"。

徐州汉画像石祠堂题记的位置一般刻在祠堂两侧山墙的前立面,有的刻在祠堂后壁,如"永平四年"祠堂题记刻在祠堂后壁的右边,伊庄祠堂题记刻在祠堂后壁的中下方。该祠堂题记刻在祠堂后壁的中间,既吸引观者的注意,又起到分割画面的作用。

"作石室直泉五千"祠堂题记的纪年缺失,从祠堂画像的风格来看,该祠堂的年代为东汉早期。

图4-16 铜山吕梁"作石室"祠堂题记

十四、"下邳终郭乡"画像石题记

该石发现时已残,画面中屋脊上方刻有三头鸟、羽人。画面左上方刻2行文字,字为小隶,字径1.2厘米,字迹秀丽。由于该石左下段已残,左右行文不能连读(图4-17):

　　故下邳终郭乡东石谏议三……
　　传后子孙敬祖先孝顺□门……

下邳为地名,即今睢宁县古邳镇,下邳别称邳国、下邳郡,秦置下邳县,西汉时属东海郡,《汉书·地理志》载:"东海郡有下邳。"东汉永平十五年(72年),"改临淮郡为下邳国",封皇子衍为下邳王。终郭乡当为下邳国属地。"谏议"为汉代官名,秦置,《后汉书·百官志二》载:"谏议大夫,六百石。"《汉书·王莽传下》载:"又置师友祭酒及侍中、谏议、六经祭酒各一人。"汉代诸侯国的官制仿效朝廷,"群卿大夫都官如汉朝"。此谏议可能为下邳国的谏议大夫。铭文首行为介绍祠主的身份,铭文第二行"传后子孙敬祖先孝顺"句,说明该石为祠堂画像。

该题记字径仅1.2厘米,为徐州汉碑刻石中字最小者。该题记字迹工整隽秀,结构缜密严谨,刻工一丝不苟,表现出较高的书法艺术水平。

十五、铜山茅村蔡丘祠堂画像题记

该石于1997年发现,为祠堂右壁残石,上宽下窄,呈梯形,两面有画像。祠堂内壁刻蹶张图,正面刻门吏,在门吏图的上方刻有铭文。画面

图 4-17 "下邳终郭乡"画像石题记

第四章 汉画像石墓阙、祠堂题记 | 151

图4-18 铜山茅村蔡丘祠堂画像题记原石及拓本

上部残缺,内容不可连贯(图4-18):

……宰殒及下大堂用
……作石室,殒用钱卅
……律令。

该石上部残断,从残句分析,"宰"或为官职,或为人名,"殒"同"陨",有陨落的意思,这里作死殁讲。《史记·太史公自序》:"或杀身陨国。"《后汉书·黄琼传》:"念国亡身,陨殁为报。"《武梁碑》:"遭疾陨灵。"《郎中郑固碑》:"遭命陨甚,痛如之何。"沛县出土的《吴岐子根墓记》也有"嘘噏不反,夭陨精晁"。

"作石室"即建祠堂,徐州汉画像石祠堂题记中都将祠堂称为"石室"。"殒用钱卅",结合上下文的文义,应是丧葬的用钱数。"律令"则是当时常用的行文格式,常作"如律令"或"急急如律令"。

十六、"作石室,人马皆食太仓"画像题记

2005年,徐州汉画像石艺术馆征集到一方祠堂侧壁画像石。该石两面刻画,一面为画像,另一面刻铭文。刻字一面高100厘米,宽26厘米,题记竖刻3行,每行字数不等,释读为(图4-19):

□□作石室,人马
皆食太仓,□□太岁
在[丑],□□石工[属][意][好]辟如律令。

"作石室人马皆食太仓"是汉代墓室祠堂题记中的常用语,如铜山大庙祠堂题记中的"此□室中人马皆食太仓"等。"辟如律令"即"法如律令"的

图 4-19 "作石窑,人马皆食人仓"题记

意思。《说文解字》:"辟,法也。"《汉书·匈奴传》:"于是作吕刑之辟。"颜师古注:"辟,法也。"茅村蔡丘祠堂画像石题记中有"律令"二字,这里"如律令"的作用主要是以文告的形式保佑墓主的平安。

第五章 墓室题记、墓志铭

墓室题记与墓志都是刻在墓室中的文字，但二者有根本的不同。墓室题记一般内容简短，只是记有年月或墓主人信息，如河南南阳的郁平大尹冯君孺人画像石墓题记、四川乐山肖坝永平元年崖墓题记等。有的题记内容虽然很长，但主要记述的是墓室画像的内容，如山东苍山（兰陵）元嘉元年画像石墓题记。墓志又称为墓志铭，是一种相对固定的文体，包括墓主人的生卒年月、仕途经历、有韵赞文等内容。墓志与墓碑有相似之处，包括"序""赞"两部分。不同的是，墓志是刻在墓室中，墓碑是立在墓外。徐州汉碑刻石中，既有简单的墓室题记，也有比较成熟的墓志铭。

第一节　墓室题记

　　徐州发现的墓室题记多出自东汉时期的画像石墓中，如古邳镇苗庄石椁墓题记、铜山吕梁"永平十年"画像石题记、"永平十八年"墓门题记、"永元五年"画像石题记等。这些题记内容虽然较短，但大都刻有准确的纪年，为研究画像石墓的年代分期及汉代书体的演变规律，提供了重要的实物资料。

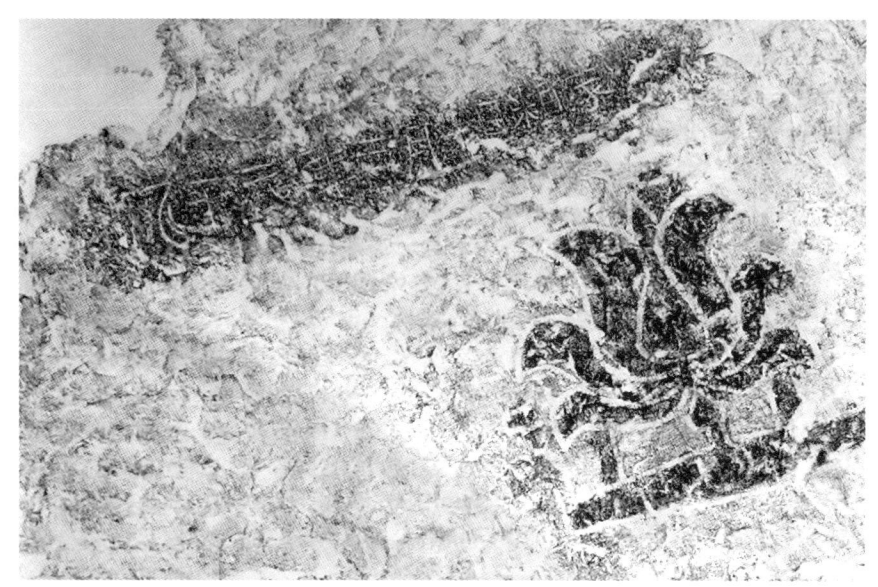

图 5-1 "永平元年"残石

一、"永平元年"残石

2004年,徐州汉画像石艺术馆征集一方"永平元年"画像石残石,该石残高105厘米,宽100厘米,画面下方刻一朵莲花,上方横刻一排文字:"永平元年三月十日頼家……"(图5-1)

"永平"是汉明帝刘庄使用的年号,永平元年即公元58年。该石是目前徐州发现的东汉时期最早的墓室刻石。汉代碑刻的文字一般都是竖排右读,而这方刻石是横排左读,这在汉碑刻石中仅此一例。

二、"永平十年"画像石题记

该石为石椁墓的椁板,2001年在铜山吕梁征集,原石高64厘米,宽264厘米,厚12厘米。画面分为左右两部分,刻画众多人物,表现内容为人物相互拜谒。中间一栏刻有铭文，铭文纵列5行，每行约35字，字径约1.4厘米。铭文段上部磨损，字迹可断续辨识，中段磨损严重，字迹大都不清，下段部分保存较好（图5-2）。

　　……后子纡立用此日
　　[永]平十年三月……于十日……小夏侯多
　　少好者[服]心孝……和[邻]于善，清白不汙（污），于
　　……结节……父丧如礼……卿堂称之室
　　……二……如……

　　第一行上端文字磨泐不可辨识，末行可辨三字。第二行可辨有"永平十年三月"，"永"字虽已磨失，但"平"字清晰可辨，东汉纪年中有"平"字的年号有"永平"（58—75年）、"延平"（106年）、"和平"（150年）、"熹平"（172—177年）、"中平"（184—189年）、"初平"（190—193年）、"兴平"（194—195年），其中年号在10年以上的只有"永平"，"永平十年"为公元67年。下段文字虽较清楚，但上端缺字，不可连读。第三行"和邻于善""清白不汙"等词句，为颂扬墓主人的溢美之词。"汙"通"污"，汉碑中常将"污"写作"汙"，如《礼器碑》有"深除玄汙（污）"。第四行可辨文字中"父丧如礼"较为清晰。第五行文字缺失较多，没有完整词句。

　　西汉末年至东汉初年，徐州地区流行的是画像石椁墓，早期画像石椁墓的雕刻技法为糙面阴线刻，即在石面上保留凿痕，以阴线刻出物象轮廓。该石的雕刻方法为平面阴线刻，即在磨平的石面上用阴线刻出物象的轮廓，显然较糙面阴线刻在雕刻技法上表现得更为成熟。该石的明确纪年对于判断汉画像石墓的变化规律及雕刻技法的使用年代具有重要意义。

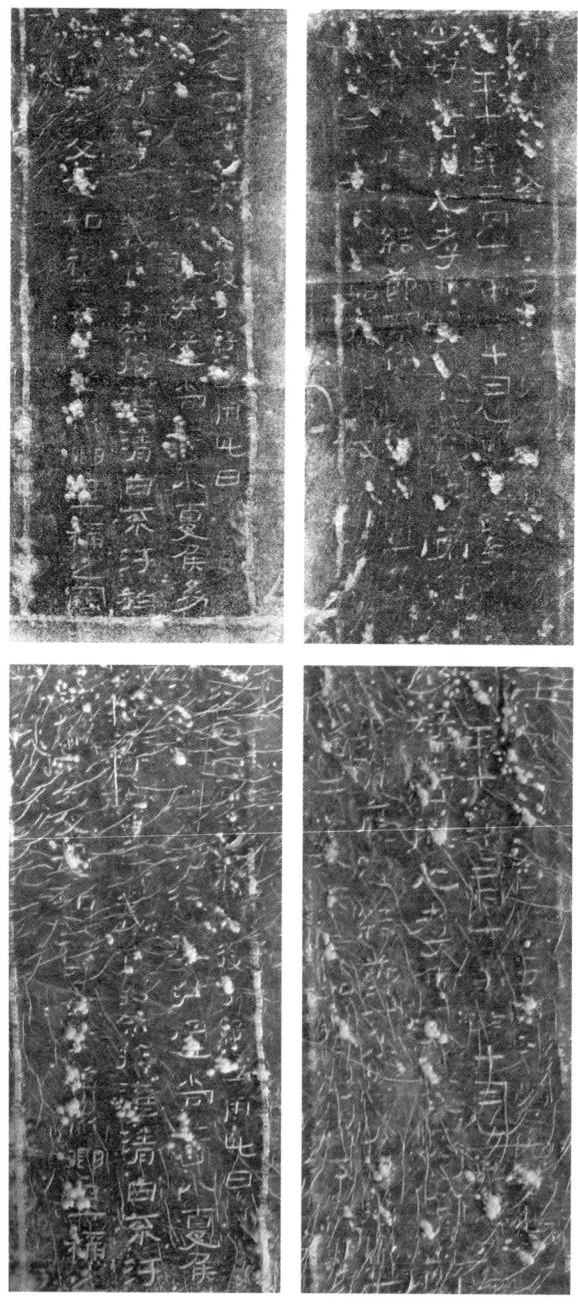

图5-2 铜山吕梁"永平十年"画像石题记

三、"永平十八年"墓门画像题记

2004年,徐州汉画像石艺术馆征集到一方石椁墓的墓门。该石高104厘米,宽93厘米,厚11厘米,墓门左上方有转轴,主要图案为十字穿环,在画面的左上方有2行铭文,内容为(图5-3):

　　永平十八年二月二日
　　成也,石郭(椁)闲好牢坚。

永平十八年为公元75年,"成也"即完成、落成,山东文登汉司马长元石门题记有"建初六年十月三日成",徐州"永宁元年"石柱题记有"□祠毕成,远近来贺"。该墓门已经出现了门枢,表明石椁墓头部档板已经变成可以自由开合的门扉。1984年发现并清理的泗洪重岗的东汉早期画像石椁墓,石椁墓的头档也是开启式

图5-3　"永平十八年"墓门题记

的。① 这说明大约在东汉前期,这一地区的小型石椁墓已经开始向石室墓方向演变。

　　该文字行略凸出画面并做磨平处理,形成文字框,磨平后的文字框还高于画面的地子,显然不是后人伪刻。铭文中的"石郭闲好牢坚"有祈祷墓葬永不被盗之意。"郭"与"椁"字互通,"石郭"即"石椁"。睢宁县古邳镇苗庄发现的石椁墓题记有"李□乡石郭直万当千";山东苍山(兰陵)

---

① 南京博物院等:《江苏泗洪重岗汉画象石墓》,《考古》1986年第7期。

元嘉元年画像石墓题记有"立郭毕成,以送贵亲";《隶释·汉楚相孙叔敖碑》有"病甚临卒,将无棺郭"。"闲好"有关好之意,过去笔者将"闲"字误释为"关"字。①辨识此字,"从门中有木",应释为"闲",《说文解字·门部》:"闲,阑也。"这里有关闭、防御的意思。《广韵·山韵》:"闲,防也,御也。"汉扬雄《太玄·闲》:"闲其藏,固珍宝。"②范望注:"闲,闭也。""牢坚"即牢固、坚固。墓门是防盗的重要设施,这句话与山东滕州建初六年食堂画像题记中的"盗冢者,得毋败坏"、河南南阳冯君孺人画像石墓铭文的"千岁不发"是同样的意思。

四、古邳石椁墓题记

图5-4 古邳石椁墓题记

1978年5月,在睢宁县古邳镇苗庄发现了一座石椁墓。③该石椁墓为双室墓,长200多厘米,高75厘米,椁顶有三块盖板,其中一块刻有"李□乡石郭(椁)直万□千"。该题记当时没有拓片,仅有考古人员的现场临摹图(图5-4)④。该墓出土有铜镜及"大泉五十"钱币,墓葬年代约为王莽时期。该铭文中明确提到"石椁"及其所建的费值,为研究石椁墓的称谓、起源提供了可信的材料。

画像石椁墓是鲁南、苏北早期画像石特有

---

① 武利华:《徐州汉画像石题记初步研究》,载《全国第三届碑帖学术研讨会论文集》,文物出版社2014年版,第16页。
② (汉)扬雄撰,(宋)司马光集注:《太玄集注》,中华书局1998年版,第12页。
③ 李银德:《徐州汉墓的形制与分期》,载《徐州博物馆三十年纪念文集》,北京燕山出版社1992年版,第108页。
④ 此图为当时徐州博物馆考古部夏凯晨现场临摹,感谢馈赠。

的文化现象，它起源于西汉文景时期，流行于王莽及东汉早期。但画像石椁墓题记非常少见，1937年在曲阜韩家铺出土的石椁墓北侧板内壁有篆书题字一行："山鲁市东安汉里禺石也。""禺"字通"寓"，有阴间寓所的意思。该墓的时代为新莽至东汉早期。① 徐州发现的三座石椁墓题记均为新莽或东汉早期，为石椁墓建造的年代提供了准确的文字信息。

五、"永元五年"画像石题记

2010年，徐州汉画像石艺术馆征集到一方车马出行画像石，画像的中间刻3行文字，内容为（图5-5）：

> 永元五年十月十日刻
> 成，以大吉。官属人车马
> 皆食太仓，可以足食。

"永元"是汉和帝刘肇的第一个年号，永元五年即公元93年。"刻成"意指画像石墓的完成。"大吉"即大吉祥，《后汉书·皇甫嵩传》："苍天已死，黄天当立，岁在甲子，天下大吉。"安徽寿县居巢刘君墓前石羊身上刻有"死者藏石羊能愿吉"。"官属"指官员及属吏，"官属人车马皆食太仓"与"此上人马皆食太仓"同义，为画像石题记中的常用语。"可以足食"即衣食无忧。此段铭文是画像石的工师在作品完成后的一段祝词。

"永元五年"画像石题记的书体为隶书，端庄秀丽，折笔处为有棱角的方笔，笔画粗细变化不大，没有"蚕头燕尾"的波磔，"永""刻"等字还有篆书的遗韵，表现出这一时期书体的变化形态。

---

① 蒋英炬:《略论曲阜"东安汉里画象"石》,《考古》1985年第12期。

图5-5 "永元万年"画像石题记

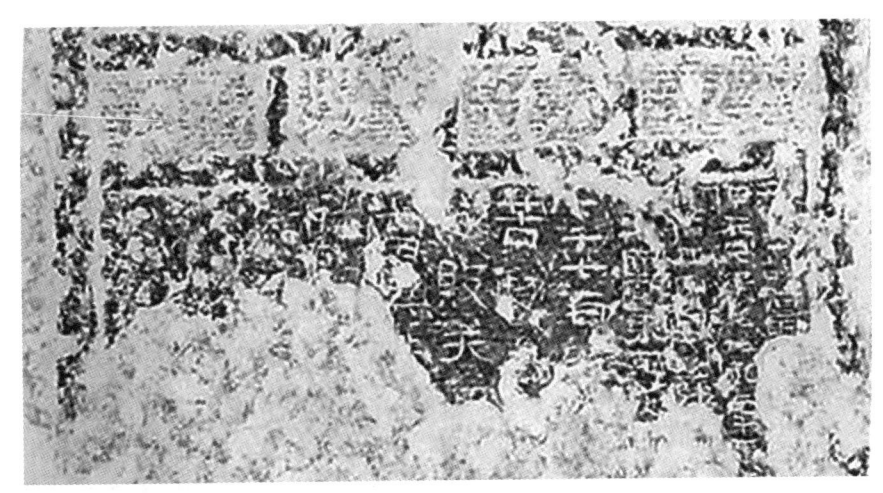

图 5-6 "永元十年"残石

六、"永元十年"残石

2003年,徐州汉画像石艺术馆征集一方"永元十年"画像石残石,现存55厘米见方。文字竖排12行,下半部分已残。该石磨泐严重,从保存的部分中仅可看到"永元十年""七千七百"等文字(图5-6)。"永元十年"即公元98年。该石虽文字现存留不多,但对徐州汉碑刻石的年代体系构成有一定的参考价值。

七、吴岐子根墓记

2001年沛县出土的《吴岐子根墓记》,石高、宽均为40厘米,隶书,有纵界格(图5-7)。题记左侧刻画像,右侧刻边框斜线装饰图案,据称该石2001年出土于沛县东汉墓。[①] 由于不是科学发掘,该碑所在的画像

---

① 卢芳玉:《新见汉代志墓刻铭研究札记》,《中国书法》2004年第11期。

石墓情况并不清楚。《汉碑全集》（五）①、《汉魏六朝碑刻校注》（第二册）②皆录有此碑。题记竖排4行，每行12字不等，共有48字：

> 沛郡故吏吴岐子根，禀命不长，
>
> 凤曜凶灾，嘘噏不反，夭陨精晃。
>
> 年十一，洽在熹平六年，十二月上旬。
>
> 呜呼悲夫。乃假石铭于墓。

这是熹平六年（177年）为沛郡故吏吴岐年仅十一岁早夭之子"吴根"而设的墓志铭。吴岐曾为熹平年间沛郡的掾吏，所以有"故吏"的称呼。

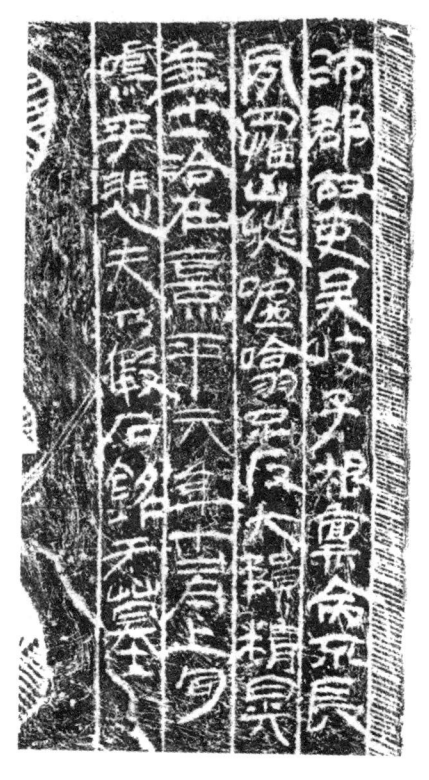

图5-7 《吴岐子根墓记》

东汉有为夭折的儿童树碑立传的习俗，如《童幼胡根碑铭》是建宁二年（169年）蔡邕为陈留太守胡君（胡硕）七岁早夭之子撰写的碑铭③，《袁满来碑铭》是熹平二年（173年）蔡邕为名门之后袁隗年仅十五岁之子袁满来撰写的碑铭，《童子逢盛碑》是光和四年（181年）为年仅十二岁的逢盛所作④。撰写于延熹元年前后的《汉郎中郑固碑》提到郑君长男孟子七

---

① 徐玉立：《汉碑全集》（五），河南美术出版社2006年版，第1638页。
② 毛远明校注：《汉魏六朝碑刻校注》（第二册），线装书局2008年版，第15页。
③ （清）严可均辑：《全后汉文》卷七十六，商务印书馆1990年版，第766页。
④ （宋）洪适：《隶释 隶续》，中华书局1986年版，第114页。

岁而夭,有"嗟嗟孟子,苗而弗毓"的赞语。① 在出土的汉碑刻石中,南阳许阿瞿画像石墓题记是建宁三年(170年)为年仅五岁而夭的许阿瞿所作的墓志铭。② 山东临淄发现的"东汉王阿命"刻石是光和六年(183年)为齐郎王汉特的四岁早夭之子阿命所作的小祠堂。祠堂刻成了内凹的壁龛,小龛的正面刻祠主"王阿"的画像,小龛外右侧的立面上有2行隶书题记:"齐郎(郡)王汉特(持)之男阿命四岁,光和六年三月廿四日物故,痛哉。""王汉特"应是齐郡郎官的名字,阿命是王汉特之子。③

按照《仪礼》的规定,为未成年者服丧时是不应有碑铭的。《仪礼》规定:"丧未成人者,其文不缛……其十九至十六为长殇,十五至十二为中殇,十一至八岁为下殇,不满八岁以下,皆为无服之殇。"东汉末年,立碑盛行,连幼童夭亡也要撰碑,日本学者后藤秋正说:"在墓碑和墓室中的画像石上铭刻哀悼幼儿死亡的文章的做法,试行于东汉建宁年间到光和年间。"④ 幼童的诔文并无复杂的内容可写,汉代对幼童遭疾夭折的哀辞有习惯的用语。如《吴岐子根墓记》中的"禀命不长,凤罹凶灾"与蔡邕书《童幼胡根碑铭》中句子相同;"嘘噏不反,夭陨精晃"与《童子逢盛碑》中句子相同;"乃假石铭于墓"与《袁满来碑铭》中"乃假碑石旌于墓表"意思一样。

八、铜山茅村汉画像石墓题记

1980年8月,笔者陪同俞伟超、信立祥考察茅村画像石墓,二位先生在前室北壁上发现2行题款,字迹大都漫漶不清。经仔细辨识,一段文字

---

① 高文:《汉碑集释》,河南大学出版社1985年,第220页。
② 汤淑君:《许阿瞿画像石墓志》,《中原文物》1991年第2期。
③ 杨爱国:《幽明两界——纪年汉代画像石研究》,陕西人民美术出版社2006年版,第65页。
④ [日]后藤秋正:《蔡邕〈童幼胡根碑铭〉与哀辞——论禁碑所产生的影响》,《佳木斯师专学报》1996年第3期。

为:"熹平四年(175年)四月十三日己酉。"在墓室内通过灯光侧向照明可以看出,字体为隶书,端庄浑厚,与《张迁碑》类似。不过茅村汉墓中的题记磨泐严重,没有拓片和照片的记录。

查《中华日历通典·秦汉—东汉》,熹平四年四月的朔日为丁酉,四月十三日为己酉日。从干支纪月来看,俞伟超、信立祥的释读应该是准确的。茅村汉画像石墓采用前、中、后三室结构,同时有藏阁、回廊,应是身份较高的葬制。前室有画像6幅,主要刻有门吏、异兽、仙人戏麒麟、九头兽、车马出行等;后室有画像12幅,主要刻宴乐对饮、百戏比武、宾主会见、楼台建筑等内容。茅村汉画像墓自1952年发现以来,对它的年代判定一直是比较模糊的,王献唐《徐州市区的茅村汉墓群》只是将它的时代定为东汉。[①] 茅村汉画像石墓纪年文字的发现,对于研究徐州汉画像石墓的年代序列提供了断代标尺。

第二节　彭城相缪宇墓志

1980年,邳县文化馆对燕子埠尤村青龙山南麓一座汉墓进行调查,发现墓内前室横额上镌刻墓主缪宇的姓名、职官、简历及丧葬日期等。1982年春,南京博物院和邳县文化馆共同对燕子埠汉墓进行了调查和发掘。[②]《缪宇墓志》刻在前室通往后室的横额石上,石长465厘米,高52厘米。画面大部分已风化剥落,得以保存的局部亦漫泐不清。后室门上端偏北一侧残存半幅画像,以一重檐屋宇为中心,屋顶刻瓦垄及瓦当,当是死者生前住宅的象征。屋顶栖有珍禽异兽,以示吉祥。右侧屋檐下刻墓志一方。墓志旁边有丧车,仅存半个车轮。墓志部分高41厘米,宽51.5厘米,

---

[①] 王献唐:《徐州市区的茅村汉墓群》,《文物参考资料》1953年第1期。
[②] 南京博物院、邳县文化馆:《东汉彭城相缪宇墓》,《文物》1984年第8期。

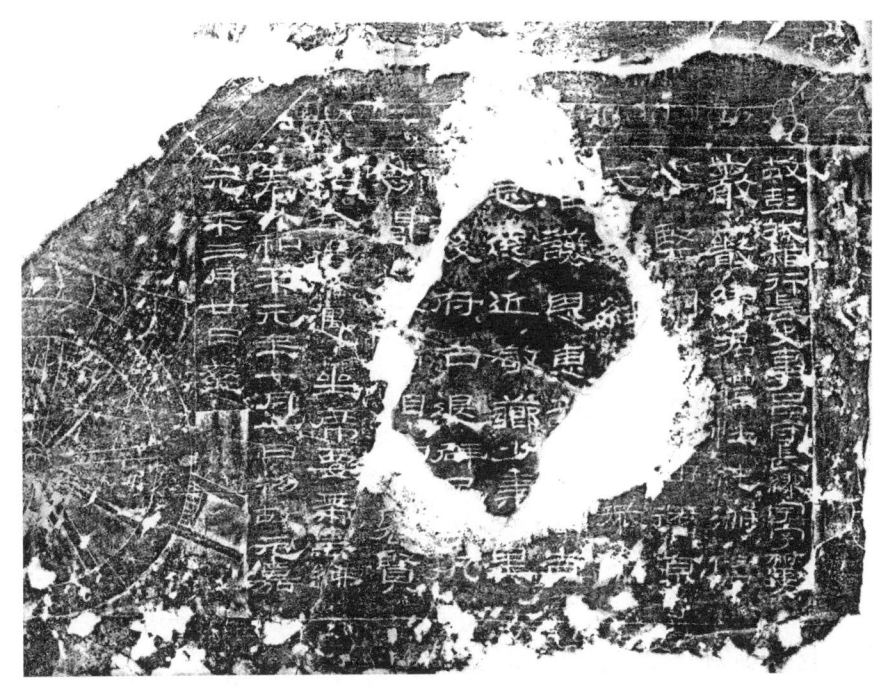

图 5-8 《缪宇墓志》

中部剥落。剥落的一片掉落在墓室泥土中。墓志部分现存徐州汉画像石艺术馆,剥落残片现存徐州博物馆(图 5-8)。

一、墓志释读

《缪宇墓志》为隶书,除部分地方有残缺外,大部分文字保存较好。墓志全文共11行,每行字数不等,首行16字,末行7字,其余大都为9字。满文109字,缺19字。碑文释读如下:

　　故彭城相行长史事吕守长缪宇,字叔异。
　　岩岩缪君,礼性纯淑;信

心坚明，□□□[由]；修京

氏易，经□□□；恭俭

□让，恩惠□□；□□告

念，远近敬艿；少秉□里，

□后府召；退辟吕[守]，执

念间巷；□相□□，见贤

知命；复遇坐席，要带黑绋。

君以和平元年七月七日物故，元嘉

元年三月廿日葬。

1. 故彭城相行长史事吕守长缪宇，字叔异

"故彭城相"句中的"故"是一个多义词，有原来的、死去的等多种意思。这里可以理解为"原彭城相"。"行长史事"句中的"行"本义为"做某事"，放在具体的官职语境中为代理某职。"行某某事"是汉代官员的任用方式之一，通常是因缺官而由官员兼职、代理职务。"行"可以是下代上，也可以是同级别相代，也可以是以上代下。"吕守长"句中的"吕"是县名，为汉代楚国（彭城国）属县。县的人口满万户长官称为"令"，不满万户的称为"长"。"守"是汉代常用的兼职类动词，官员在被任命为某职时往往先试用，称为守。缪宇墓发掘报告将"吕守长"误为"吕长"，很多研究者沿用"吕长"的说法。"故彭城相行长史事吕守长"为缪宇的仕宦经历。

"缪宇，字叔异"句中的"叔"下一字微泐，卢芳玉释为"季"，与字形不类；周晓陆、赵超等人释为"异"（異）；毛远明释为"鼻"，即"冀"，胡可先等在《考古发现与唐代文学研究》中从此说。[①]"异"与"鼻"字形相近，"异"字横笔有五画，"鼻"字横笔有六画，当以"异"字为正。"叔"为

---

① 胡可先、孟国栋、武晓红：《考古发现与唐代文学研究》，浙江大学出版社2014年版，第98页。

兄弟排行中的序列，代表第三。《仪礼·士冠礼》曰："仲、叔、季唯其所当。"郑玄注："伯、仲、叔、季，长幼之称。"①汉代排行在人名"字"中常见，如金日磾，字翁叔；冯参，字叔平；王脩，字叔治；鲍勋，字叔业；许慎，字叔重等。缪宇居家排行老三，所以"字叔异"。缪宇墓附近发现的《缪纡墓志》："缪君者讳纡，字季高。"缪纡排行居四，缪宇为缪纡的兄长。古人的字多与名相互联系，《颜氏家训·风操》曰："名以正体，字以表德。"②"宇"的本义为屋檐，即屋之冠也；"异"本义为头戴假面具，是戴的本字，凡从异取义的字皆与顶戴等义有关。《释名》："异者，异于常也。""异"引申为奇特，与众不同。

2. 岩岩缪君，礼性纯淑

"岩岩"，高峻的样子。《诗经·鲁颂·閟宫》："泰山岩岩，鲁邦所詹。"《小雅·节南山》："节彼南山，维石岩岩。"后世诔文中有用岩岩来形容人的品质，《鲁峻碑》有"岩岩山岳，磊落彰较"，潘岳《世祖武皇帝诔》中有"颙颙缙绅，不谋同辞，岩岩岱宗，想望翠旗"。缪君，即对缪宇的尊称。"礼性"为有礼貌，讲礼节；"纯淑"，美善之意。"礼性纯淑"为赞美之词，班固《幽通赋》有"懿前烈之纯淑兮，穷与达其必济"，《戚伯著碑》有"礼性仁知，约身学事"③，《平都相蒋君碑》有"□性纯清"，《中常侍樊安碑》有"恭必恪淑真"④。

3. 信心坚明，□□□由

"信心坚明"为颂赞之词。《尉缭子·战威》："未有不信其心，而能得其力者；未有不得其力，而能致其死战者也。""坚明"，即坚定明确，《史记·廉颇蔺相如列传》："秦自缪公以来二十余君，未尝有坚明约束者

---

① 李学勤主编：《十三经注疏·仪礼注疏》，北京大学出版社2000年版，第58页。
② 檀作文译注：《颜氏家训译注》，中华书局2007年版，第64页。
③ （清）严可均辑：《全上古三代秦汉三国六朝文》（第2册），河北教育出版社1997年版，第982页。
④ 刘志生：《东汉碑刻词汇研究》，暨南大学出版社2013年版。

也。""信心坚明"后缺四字,最后一字仅剩半字"由",缪宇墓发掘报告、毛远明均释为"侑";卢芳玉释文缺字太多,释为"□□心坚□□□□田"①。

4. 修京氏易,经□□□

碑文中的"脩"字已有漫漶,左面偏旁为"彳",多数释文读为"循"。汉碑中常见"彳"与"亻"相易,如《礼器碑》"修造礼乐"之"修"即为"彳"部首。《乙瑛碑》《曹全碑》《衡方碑》《孟孝琚碑》之"修"也是如此。② 毛远明《汉魏六朝碑刻异体字研究》对《缪宇墓志》中的"脩"字有详考。③ "京氏易"又称《京氏易传》,西汉京房所传,为汉代《易》学重要流派之一,也是中国易学史上象数学派的大宗。东汉传者众多,东汉名臣杨震祖孙三代皆精《京氏易》,经学家郑玄曾入太学攻《京氏易》。曹魏时《费氏易》兴,《京氏易》渐不为人所重。缪宇生活的年代正是《京氏易》最为昌盛之时,缪宇以修治《京氏易》著称。多数释文断句为"修京氏易经",语义无错,但不合四字偶句的句法。"经"后缺三字,应是与"京氏易"相关的偶句。汉代设五经博士,以通经作为进选人才的标准,缪宇因通经入仕。

5. 恭俭□让,恩惠□□

"恭俭"后的缺字疑为"礼"字,此句原典出自《论语·学而》:"夫子温良恭俭让以得之",形容孔子人品恭敬、节俭、谦让。汉代举孝廉,常以廉洁恭俭赞誉人品,《孝廉柳敏碑》有"君清节俭约,厉风子孙",《鲁峻碑》有"敬恪恭俭,州里归称",《汉安长陈君阁道碑》有"思惟俭约,所以利民"。"恩惠"后缺二字,应为赞颂之词。恩惠有恩情、德惠之意。《汉书·宣帝纪》:"及故掖庭令张贺辅导朕躬,修文学经术,恩惠卓异,厥功茂焉。"

---

① 卢芳玉:《新见汉代志墓刻铭研究札记》,《中国书法》2004年第11期。
② 施永安:《汉碑读析》,吉林文史出版社2015年版,第8页。
③ 毛远明:《汉魏六朝碑刻异体字研究》,商务印书馆2012年版,第377—379页。

6. □□告念，远近敬芗

"□□告"后有残字，疑为"念"。"告"与"念"是同义复字，《广雅·释诂》："告，语也。"念，有诵读之意。"芗"通"响"，《汉书·扬雄传》："芗呋肸以棍根兮"；"芗"又通"香"，《荀子·非相篇》："芬芗以送之。"这里，"敬芗"有敬重尊崇的意思。

7. 少秉□里，□后府召

"少"指年龄，"秉"指执持，"里"是乡里，《汉书·食货志》："在野曰庐，在邑曰里。"此句意思是缪宇年轻时聪慧，在乡邑很有名气。"后"字以往释文中没有此字；"府"，这里指公府，御史大夫府、丞相府都是公府；"召"，征召，授以官职。汉代以举贤良征召贤能，由皇帝直接聘请人来做官称为征召，州府召官称为"府召"。

8. 退辟吕守，执念闾巷

"退"有减退、下降之意，"辟"是汉代征官的词汇。阮籍《诣蒋公奏记》："辟书始下"，李善注："辟，犹召也。"《圉令赵君碑》记载赵君"州辟……以兄忧，不至"。"吕"仅存上面的"口"字，"守"为补字，即前文的吕守长。"执"，有主持、掌管的意思，"念"，即念虑的意思。"闾"，里巷之门，《说文解字》云："闾，族居里门也。"闾巷即里巷。宋治民《关于缪宇官职的讨论二则》一文中把"念"释为"宪"，卢芳玉释文中"执"和"巷"字脱，"念闾"释为"悠闻"，皆误。

9. □相□□，见贤知命

"□相□□"句缺字较多，不便多论，周晓陆认为与前文的"故彭城相"有关，宋治民认为此说勉强。"见贤"二字中的"见"以往释文中没有，"见"字右面虽有磨泐，仍可辨出。"见贤"意为见到贤良，《论语·里仁》有"见贤思齐"。"知命"或指年龄，《论语·为政》："五十而知天命"，周晓陆认为"知命"是指缪宇的享年，并由此推断缪宇生于和帝永元十二年（100年）。从前后文的关系来看，应指缪宇50岁召辟任官。汉代50岁仍可推举任官，《太平御览》卷二二九引《汉官仪》："郡孝廉年五十，清修聪明者，光禄上名，乃召拜。"

10. 复遇坐席，要带黑绋

"复遇"，重新的意思；"坐"通"座"，傅毅《舞赋》："陈茵席而设座兮。""坐席"即席位，有官职者可入席就座，《后汉书·戴凭传》："时诏公卿大会，群臣皆就席。"《芗他君祠堂题记》有"坐席未竟，年卅二，不幸早终"。"要带"二字释读分歧较多，周晓陆、赵超、毛远明等释为"要舞黑绋"，卢芳玉释为"娶无□□"①，《汉碑全集》释为"要带黑绋"，笔者认为当以"要带黑绋"为正。《张迁碑》《衡方碑》《孔彪碑》中的"带"与《缪宇墓志》中的"带"相同。"要"通"腰"，《史记·范雎蔡泽列传》："怀黄金之印，结紫绶于要。""带"指革带。"绋"为绳系，《说文解字》："绋，乱系也。"绋有两解，一指牵引棺柩的大绳，《礼记·曲礼上》有"助葬必执绋"；二指印绶，《汉书·丙吉传》："上（宣帝）将使人加绋而封之。"颜师古注："绋，系印之组也。""要带黑绋"应解读为腰上佩戴黑色印绶。

11. 君以和平元年七月七日物故，元嘉元年三月廿日葬

汉代人称死为"物故"。《汉书·苏武传》云："前以降及物故，凡随武还者九人。"注曰："物故，谓死也，言其同于鬼物而故也。"汉碑中往往要记录死者的卒年和葬期。如《袁安碑》："永元四年（三）月癸丑薨，闰月庚午葬。"《袁敞碑》："五年□初二年十二月庚戌薨，其辛酉葬。"《衡方碑》："年六十有三，建宁元年二月五日癸丑卒……其年九月十七日辛酉葬。"《鲁峻碑》："年六十（二），熹（平元年）□月癸酉卒，明年四月葬。"古代的葬期并无严格规定。杨树达《汉代婚丧礼俗考》指出，自始死至葬，其间最近者七日。次者或十日。或十余日至二十日。或二十余日至三十日。或三十余日至四十日。或四十余日至五十日。或五十余日至六十日。或六十余日。或七十余日。或八十余日。或百余日。或二百余日。或三百余

---

① 卢芳下：《新见汉代志墓刻铭研究札记》，《中国书法》2004年第11期。

日。又有迟至四百三十三日始葬者。① 和平元年（150年）七月七日为缪宇的卒日，元嘉元年（151年）三月廿日为缪宇的葬日，其间停柩待葬达八个月之久。

二、《缪宇墓志》的文体格式

墓志是藏在墓室中的刻石，一般是墓碑立在墓外，墓志放在墓内。清人叶昌炽在《语石》中说："刻石之文收之冢，称之墓志。"墓志又有墓石、墓碣、墓记、埋铭、圹志、圹刻、墓版铭等多种称谓。墓志与碑的区别，就在于墓志是埋在地下墓中，而碑是立于地上墓前。墓志在行文时，有相对固定的格式，最后形成一种文体，被称为墓志铭。宋代王应麟在《困学纪闻》卷一三《考史》中引叶少蕴说："则墓有铭，自东汉有之。"《缪宇墓志》虽然没有使用"墓志"的称呼，然而具备了墓志的各方面的特点，可以看作墓志起源的标志。

《缪宇墓志》刻在墓室前堂中间显要的位置，其内容为丧葬时的祭奠之文。墓室的前堂是祭奠死者，与死者最后诀别的地方。墓室中的"堂"也被称为"明堂"，但这里的"明"是"冥"的意思，即冥间的堂。在墓室中举行祭祀活动史书上有记载，《后汉书·礼仪志》："合葬，羡道开通，皇帝谒便房。太常导至羡道，去杖，中常侍受，至柩前，谒，伏哭止如仪。辞，太常导出，中常侍授杖，升车归宫。"② 诸侯王举行葬礼的时候，要由大鸿胪奏诔谥之文。上行下效，诔文并不限于上哀下，黄金明说："诔之初作，本上哀下，及其广也，僚友用之，而以下哀上者，亦往有之。"③ 诔是古代祭文的一个大类，是丧葬赐谥礼仪的一个有机组成部分。缪宇曾任彭城相，依其身份，丧礼中饰终之典应有诔文谥其终。

---

① 杨树达：《汉代婚丧礼俗考》，上海古籍出版社2002年版，第87—97页。
② （南朝宋）范晔撰，（唐）李贤等注：《后汉书·礼仪志》，中华书局1965年版，第3152页。
③ 黄金明：《汉魏晋南北朝诔碑文研究》，人民文学出版社2005年版，第418页。

墓志与诔文有密切的关系。《墨子·鲁问》:"诔者,道死人之志也。"《释名》:"诔,累也,累列其事而称之也。"刘勰指出:"诔者,累也;累其德行,旌之不朽也。"墓碑、墓志铭有韵之文即可称诔,刘勰《文心雕龙·诔碑》曰:"勒石赞勋者,入铭之域;树碑述亡者,同诔之区焉。"诔文或刊碑碣,或启墓志,为死者扬名,为生者树立典范。

诔文的文体格式是先序后铭。刘勰《文心雕龙·诔碑》曰:"夫属碑之体,资乎史才。其序则传,其文则铭。"①序就是墓主之传,其功能是交代死者的家世、身份等。《缪宇墓志》中的"故彭城相行长史事吕守长缪宇,字叔异"即为序。诔文的正文称为铭,以叙德为主,兼叙其哀。《缪宇墓志》篇幅短小,累列缪宇的生平事迹与德行、功美,仅体现了诔文"累其德行,旌之不朽"的主要功能,而未涉及对墓主的哀悼。诔文在语言形式上,主要以"四言句式"为主。刘师培云:"东汉之文,句法较长,即研炼之词,亦以四字成一句。"②《文心雕龙·明诗》曰:"四言正体,则雅润为本。"四言句式适于在庄严肃穆的场合诵读。《缪宇墓志》全篇使用九句四字偶句,每句简洁精练,如"岩岩缪君,礼性纯淑""退辟吕守,执念闾巷""复遇坐席,要带黑绋"等句,为四字对四字的偶对形式,基本上是偶句押韵,音节和谐,表现出诔文的文学性。

《文心雕龙·诔碑》曰:"写实追虚,碑诔以立。铭德慕行,文采允集。"《缪宇墓志》的修辞在虚实之间。在记叙爵里生卒、迁官次第之记载为实,学行政绩之表象形容为虚。墓志铭中的"远近敬芗;少秉口里,口后府召;退辟吕守,执念闾巷;口相口口,见贤知命;复遇坐席,要带黑绋",以文学的语言、精练的句式,表现出缪宇一生的仕宦经历。

墓志是放在墓中的石刻,志文要刊刻于石,由于篇幅有限,写作时必须言简意赅,叙事简要。叶昌炽在《语石》中说:"圹中为地甚隘,所容止

---

① (南朝梁)刘勰著,周振甫注:《文心雕龙注释》,人民文学出版社1981年版,第128页。
② 刘师培:《中国中古文学史 论文杂记》,人民文学出版社1959年版,第117页。

此，故其为文，不过略叙生平梗概。"① 挚虞认为："诗颂箴铭之篇，皆有往古成文，可放依而作，惟诔无定制，故作者多异焉。"② 墓志可长可短，但基本上应包括墓主人姓名、生卒年月、生平事迹、赞语等方面的信息。《缪宇墓志》不仅对墓主的姓名、职官和卒葬年月有详细的介绍，而且志文赞语用了四言韵语写成，蕴含着作者的哀悼之情和褒扬之意，其形制和行文方式都与后世成熟的诔文体墓志颇为接近。

三、《缪宇墓志》的书法艺术

《缪宇墓志》有非常高的书法水平。其碑石打磨平整，字口清晰，大部分字迹保存完好，是汉碑刻石中的精品之作。该墓志的书体为八分隶书，书风纯正，笔意从容，收放有度，笔画瘦劲刚健，波磔锋利。特别惊奇的是，该墓志与著名的《礼器碑》相比十分相似，如出一人之手。《缪宇墓志》现存90余字，大部分在《礼器碑》中能找到相同的文字，两者的间架结构、起笔落笔几乎完全相同，使人难以区分。清代金石学家王澍在《虚舟题跋》中说："隶法以汉为奇，每碑各出一奇，莫有同者。"而《缪宇墓志》与《礼器碑》的书风一致实属罕见。

《缪宇墓志》与《礼器碑》可资比较的有50余字，从中可以看到二者的相同或相似（图5-9）。二碑中有基本相同的异构字，如"彭城"二字在《礼器碑》中出现三次，"彭"字"壴"下面的横笔拉长，"彡"写作三短横；"城"字的偏旁"土"在"成"的左上方，几乎为上下结构，《缪宇墓志》中的"彭城"二字与此如出一辙。又如《缪宇墓志》"叔异"二字为异体字，"叔"为"朩、寸"组合；"异"写作"異"，《礼器碑》中的二字写法与此相同。再如二碑中的"修"皆写作"脩"，"京"字皆写作"亰"。这些字都表

---

① （清）叶昌炽：《语石》，辽宁教育出版社1998年版，第95页。
② （宋）李昉等：《太平御览·卷五百九十六·文部十二》，河北教育出版社1994年版，第692页。

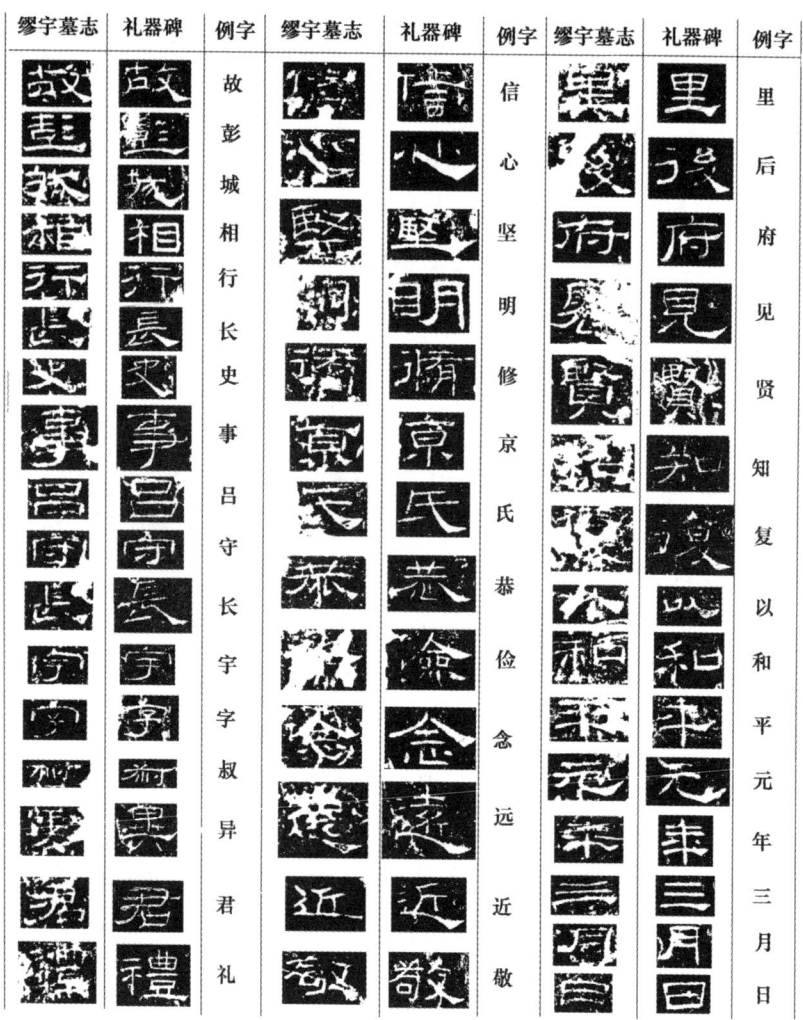

图5-9 《缪宇墓志》与《礼器碑》相同文字比较

现出相同的书写习惯。《缪宇墓志》与《礼器碑》相似的字还有故、君、长、事、守、宇、字、礼、心、氏、恭、远、里、后、府、见、元等,这些字无论是字形还是用笔方法都相差无几。如"故"字,反文的捺笔皆重按,尤显跳跃和节奏变化。"元"字,在《缪宇墓志》中出现3次,在《礼器碑》

中出现16次，横下面的"兀"左撇细而有力，右弯钩如燕尾而灵动。"事"字，笔画方圆向背，多变而和谐。《缪宇墓志》与《礼器碑》在用笔方法上的共同特点是，笔画瘦劲刚健，几乎每一字都有夸张重按的"波磔"。波磔的写法都是逆入平出，呈"蚕头燕尾"状，"燕尾"捺画大多呈方形，且比重较大，与其他瘦劲的笔画构成强烈的视觉对比。

《缪宇墓志》与《礼器碑》字体一致，而章法排列并不相同。《礼器碑》为庙堂之作，正文趋于庄严肃穆，文字排列纵横有序，字距宽，行距密，每字大小相同，充分展现了和谐、端庄、秀美的特征。《缪宇墓志》为纵有序、横无列，行与行之间有一定间距，每字大小不同，字距参差不齐，富于流动感，通篇疏密有致，自然灵动，富有生气。如首行字距甚密，排列了"故彭城相行长史事吕守长缪宇，字叔异"16字，墓志结尾行排列了"君以和平元年七月七日物故，元嘉"14字。中间8行为墓志正文，每行排列9字到10字，字大且字距较疏，尤其是第二行的"岩岩"两字，结体宽宏，骨力遒劲。《缪宇墓志》正文部分的章法特点为行距紧、字距疏，庄正之中流露出松透感，达到了虚实相生、主体突出的节奏美感。这与《礼器碑》碑阴文字大小疏密皆不经意，有一种变化之美的风格非常相似。

《缪宇墓志》与《礼器碑》书风一致，推测其为同一人所书并非完全没有可能。《缪宇墓志》书于元嘉元年（151年）三月，《礼器碑》立于永寿二年（156年），两者书刻的时间相隔不逾五年。缪宇的身份为彭城国国相，《礼器碑》的碑主为鲁相韩敕，彭城国与鲁国相距不到200公里。无论是书写风格，还是时间、距离及碑主的身份，《缪宇墓志》都与《礼器碑》有密切的关联。汉代重要的碑刻都要请著名书家书丹，如《熹平石经》由蔡邕书写。《后汉书·蔡邕传》："奏求正定《六经》文字。灵帝许之，邕乃自书丹于碑，使工镌刻立于太学门外。于是后儒晚学，咸取正焉。及碑始立，其观视及摹写者，车乘日千余两（辆），填塞街陌。"《缪宇墓志》与《礼器碑》的书者应是当时的著名书法家。

四、缪宇是不是彭城相

1980年缪宇墓发现后,《文物》1980年第2期《论徐州汉画像石》首次将《缪宇墓志》拓片刊载发布。1983年,周晓陆撰文《缪宇墓志铭考》,对《缪宇墓志》做以详考。① 《文物》1984年第8期发表的《东汉彭城相缪宇墓》,根据墓志和墓葬形制认为该墓的墓主为东汉彭城相。《文物》1985年第1期刊载了宋治民的《缪宇不是彭城相》,他认为缪宇不是彭城相,而是代理彭城相长史的吕县县长。周晓陆不认同宋治民的观点,在《缪纡墓志读考》一文中做出回应:"缪宇墓志体例甚明,如他非彭城相,自可直书'行徐州长史事吕守长',加上'彭城相'三字岂不抵牾。"② 1995年,宋治民撰文《再谈缪宇不是彭城相》,坚持认为"彭城相秩二千石,以二千石之尊不可能兼任六百石的刺史属吏"。同时认为:"汉制地位高的官员兼任地位低者一般称为'领××'。"③ 杨爱国认为:"从'彭城相行长史事'的文意看,还是定位彭城相更为合适,而且缪宇墓是带'阁室'的前后室墓,画像石上有'守阁吏'榜题,这些都是对他的身份进行分析的有力证据。"④ 2015年,于淼撰文《缪宇墓志中的"要带黑绋"》,认为"要带黑绋"体现的是汉代"服舆"等级制度。《汉书·百官公卿表》:"秩比六百石以上,皆铜印黑绶,大夫、博士、御史、谒者、郎无。其仆射、御史治书尚符玺者,有印绶。"《缪宇墓志》中的"要带黑绋"指的就是缪宇的官职,因此他不可能是"彭城相"。⑤ 有关缪宇是不是彭城相的讨论旷日持久,至今并无定论。

从《缪宇墓志》的全文来看,缪宇确实曾为彭城相,墓志对此说得非

---

① 周晓陆:《缪宇墓志铭考》,《南京博物院集刊》1983年第8辑。
② 周晓陆:《缪纡墓志读考》,《文物》1995年第4期。
③ 宋治民:《宋治民考古文集》,科学出版社2004年版,第258—291页。
④ 杨爱国:《幽明两界——纪年汉代画像石研究》,陕西人民美术出版社2006年版,第10页。
⑤ 于淼:《缪宇墓志中的"要带黑绋"》,《中华文史论丛》2015年第4期。

常清楚。但他并没有在任彭城相的同时兼任长史和吕守长,正确的断句应是"故彭城相,行长史事吕守长"。"故""行""守"这三个表示官职的实词是解读缪宇官职变化的关键。

"故彭城相"的"故"不是病故的意思,是指原来的官位。汉代曾经做过某官,现已失去身份的人称为"故官"或"故吏"。《汉书·昭帝纪》载,始元二年"发习战射士诣朔方,调故吏将屯田张掖郡",颜师古注:"故吏,前为官职者。"《汉书·昭帝纪》又载:"遣故廷尉王平等五人持节行郡国。"颜师古注:"前为此官今不居者,皆谓之故也。"杨树达《词诠》卷三"古称人前官曰'故',生死皆称之"。汉代这样的例子很多,如《史记·李将军列传》,李广赎罪以庶人家居,称"故李将军"。曹操《加枣祗子处中封爵并祀祗令》:"故陈留太守枣祗,天性忠能。"《礼器碑》碑阴中提到捐钱的故官有故兖州从事、故下邳令、故颍阳令、故薛令、故豫州从事、故从事、故督邮、故安德侯相、故平陵令等。

"行""守"是两个兼官动词。"行"是汉代常见的临时兼官,当官职缺位的时候临时以职位低者权摄职位高者称"行某事"。"守"是试用的意思,官员在被任命为某职时往往先试用,称为"守"。也就是说,缪宇作为吕守长可能兼任长史,称为"行长史事",而不可能以下代上为国相。缪宇为彭城相有两种可能:一是以低职向高职递进,先为吕守长、行长史事,后为彭城相;二是可能做了彭城相以后免官再仕,出任彭城长史、吕守长。从《缪宇墓志》的全文来看,第二种可能性更大。

汉代免官再仕的情况非常普遍,如荆州刺史度尚,以父忧后去官再仕;太尉陈球,一生中经历了丧母去官、父病去官、日食免官、地震免官四次去官复仕的经历。汉代官吏的免除有废官和免官两种情况,"废是削除官籍,永不得为官,免职则可复为官吏"[①]。免官后他们仍可以接受皇帝的征召,或通过公府、州郡的辟举而再仕。汉代免官再仕需从低级官吏任

---

① 林剑鸣:《秦汉史》,上海人民出版社2003年版,第108页。

起。如《鲁峻碑》载：(鲁峻)"举孝廉，除郎中、谒者、河内太守丞。丧父如礼，辟司徒府，举高第，侍御史、东郡顿丘令……"鲁峻已仕至郡守丞，因父丧失官，再辟公府，仕途从二三百石的司徒掾属始，后迁侍御史、县令，直至九江太守，司隶校尉。汉代有从"故吏二千石"中选拔征事的制度。《汉旧仪》载："刺史奏幽隐奇士，拜为三辅县令，比四百石，居后六卿；一切举试守令；取征事。"本注："征事，比六百石，皆故吏二千石不以赃罪免，降秩为征事。"①刺史循行州郡时，有义务从"故二千石"中选取有用之才，官秩六百石。《北堂书钞》载："或用故守相、议郎、(郎)中为之，初上称守，满岁拜真。"②二千石官员再仕只能从六百石官吏"降秩"试用。

《缪宇墓志》中"□后府召；退辟吕守，执念闾巷；□相□□，见贤知命；复遇坐席，要带黑绋"是对缪宇免官再仕的描述。"□后府召"即后遇公府召辟，"退辟"含降职重新起用之意。"退辟吕守"与后句的"执念闾巷""复遇坐席，要带黑绋"意思连贯。"复遇坐席"即重新任官。"要带黑绋"即腰戴黑色印绶。"绋"是系印的绶带，《汉书·百官公卿表》载："凡吏秩比二千石以上，皆银印青绶，光禄大夫无。秩比六百石以上，皆铜印黑绶。"印绶为权责的象征物，缪宇为彭城相时，其印绶为"银印青绶"，行长史事吕守长时，印绶为"黑绶"。"铜印黑绶"为六百石以上官吏所佩，郡国长史官秩六百石，吕长的官秩只有四百石，缪宇再仕后的官职为彭城国长史，吕守长是其兼任之职。

《缪宇墓志》中没有提到缪宇免去彭城相的原因。汉代官吏贬秩降职的原因很多，特别是东汉中期以后，皇权旁落，外戚、宦官轮流专权，免官制度趋于混乱，"天下牧守多其宗亲旧故，及受货贿，有诏特拜，不由选试，

---

① （清）孙星衍等辑：《汉官六种》，中华书局1980年版，第38页。
② （隋）虞世南：《北堂书钞》，天津古籍出版社1965年版，第250页。

乱生弥甚"①。有许多免官的原因是连坐。宋人曾巩说:"夫铭志之著于世,义近于史,而亦有与史异者。盖史之于善恶无所不书,而铭者,盖古之人有功德、材行、志义之美者,惧后世之不知。"②墓志、碑文有"称美不称恶"的礼制要求,故《缪宇墓志》中没有出现贬低之词。

  与缪宇仕宦经历相同的是西河太守杨孟元。陕西绥德苏家圪坨永元八年(96年)杨孟元墓题记有"西河太守行长史事离石守长杨君孟元舍"③的内容。郑红莉认为:"缪宇的仕宦经历与杨孟元相同,代行官秩逐渐变低。……杨孟元曾任西河太守之职并行长史事,离石守长是后任之职,其卒葬时官职为离石守长。"④"故官"虽然不再享受朝廷俸禄,但还有高官身份的礼遇。"故吏二千石"往往还能参与一些礼仪活动。《后汉书·礼仪志》记述国家发生大丧时,"百官五日一会临,故吏二千石、刺史、在京都郡国上计掾史皆五日一会"。缪宇的原职为彭城相,所以其墓葬的葬制较高,为带阁室的回廊结构。

  从新发现的《彭城相袁贺府君教碑》(《府君教碑》)来看,缪宇卒时已不是彭城相。据《府君教碑》载,东汉建和二年(148年)彭城相为袁贺,袁贺离任彭城相的时间缺载。缪宇卒于和平元年(150年),此时的彭城相尔有可能还是袁贺。如果说是缪宇接任袁贺为彭城相,总不能一上任就去世。根据墓志的记载,结合汉代用官制度,缪宇原为彭城相,官秩二千石。去官后遇府召,再仕为行长史事吕守长,官秩六百石或四百石。汉代墓志墓碑的题额中,往往将墓主一生中任职的最高官位放在前面,所以《缪宇墓志》的首行文字为"故彭城相"。缪宇为彭城相的时间应在汉桓帝建和二年以前。

---

① 胡国珍辑著:《历朝四百五十人传记·李固传》(上),北京燕山出版社1991年版,第355页。
② (宋)曾巩:《寄欧阳舍人书》,文渊阁《四库全书》影印本,第1404册,第584页。
③ 绥德县博物馆:《陕西绥德汉画像石墓》,《文物》1983年第5期。
④ 郑红莉:《陕北汉画像石所见职官考述》,载西安碑林博物馆编《碑林集刊》(十一),陕西人民美术出版社2005年版,第279页。

第三节　徐州从事缪纡墓志

《徐州从事缪纡墓志》又称《缪纡墓志》《永寿元年徐州从事墓志》《徐州从事武原长缪纡墓志》《缪纡明堂铭》等。1982年，在邳州燕子埠青龙山南麓、缪宇墓东南约120米处一座石桥上，发现了一块完整的墓门楣石，门楣石长152厘米，高37厘米，厚17厘米，质地为砂岩。墓志镌刻在门楣正中偏右的位置（图5-10）。据调查，早年在附近曾拆除过一座汉画像石墓。墓葬规模大体与缪宇墓相当，原有几块画像石已被农民截成若干小块改作建筑材料。

一、墓志释读

《缪纡墓志》被发现后，立即引起学术界的关注。李银德、陈永清的《东汉永寿元年徐州从事墓志》，周晓陆的《缪纡墓志读考》，卢芳玉的《新见汉代志墓刻铭研究札记》，毛远明的《汉魏六朝碑刻校注》等，都对墓志碑文进行了辨识。[①] 由于墓志的上半部分磨泐，志文辨读不易，周晓陆依据原石拓片进行勾摹辨识，释读文字最多。该墓志共17行，每行10—20字不等，共应有257字，完全缺失26字，尚存（含可辨残字）231字。

缪君者讳纡字季高。幼声州署郡仕，周竟徐州从事、
[武]原长，行事民四俍望。殁年七十一，永寿元年太
□在乙未、十二月丙寅遭疾终卒，至丙申十月
□□成葬。夫周迄于乙巳，夫人亦七十一，七有[闰]

[①] 李银德、陈永清：《东汉永寿元年徐州从事墓志》，《文物》1994年第8期；周晓陆：《缪纡墓志读考》，《文物》1995年第4期；卢芳玉：《新见汉代志墓刻铭研究札记》，《中国书法》2004年第11期；毛远明校注：《汉魏六朝碑刻校注》（第一册），线装书局2008年版，第251—253页。

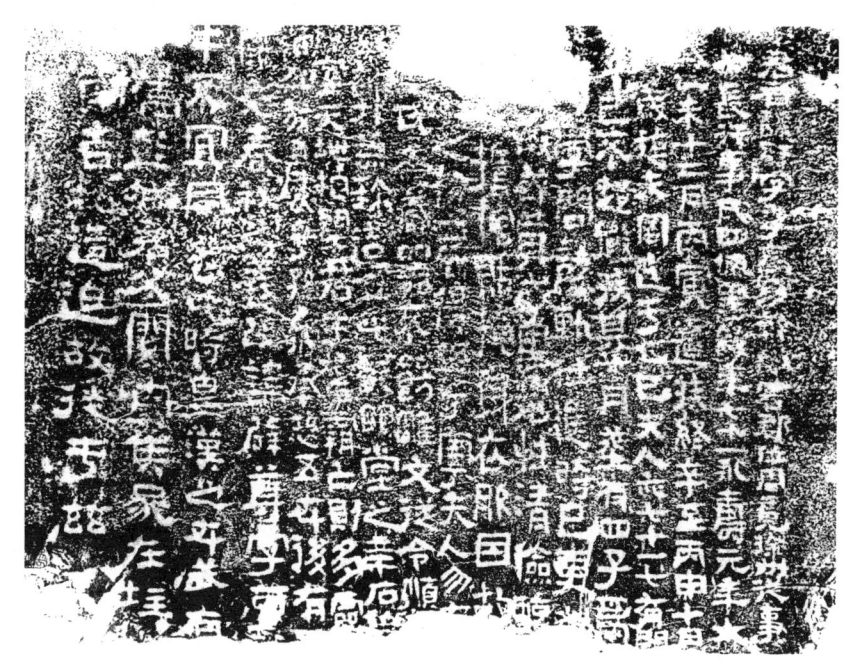

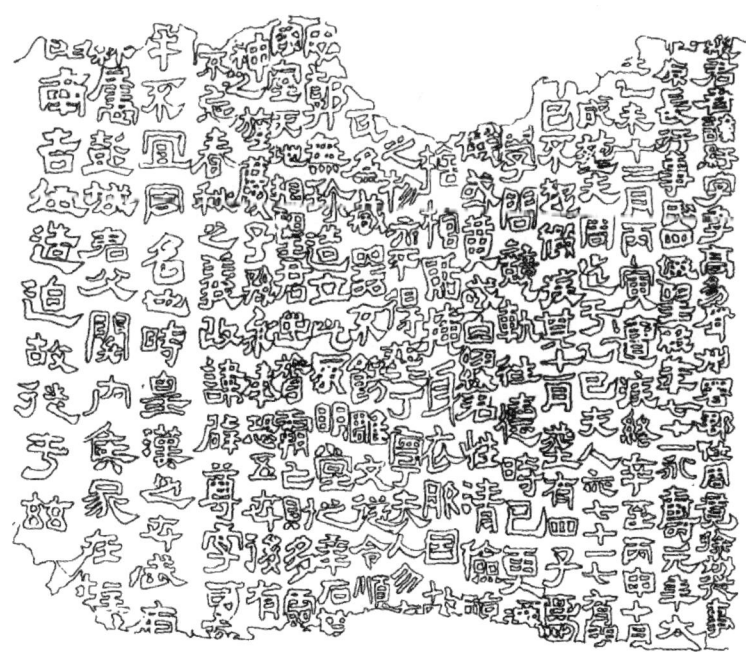

图5-10 《缪纡墓志》拓本及描字

□丁巳,不起假疾,其十一月葬。有四子焉。
□□□学问,竞轨往德,时已更[迁],
□□□仪,或黄或白。缪君性清俭[醇],
□□□舍,棺贴掩身,衣服因故,□
□□□之物,亦不得葬,丁宁夫人,勿[有]
□□,瓦为藏器,不饰雕文,从令顺□,
安郭无珍。造立此冢,明堂之辛,石[也]
家室,天地相望,君逆膂霸,亡则多灵,
□神之旌荐,子孙永奉,恐五世后有□
□□,不忘春秋之义。改讳辟尊字,可□
□才,不宜同名也。时皇汉之世,武原
[县]属彭城,君父关内侯,冢在垙□
[比]南吉位造迫,故徙于兹。

"缪君者讳纡字季高"即缪纡,字季高。① 古以伯、仲、叔、季排行,季指同辈中最小的。《缪宇墓志》中"缪宇,字叔异",缪宇当为缪纡的兄长。"纡""宇"同音,这里"纡"的读音很可能为乌侯切,平声,《集韵》曰:"纡,阳纡,山名。"正好与"字季高"意相同。

"幼声州署郡仕②,周竟徐州从事、[武]原长,行事民四徦望。""幼"是开始的意思,《管子·幼官》有"幼官",尹志章注:"幼,始也。""声",声称,宣布。"州署郡仕"为州署中的属官,《礼记·曲礼》:"四十曰强,而仕。"陈澔注:"仕者,为士以事人,治官府之小事也。""周竟徐州从事"中的"周竟"为终官,"从事"为州郡长官僚属,《后汉书·百官志》记州

---

① 李银德、卢芳玉二人释为"缪红",周晓陆、毛远明二人释为"缪纡";"字季高",李银德、卢芳玉释为"字季",毛远明释为"字季高"。
② 李银德释为"为其徐州客郡位",卢芳玉释为"□□□□客郡位",毛远明释为"为其徐州署郡仕"。

郡"皆有从事史"。武原为东汉彭城国属县,《后汉书》载:汉县,"大者置令一人,千石;其次置长,四百石;小者置长,三百石"。缪纡初为州郡仕,终官为徐州从事,武原长。"行事民四叚望"①,"行事"谓行为、事迹;"叚"为远的意思,同"遐",《吴仲山碑》中有"惟公德美,布惠州里,远近遐求"。《金乡长侯成碑》有"遐迩仕仁,祁祁填街"。周晓陆断句"武原长行事",将"行事"解读为"兼职",认为缪纡"生前最后官职为徐州从事兼武原长"。

"殁年七十一,永寿元年太□在乙未、十二月丙寅遭疾终卒,至丙申十月□□成葬②。""永寿元年太"之后缺字当为"岁"。永寿元年(155年)太岁纪年为乙未年,"十二月丙寅"为初七日,为缪纡的卒年。丙申即永寿二年(156年),"成葬"于永寿二年十月,其间暂厝十一个月。缪纡"殁年七十一",当生于建初九年(84年)。

"夫周迄于乙巳,夫人亦七十一,七有[闰]□丁巳,不起假疾③,其十一月葬。有四子焉。""周""迄"同有终殁的意思,乙巳年为东汉灵帝延熹八年(165年)。"七有闰"之后缺字当为"月",延熹八年有闰七月,丁巳日即廿四日。"假"通"瘕",疾病。《诗经·大雅·思齐》曰:"肆戎疾不殄,烈假不瑕。"郑玄笺:"厉假皆病也。"孔颖达疏:"郑读'烈假'为'厉瘕',故云皆病也。"《说文解字》曰:"瘕,女病也。""不起假疾"谓因病而终。

"□□□学问,竞轨往德④,时已更[迁],□□□仪,或黄或白⑤"为四字有韵铭文,赞缪纡的道德品行。"竞轨往德"指道德高尚。"竞"为强,盛,《尔雅·释言》曰:"竞,强也。"《增韵·敬韵》曰:"竞,盛也。""轨",

---

① 李银德释为"民四佩里",卢芳玉释为"民四佩□",周晓陆、毛远明释为"民四叚望"。
② "成葬"二字,李银德、毛远明释为"岁旋"。
③ "不起假疾",李银德释为"不橙彻疾",卢芳玉释为"不澄□疾",毛远明释为"不□假疾"。
④ 李银德释为"□轨往时",卢芳玉没有释读,毛远明释为"竞轨两德"。
⑤ 李银德、毛远明释为"或黄或黑",卢芳玉没有释读。

指高尚的道德,《后汉书·桥玄传》载:"故太尉桥公,懿德高轨。""或黄或白",出自《诗经·小雅·裳裳者华》"裳裳者华,或黄或白",是对西周贵族仪容的赞美。"时已更[迁],□□□仪,或黄或白",言时光流逝,缪纡风姿仪容未改。

"缪君性清俭[醇]①,□□□舍,棺贴掩身②,衣服因故,□□□□之物,亦不得葬,丁宁夫人,勿[有]□□,瓦为藏器③,不饰雕文④,从令顺□,安郭无珍⑤。"此因四字有韵铭文,赞缪纡的廉俭。"性清俭[醇]","淳"为阙文后补字,"清",纯洁也,"俭",居处节俭也。汉碑中常见以"清俭"之词赞誉碑主,如《樊敏碑》的"耽古俭清",《孝廉柳敏碑》的"清节俭约",《鲁峻碑》的"敬恪恭俭",《汉安长陈君阁道碑》的"思惟俭约"等。

"棺贴掩身,衣服因故"中的"贴"字有蚀痕,周晓陆释为"赋","赋"为"蚀"的异体字,在此无讲。"贴"与字形相类,字义也讲得通。《礼记·檀弓上》载:"葬也者,藏也。藏也者,欲人之弗得见也。是故衣足以饰身,棺周于衣,椁周于棺,土周于椁。""衣服因故",《后汉书·梁统传》载:"敛以时服,皆以故衣。""□□□□之物,亦不得葬",《后汉书·顺帝纪》:"遗诏……珠玉玩好皆不得下(葬)。"曹操的《遗令》中也有"敛以时服,无藏金玉珠宝"等语。

"丁宁夫人,勿[有]□□,瓦为藏器,不饰雕文,从令顺□,安郭无珍。"此为缪纡的遗嘱。"丁宁"即"叮咛",《汉书·谷永传》:"以丁宁陛下,厥咎不远。"颜师古注:"丁宁,谓再三告示也。""瓦为藏器,不饰雕文,从令顺□,安郭(椁)无珍",皆为简葬之语。

---

① "缪君"二字,李银德、卢芳玉没有释出,毛远明没有释出"缪"字。
② 李银德释为"棺照掩身",卢芳玉释为"□□□身",毛远明释为"棺□掩身"。
③ 李银德释为"氏为藏丧",卢芳玉释为"氏为藏□",毛远明释为"瓦为藏器"。
④ 李银德释为"葬节雕文",卢芳玉释为"□□□文",毛远明释为"不饰雕文"。
⑤ 李银德、卢芳玉释为"□林荒珍",毛远明释为"安郭无珍"。

"造立此冢①，明堂之辛②，石[也]家室③，天地相望。君逆膂霸④，亡则多灵，□神之旌荐⑤。子孙永奉⑥，恐五世后有□□□，不忘春秋之义⑦。"

"造立此冢"意思明确。"明堂之辛"，明堂即祠堂，《后汉书·独行传·范冉》："其明堂之奠，干饭寒水，饮食之物，勿有所下。""辛"与"新"通假，《尔雅·释天》："辛，新也。物初新者皆收成也。"《说苑·政理》："不辛官室以费财。"

"君"，指缪纡；"逆"，迎接，《费凤碑》："棺柩车哀，以而逆之。""膂"的本义为脊背，引申意为肉，《广雅·释器》："膂，肉也。""霸"通"魄"，《说文通训定声·豫部》："魄，假借为霸。"《说文解字》："魄乃阴神。""膂霸"有魂魄的意思。

"亡则多灵，□神之旌荐。""灵"，魂也。"旌"，铭也。《礼记·檀弓下》："铭，明旌也。以死者为不可别已，故以其旗识之。"《荀子·礼论》："祭祀，敬事其神也。其铭、诔、系世，敬传其名也。""荐"，这里指祭祀，《礼记·祭义》："奉荐而进。"《谷梁传·桓公八年》范宁集解："无牲而祭曰荐。"人死以后鬼魂众多，为识别死者身份，故要刻铭、祭祀，以备"子孙永奉……不忘春秋之义"。

"改讳辟尊字⑧，可□□才，不宜同名也。"周晓陆认为，缪纡原名有可能是"缪缵"，因避汉质帝刘缵之讳，中年以后更名。"缵有继、聚等义，与纡意近。"⑨此说可备为一考。

---

① 李银德释为"造□戴花"，卢芳玉释为"造□□□"，毛远明释为"造立此冢"。
② 李银德释为"明堂之卒"，卢芳玉、毛远明皆释为"明堂之辛"。
③ 李银德、毛远明释为"石□□宫"，卢芳玉释为"石□□□"。
④ 李银德释为"君王□霸"，卢芳玉释为"君□□霸"，毛远明释为"君王奋霸"。
⑤ 李银德释为"□□旧庆多"，卢芳玉未释出，毛远明释为"□神之旌荐"。
⑥ 李银德释为"孙义承"，卢芳玉未释出，毛远明释为"子孙永奉"。
⑦ 李银德释为"□□春秋之义"，卢芳玉释为"□□春秋□□"，毛远明释为"不忘春秋之义"。
⑧ 李银德、卢芳玉释为"□讳辟尊字"，毛远明释为"改讳辟尊字"。
⑨ 周晓陆：《缪纡墓志读考》，《文物》1995年第4期。

"时皇汉之世,武原[县]属彭城,君父关内侯。冢在垈□①,[比]南吉位造迫②,故徙于兹。""皇汉",指汉皇室,"武原"指彭城武原县。"君父关内侯","君父"指缪纡之父,"关内侯"为爵位名,为二十等级之第十九级,位于彻(列)侯之次,有其号,无国邑。《后汉书·百官志》:"关内侯,承秦赐爵十九等……无土,寄食所在县。"缪纡之父寄食武原县,其家族茔地在今邳州燕子埠青龙山南麓。"冢在垈□","垈"即"杜"字,同"封"。《玉篇·土部》:"杜,古文封。"封即冢上封土,《盐铁论·散不足》:"古者不封不树,及其后则封之。""[比]南吉位造迫,故徙于兹","比"为紧密之意,《诗·周颂·良耜》:"其比如栉。""迫",靠近、狭窄的意思,谓茔域面积紧迫,因此稍迁到应有的位置。

二、《缪纡墓志》的文体格式

《缪纡墓志》的文体格式与《缪宇墓志》相同,先序后铭。《缪纡墓志》满文有257字,比《缪宇墓志》多148字,作为墓志文,《缪纡墓志》提供的信息多于《缪宇墓志》。

《缪纡墓志》"序"的部分有93字,《缪宇墓志》仅有16字,《缪纡墓志》中的序不仅记述了缪纡的官职身份、卒年、葬年,还记述了缪纡夫人的卒年及家有四子的情况。缪纡卒于永寿元年(155年)十二月七日,葬于永寿二年(156年)十月。缪纡夫人卒于延熹八年(165年)闰七月二十四日,葬于同年十一月。汉代祠堂题记、墓室题记、墓碑、墓志往往先刻墓主的卒年、卒月、卒日。汉代的纪年法主要采用的是年号纪年法,有的在年号后加上太岁纪年,即用太岁所在十二辰对应的岁名纪年。纪月多采用数字纪月,少见干支纪月。纪日采用数字纪日或干支纪日。《缪纡墓志》的纪

---

① 李银德、卢芳玉皆释为"冢左垈□",毛远明释为"冢在垈"。
② 李银德、卢芳玉、毛远明释文"比南"二字未释出,将"南"释为"曰",毛远明释"吉位"为"古地"。

年、纪月、纪日形式多样，缪纡的卒年用了年号纪年加上太岁纪年，卒月用数字纪月，卒日用干支纪日（永寿元年太岁在乙未、十二月丙寅）；葬年、葬月用干支纪年和数字纪月。缪纡夫人的卒年用的也是干支纪年。方国瑜说："刻石用干支纪年之风，桓、灵以后始盛。……以十二支纪月，未获见于汉碑，其纪月之法，大都用数名。"①《缪纡墓志》所使用的纪年、纪月、纪日法，正反映了这种时风。

中国古代的历法采用的是阴阳合历，为了解决阴历与阳历回归年的长度差，设置了闰月，规定了把没有中气的那个月份作为闰月，即19年闰7个月。汉代纪月在表现闰月时，往往只书写"闰月"，而省略"闰某月"，如山东永初七年《戴氏享堂题记》"以永初七年闰月十八日始立成"，绥德四十里铺《田鲂墓题记》"永元四年闰月廿六日甲午卒上郡白土，五月廿九日丙申葬"，《袁安碑》"永元四年三月癸丑薨，闰月庚午葬"，《李冰石像铭刻》"建宁元年闰月戊申朔廿五日"等。缪纡夫人的卒年为丁巳年，该年后七月为闰月，铭文直接书写了"七有闰囗（月）"，与《中华日历通典·秦汉—东汉》推步相同。

《缪纡墓志》的第二部分为"铭"，这部分有165字，主要是以韵文的形式赞颂缪纡的勤俭和简葬。"铭"是墓志中的主体，所叙内容多用有韵之文，诵读起来朗朗上口。《缪纡墓志》中的"铭"，并非全部都是虚赞之词，其中一段是缪纡的遗训："丁宁夫人，勿有囗囗，瓦为藏器，不饰雕文。从令顺囗，安郭（椁）无珍。"遗训是已故之人对自己死后之事的直接安排，其内容一般会涉及丧葬事宜。汉代厚葬久丧之风盛行，王符《潜夫论·浮侈》载："今京师贵戚，郡县豪家，生不极养，死乃崇丧。"②崔寔《政论》曰："念亲将终，无以奉遣，乃约其供养，豫修亡殁之备，老亲之饥寒，以事淫法之华称，竭家尽业，甘心而不恨。"③制约厚葬之风的有效

---

① 方国瑜：《方国瑜文集》（第四辑），云南教育出版社2001年版，第115页。
② （汉）王符：《潜夫论》，中华书局1997年版，第20页。
③ （汉）崔寔：《政论》，上海人民出版社1976年版，第22页。

办法一是通过皇帝颁布法令禁止厚葬，二是死者本人的遗嘱、遗训实行简葬。西汉时期，文帝遗诏有简葬令："厚葬以破业，重服以伤生。"东汉建武七年（31年），光武帝刘秀诏书天下："世以厚葬为德，薄终为鄙，至于富者奢僭，贫者殚财，法令不能禁，礼义不能止，仓卒乃知其咎。其布告天下，令知忠臣、孝子、慈兄、悌弟薄葬送终之义。"①在汉代的厚丧与简葬两种社会风气的斗争中，许多贤明士大夫选择了简葬并立有遗训，交代子孙从简办埋后事。如西汉贤大夫龚胜的遗训："以棺敛丧事，衣周于身，棺周于衣。"②杨王孙的遗训："吾欲裸葬，以反吾真，必亡易吾意。死则为布囊盛尸，入地七尺，既下，从足引脱其囊，以身亲土。"③东汉周磐建光元年（121年）的遗训："若命终之日，桐棺足以周身，外椁足以周棺，敛形悬封，濯衣幅巾。"④赵咨的遗训："但欲制坎，令容棺椁，棺归即葬，平地无坟。勿卜时日，葬无设奠，勿留墓侧，无起封树。"⑤永和六年（141年）梁商敕子冀的遗训："气绝之后，载至冢舍，即时殡敛。敛以时服，皆以故衣，无更裁制。殡已开冢，冢开即葬。祭食如存，无用三牲。"⑥《缪纡墓志》中的叮咛夫人"瓦为藏器，不饰雕文"，与当时具有先进思想士大夫的简葬意识一致。

《缪纡墓志》中除了有简葬的遗训外，还有对后世子孙修身养德的垂训，即"恐五世后有□□□，不忘春秋之义"。"春秋之义"泛指《春秋》经传中通行的义法，在不同的语境中所指的内容不同。在此志中，"春秋之义"与父母之丧有关，董仲舒《春秋繁露·郊祭》曰："春秋之义，国有大丧者，止宗庙之祭而不止郊祭。不敢以父母之丧，废事天地之礼也。"⑦这

---

① （南朝宋）范晔撰，（唐）李贤等注：《后汉书·光武帝纪》，中华书局1965年版，第51页。
② （汉）班固撰，（唐）颜师古注：《汉书·两龚传》，中华书局1962年版，第3085页。
③ （汉）班固撰，（唐）颜师古注：《汉书·杨王孙传》，中华书局1962年版，第2908页。
④ （南朝宋）范晔撰，（唐）李贤等注：《后汉书·周磐传》，中华书局1965年版，第1311页。
⑤ （南朝宋）范晔撰，（唐）李贤等注：《后汉书·赵咨传》，中华书局1965年版，第1315页。
⑥ （南朝宋）范晔撰，（唐）李贤等注：《后汉书·梁商传》，中华书局1965年版，第1177页。
⑦ （汉）董仲舒撰，赖炎元注译：《春秋繁露今注今译》，台湾商务印书馆1984年版，第375页。

里面包含着尊天之道的义理。在经学文化的影响下，汉代的家训遗嘱往往引经据典。《缪纡墓志》中将家训遗嘱刻在墓室的明堂位置，就是为了将"静以修身，俭以养德"的品格传承于后世。

《缪纡墓志》是一篇比较成熟的墓志文，具有较强的文学色彩，文笔简洁凝练而寓意深长。在修辞手法上使用对偶、整散句搭配，注意到了整、散句结合，以此防止过多堆砌整句，产生单调、呆滞的感觉。墓志用韵锤炼，不是一韵到底，而是在中间转韵。如周晓陆所说："志两次转韵，前押'德、白'等字，后押'醇、身、人、文、珍、辛、望、灵、奉'等字。"[①]这一手法增添了志文的骈俪美、错综美、音韵美。

---

① 周晓陆：《缪纡墓志读考》，《文物》1995年第4期。

第六章
《府君教碑》与《黄石公镇墓刻石》

徐州新发现东汉时期的汉碑刻石，绝大多数是祠堂、墓室中的题记。由于祠堂、墓室空间的限制，这些题记大都文字较小，篇幅不长，内容多与丧葬文化有关，缺少有关政治、宗教方面的内容。新近发现的《府君教碑》与《黄石公镇墓刻石》，不仅碑石保存较好，而且篇幅较长，内容丰富。《府君教碑》是彭城相袁贺颁布的有关伐薪采石方面的禁令，《黄石公镇墓刻石》是假借黄石公的名义，以"五方注"的方法对病瘤灾异现象进行镇厌的碑文。两篇碑文对于研究汉代的文书制度、法律条令，以及道教的镇厌瘤疾、解除方法等诸多方面，有重要意义。

第一节　袁贺《府君教碑》

2010年，在安徽宿州埇桥区栏杆镇大塈村发现一方完整的汉碑，现藏于徐州博物馆。栏杆镇位于今徐州市南40千米，为汉代楚国（东汉彭城国）甾丘县属邑。该碑为长方形，高160厘米，宽44厘米，厚10厘米，碑身上部为碑文部分，高82厘米，碑身下部凿刻粗糙，应为埋入土中部

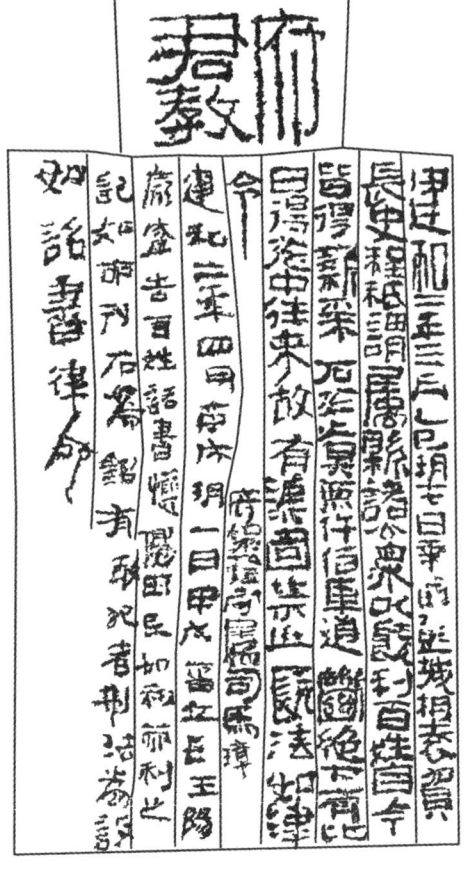

图6-1 《府君教碑》摹本

分。额题有"府君教"3字,正文9行,每行字数不等,计158字,每行有界栏。该碑保存完好,内容丰富,有十分重要的学术价值(图6-1)。

一、碑文考释

该碑保存完好,没有缺字漏字,但部分碑文漫漶,释读比较困难,经仔细辩读，初步释读为：

> 府君教
>
> 建和二年三月乙巳朔十七日辛酉，彭城相袁贺、长史程祇，谓属县诸公众：以既利百姓，自今皆得薪采石不止，莫无仟佰，车道断绝，下有比日，得从中往来，故有瀍（渠？）固禁止。既法如律令。府（掾）□、守属司马璋。建和二年四月（丙）戌朔一日甲戌，蕃丘长王阳庞盛告百姓，语书憨感田民。□□而利之。记如命，刊石为铭，有敢犯者刑法为设。如诏书律命。

全碑分为三部分，第一部分为"额题"，第二部分为"府书"，第三部分为"县书"。

（一）碑额部分

碑的题额为"府君教"，"府君"是汉代对郡国官府的称谓，"教"是汉代文书的一种，专指上级对下级的行文。《说文解字》："教，上所施下所效也。"《玉篇》："教，令也。"《淮南子·主术训》："行不言之教。"高诱注："教，令也。"《蔡邕·独断》："诸侯言曰教。"教有教化、命令的意思。

（二）府书部分

"府书"即彭城国相府的发文，计5行79字，按汉代官文书行文的结构，可分为四段。

1. 建和二年三月乙巳朔十七日辛酉

汉代官文书首先是行文或发文的时间，记其年月日，使用年数、月数、朔日、日数的方法。建和二年为公元148年，三月的朔日为乙巳，朔十七日为辛酉，查陈垣《二十史朔闰表》，辛酉为三月十七日无误。顾炎武《日知录·年月朔日子》考证："古人文字，年月之下，必系以朔，必言朔之第几日,而又系之干支,故曰朔日子也。如《鲁相瑛孔子庙碑》云:元嘉三年三月丙子朔廿七日壬寅。史晨《孔子庙碑》云:建宁二年三月癸卯朔七日己酉。樊毅《复华下民租碑》云:光和二年十二月庚午朔十三日壬午是也。……若史家之文,则有子无日,《春秋》是也。"①

2. 彭城相袁贺、长史程祗,谓属县诸公众

官府文书结构的第二部分是发文机关或官吏的官职、名字。此碑的发布者为彭城相袁贺、长史程祗。《后汉书·百官五》载:"皇子封王,其郡为国,每置傅一人、相一人,皆二千石。本注曰:……相如太守,有长史,如郡丞。"②"长史"为汉代官名,丞相、太尉、御史大夫属官均设长史,地方王国制同中央,长史为相之辅佐,由中央任命,其职责是辅佐丞相、督率府吏、处理相府日常事务,亦可代表丞相参与政事。"谓属县诸公众"是对属县颁布的命令。东汉彭城国领有彭城、武原、傅阳、吕、留、梧、菑丘、广戚八县。

3. 以既利百姓,自今皆得薪采石不止,莫无仟佰,车道断绝。下有比日,得从中往来,故有瀽(渠?)固禁止。既法如律令

此段为文书的正文。隶书中"今"与"令"形似,"今"字下面为"フ",令字下面为"マ"或"卪"。察此段中应为"今"。"自今"有二解:一是从现在追溯到以前,《老子》第二十一章:"自今及古,其名不去。"二是自今以往,即从现在到以后。二者都是以"今"为起点,向前追溯或向后延续。本文中"自今"是从古至今的意思。"莫无仟佰"句中的"莫"通"漠",有旷野的意思,《庄子·逍遥游》:"无何有之乡,广莫之野。""仟佰"指田间小路,《汉书·食货志》:"富者田连仟佰。""自今皆得薪采石不止,莫无仟佰,车道断绝"的意思是,自伐树采石以来,使得这里的小路、大路断绝,影响交通。

---

① (明)顾炎武著,张京华校释:《日知录校释》(下),岳麓书社2011年版,第814页。
② (南朝宋)范晔撰,(唐)李贤等注:《后汉书·百官五》,中华书局1965年版,第3626页。

"下有"的"下"在这里作"后"讲,"比日"中的"比"词义很多,这里有比邻的意思,《礼记·王制》:"诸侯之于天子也,比年一小聘。"郑玄注:"比年,每岁也。""比日"可释为"近日",如《后汉书·朱浮传》:"比日车驾亲临观飨。""下有比日,得从中往来,故有瀍(渠?)固禁止",可解读为今后要保证车道通行,所以设有法令禁止(伐薪采石)。汉顺帝永建四年(129年)颁有禁凿石的诏令:"二月戊戌,诏以民入山凿石,发泄藏气,敕有司检察,所当禁绝,如建武、永平故事。"①这里的"故事"指旧令,汉光武帝、明帝都颁有禁凿石的诏令。

"既法如律令"是本段的结束语。汉代官文书常以"如律令""如诏书""如诏书律令""如太守府檄书律令""如守府治所书律令""如府记律令"等结尾,表明公文的法令性质。汉代"法"和"律"同义。《尔雅·释名》:"法,常也。"《尔雅·释诂》:"律,常也,法也。"注曰:"谓常法。"王国维说:"汉时行下诏书或曰'如诏书',或曰'如律令',苟一事为律令所未具,而以诏书定之者,则曰'如诏书'……苟为律令所已定,但以诏书督促之者,则曰'如律令'。"②这段文字中的"既法如律令"是强调上句的"故有瀍(渠?)固禁止"。

4. 府(掾)□. 守属司马璋

此为参与文书制作官吏的签名。在"守属司马璋"前,有"府[掾]□","掾"字有些漫漶,但可以看出大体轮廓。汉朝三公府、将军府等皆置府掾,为曹长官,掌曹务。郡国府诸曹机构设置亦与中央公府诸曹设置大体相同,《后汉书·百官五》"郡太守"条载:"皆置诸曹掾史。"③《后汉书》述三公府属吏有掾、史、属三等,刘昭注引《汉书音义》曰:"正曰掾,副曰属。"陈梦家考证,汉代公文签署是按级别顺序排列,府掾职位应高于守属,所以排在前面。守属为府中佐吏,摄行属事,敦煌汉简中常

---

① (南朝宋)范晔撰,(唐)李贤等注:《后汉书·孝顺帝纪》,中华书局1965年版,第256页。
② 王国维:《观堂集林》外二种《敦煌汉简跋四》,河北教育出版社2003年版,第418页。
③ (南朝宋)范晔撰,(唐)李贤等注:《后汉书·百官五》,中华书局1965年版,第3621页。

见"守属"的官名。据汉碑题名所举,掾及史以外,尚有守属,职位在掾、史以下。守属的官秩低于曹史,高于书佐。汉代官文的最后常见掾、史、属、佐等签署,文例见于汉碑、汉简,一般署作掾某、令史某、守属某、书佐某等。樊毅光和二年(179年)《复华下民租田口算状碑》后,署有"掾臣条、属臣淮、书佐臣谋"①。居延简42·20A文书残简:"掾云、守属延、书佐定世。"②340·28残简:"掾宗、令史安世。"1983年,四川凉山州昭觉县好谷乡发现的东汉光和四年(181年)石表有"书佐昌延写"。守属、书佐等都是主办文书的佐吏,习通文法律令。汉简中,文书吏签署自己官职和名字的位置,一般是在正文和结束语之后,其间略有间隔或画一斜线,以示有别。《府君教碑》在正文后留有五字空白,体例与汉简相同。

(三)县书部分

此段开始为菑丘县转发郡府文书的部分,计4行54字,字体不同于府书。汉代逐级传达上级的文书称为行下之辞。"记如命",府君下达的命令要立即执行,属于公告的文书要尽民皆知。

1. 建和二年四月(丙)戌朔一日甲戌,菑丘长王阳庞盛告百姓

该段的纪月、纪日与前段有所不同,为年数、月数、日数、朔日,朔日在后。查《二十史朔闰表》,四月朔日为甲戌,"四月丙戌"为四月十三日。《日知录·年月朔日子》曰:"汉人之文,有即朔之日而必重书一日者。《广汉太守沈子琚绵竹江堰碑》云:'熹平五年五月辛酉朔,一日辛酉。'《绥民校尉熊君碑》云:'建安廿一年十□月丙寅朔,一日丙寅。'此则繁而无用,不若后人之简矣。"南宋学者杨简注曰:"朔是合朔,古人有日食在晦者,则古历合朔不专在一日,故又云一日。"③汉代郡国颁布的教令,下级政权必须立即贯彻执行。所以三月十七日颁布的"府君教",四月十三日

---

① (清)严可均辑:《全后汉文》(下),商务印书馆1999年版,第825页。
② 谢桂华、李均明、朱国炤:《居延汉简释文合校》(上),文物出版社1987年版,第74页。
③ (明)顾炎武著,张京华校粹:《日知录校释》(下),岳麓书社2011年版,第815页。

即由酅丘长王阳庞转发并刊石"盛告百姓"。"盛告"有布告的意思,即广泛传播告民周知。

2. 语书憾感田民。□□而利之

"语"与"诏"字形相近。"语",从言吾声;"诏",从言从召。细辨碑文中的"语"字,不应为"诏"。"诏书"与"语书"的词义差别较大,诏书是指皇帝的命令,蔡邕《独断》:"汉天子正号曰皇帝……其命令,一曰策书,二曰制书,三曰诏书,四曰戒书。""语书"为地方长官发布的法规命令,"教"与"语"的词义接近,《国语·鲁语》:"主亦有以语肥也。"韦昭注:"语,教戒之也。"① "语书"作为一种公文的文体史书缺载。1975年,湖北云梦睡虎地十一号秦墓出土了郡守文书,第二件文书在最后一支简牍背面题署有标题《语书》,内容是郡守"腾"对属县诸曹官吏的教诫,据此有人认为"语书"是秦朝的称谓,"经过发展、演变,成为汉代地方太守的'教'令"②。不过东汉时期的"府君教"碑中出现了"语书"二字,说明汉代人亦将"教令"称为"语书"。

3. 记如命,刊石为铭,有敢犯者刑法为设

记与教、命、令相同,《汉书·何武传》:"出记问垦田顷亩。"师古曰:"记,谓教命之书。"《汉书·张敞传》:"有章劾当免,受记考事。"师古曰:"记,书也。若今之州县为符教也。"郡府向下属下达的文书可以称为记。《后汉书·宋均传》:"迁上蔡令,时府下记,禁人丧葬不得侈长。"此为郡府下记于县令。汪桂海说:"汉代作为官府下行文书的记与教没有根本区别,二者应是一种文书的两个名称。"③ 因此本段有"记如命"一辞。

"刊石为铭"指将府君教令刻于石上,使民知悉。汉代地方官员为了治理地方,常将相关法规、禁令书于墙壁或刻于碑石上,并置放于闹市路途

---

① 上海师范大学古籍整理研究所校:《国语》,上海古籍出版社1998年版,第202页。
② 王使臻、杨博、屈艳辉:《云梦睡虎地秦墓"语书"与汉代地方长官"教"令的关系新探》,《陕西理工学院学报(社会科学版)》2014年第4期。
③ 汪桂海:《汉代官文书制度》,广西教育出版社1999年版,第51页。

显眼之处。《风俗通义》载:"光武中兴以来,五曹诏书,题乡亭壁。"《后汉书·王景传》载:"遂铭石刻誓,令民知常禁。又训令蚕织,为作法制,皆著于乡亭。"《汉书·召信臣传》载:"为民作均水约束,刻石立于田畔,以防分争。"汉代将书写在墙壁上的文书称为"扁书","扁"通"匾",即将文书书于木板或墙壁之上,宣示民众。居延汉简有"书到,令长、丞、尉明白大扁书乡市里门亭显见□"①"书到,明白扁书显处,令吏民尽知之。严教,如诏书律令"②。额济纳汉简有"扁书乡亭市里显见处,令吏民尽诵之,如诏书"③。肩水金关出土的"永始三年诏书"中有"明扁悬亭显处,令吏民皆知之"。说明向基层吏卒、百姓传达诏书旨意时,常采用"扁书"的方式予以公布。敦煌悬泉置遗址发现的元始五年(5年)《四时月令诏条题壁》书写在泥墙上,题壁长约222厘米,通高48厘米,由正文和标题两部分组成,标题为大字隶书,是目前唯一见到的扁书诏令实物。④"刻石为铭""铭石刻誓""题乡亭壁""明扁悬亭显处"是两汉时期重要的法律传布形式。陈槃先生说:"何以或则刻石,或则书扁?岂非较为有永久性者则刻石,其有时间性者但书之扁欤。"⑤"刊石为铭"除了显示律令的重要性之外,与当地的石材获取难易也有一定的关系。

"有敢犯者刑法为设"的意思是:如有敢违反府君的命令者当处以刑罚。"犯"有触犯、冒犯的意思,"敢犯者"是常见的法律用词,《尚书·大禹谟》有"兹用不犯于有司",诸葛亮《出师表》有"若有作奸犯科及为忠善者,宜付有司论其刑赏"。

---

① 谢桂华、李均明、朱国炤:《居延汉简释文合校》(上),文物出版社1987年版,第230页。
② 甘肃省文物考古研究所编,薛英群等注:《居延新简释粹》,兰州大学出版社1988年版,第93页。
③ 孙家洲主编:《额济纳汉简释文校本》,文物出版社2007年版,第268页。
④ 中国文物研究所、甘肃省文物考古研究所:《敦煌悬泉月令诏条》,中华书局2001年版,第39页。
⑤ 陈槃:《汉晋遗简识小七种》,台北史语所专刊六二,1975年。

4. 如诏书律命

汉代官文书结尾中常见"如诏书""如律令","命""令"古代同义同源,二字通假,许慎《说文解字·叙》:"假借者,本无其字,依声托事,令长是也。""令"为初文,"命"为后起字,《国语·郑语》有"王官以出令也",韦昭注:"令,命也。""如诏书律命",强调了府君教令的权威性。汉代,地方王国郡守拥有非常大的权力,如崔寔《政论》所言:"州郡记,如霹雳。"① 府君颁布的法令,如同诏书一样具有法律效力。居延汉简中有"下居延都尉、县承书从事下当用者,如诏书律命"②。

《府君教碑》字数不多,一字释误,文义则大不相同。碑文中尚有疑字和抵牾难通之处,如"莫无仟佰"的"莫无","故有瀍(渠?)固"的"瀍(渠?)固"等。如疏通地完全字通句达,句读合意,恐还需再作斟酌。

二、《府君教碑》的文体格式

"府君教"是东汉彭城相袁贺、彭城长史程祇向所属八县颁布的公文命令,文后有蓍丘长王阳庞的转发批文。该文虽不长,仅有158字,但其保留下来的教令形式直接反映出汉代教令的原始风貌,对于研究汉代的文书制度、法律条令、人物事件、历史地理等诸多方面具有重要意义。

"教"是汉代地方行政长官常用的一种下行公文,是一种公告文书,有比较固定的公文格式。"府君教"的完整形式在《汉书》《后汉书》等史籍中难以体现出来,《府君教碑》是目前保存最完整的教令一类文书。行文格式由六部分组成:①具文日期,按年、月、朔日、日数的顺序记写,此为"建和二年三月乙巳朔十七日辛酉";②发文机关及官吏的官职、名字,此为"彭城相袁贺、长史程祇";③收文对象,此为"属县诸公众";④正文

---

① (清)严可均辑:《全后汉文》,商务印书馆1999年版,第471页。
② 中国简牍集成编辑委员会:《中国简牍集成》(第一册),敦煌文艺出版社2001年版,第177页。

内容,此为禁"得薪采石";⑤结束语,此为"既法如律令";⑥草拟、缮写文书官吏的署名,此为"府(掾)□""守属司马璋"。教令属于公文性质,所以言简意赅,不加文辞修饰,不用俗字,以便百姓能看懂。

汉景帝始,"令诸王不得治民",一切政令皆出自郡国相府,故曰"府君教"。汉代郡国的文书签署制度常常需要守相与其长史联名,长史有副署权。①如《史晨碑》载:"建宁二年三月癸卯朔七日己酉,鲁相臣晨、长史臣谦顿首死罪上尚书……"②郡守与长史联署签文的例子在汉简中发现更多,如《居延汉简释文合校》"十一月丙戌,宣德将军张掖太守苞、长史丞旗告督邮掾……"③等。

教令发布后,地方机关要有回应。"府君教"的受命对象是"属县诸公众",也就是说同样的命令下发至彭城国下属八县,应该说同样的碑文在其他七县中也有,这次发现的《府君教碑》是甾丘县的转发。转发文书的格式同样是先具文年月、发文机关及官吏的职衔与名字,然后是正文、结束语。从书体的格式来看,"府君"的教令刻在前面,县长的行下之辞刻在其后。

《府君教碑》的教令正文很短,仅有42字,但可以明确地看出它的法律性质。《府君教碑》是汉代地方政府根据国家"令典"发布的行政文书,其内容涉及环境保护、道路交通等方面的法制规范。中国古代特别重视山林保护,早在先秦时期,山林川泽资源保护思想、制度和法令十分健全,国家则通过设置职官、制定禁令和建立苑囿,实行"时禁""火宪"。通过政令的发布,不断强化山林川泽的控制与管理。《管子·八观》载:"山林虽广,草木虽美,禁发必有时;国虽充盈,金玉虽多,宫室必有度。"④

---

① 严耕望:《中国地方行政制度史——秦汉地方行政制度》,上海古籍出版社2007年版,第102页。
② (宋)洪适:《隶释 隶续》卷一《鲁相史晨祠孔庙奏铭》,中华书局1985年版,第23页。
③ 谢桂华、李均明、朱国炤:《居延汉简释文合校》,文物出版社1987年版,第25页。
④ (唐)房玄龄注,(明)刘绩补注:《管子·八观》,上海古籍出版社2015年版,第82页。

《管子·立政》载:"修火宪,敬山泽林薮积草,夫财之所出,以时禁发焉,使民足于宫室之用,薪蒸之所积,虞师之事也。"①《管子·五行》载:"出国衡,顺山林,禁民斩木,所以爱草木也。"②《荀子·王制》载:"草木荣华滋硕之时,则斧斤不入山林,不夭其生,不绝其长也。"③1975年出土于湖北的睡虎地秦简中的"田律"部分记载:"春二月,毋敢伐材木山林及雍(壅)堤水。"④汉代,有关禁伐山林采石的诏令有许多,1983年,张家山汉墓竹简《二年律令·田律》记载有:"禁诸民吏徒隶,春夏毋敢伐材木山林,及壅隁水泉。"⑤东汉光武帝建武时期的居延汉简当中,有"诏书"曰:"建武四年五月辛巳朔戊子……吏民毋得伐树木。有无,四时言。"⑥东汉时期,皇帝屡有禁采石的诏书,光武帝建武年间、明帝永平年间、顺帝永建年间均颁布有禁凿石诏令。⑦开山采石有的是为了营建豪华宅第,安帝延光二年(123年),太尉杨震上疏皇帝:"今盛夏土王,而攻山采石,百姓布野,农民废业。"⑧

"府君教"颁布的命令是禁止"得薪采石"。"得薪"即砍伐树木,"得薪采石"应指采石的方法,即原始的"积柴火烧法"。岩石在高温和气流的作用下产生膨胀,并变脆剥离,从而产生人为的临空面,为石料开采创造了良好的条件。汉代采石的方法依然为火烧法,建宁四年(171年)《西狭颂》载:"鐉烧大石,改高即平,正曲广厄""鐉山浚渎,路以安直"。⑨开

---

① (唐)房玄龄注,(明)刘绩补注:《管子·立政》,上海古籍出版社2015年版,第20页。
② (唐)房玄龄注,(明)刘绩补注:《管子·五行》,上海古籍出版社2015年版,第300页。
③ 章诗同注:《荀子简注》,上海人民出版社1974年版,第86页。
④ 睡虎地秦墓竹简整理小组编:《睡虎地秦墓竹简》,文物出版社1990年版,第21页。
⑤ 张家山二四七号汉墓竹简整理小组:《张家山汉墓竹简(二四七号墓)》,文物出版社2006年版,第41页。
⑥ 中国简牍集成编辑委员会:《中国简牍集成》(第十二册),敦煌文艺出版社2001年版,第72页。
⑦ (明)顾炎武著,张京华校释:《日知录校释·禁凿石》(下),岳麓书社2011年版,第1334页。
⑧ (晋)袁宏撰,李兴和点校:《袁宏〈后汉纪〉集校》,云南大学出版社2008年版,第210页。
⑨ 高文:《汉碑集释》,河南大学出版社1985年版,第376页。

山采石能造成自然环境的改变,汉元帝时期大臣贡禹的上疏中说:"凿地数百丈,销阴气之精,地臧空虚,不能含气出云;斩伐林木,亡有时禁。水旱之灾未必不繇此也。"①不仅如此,开山采石还造成"车道断绝",影响交通,所以彭城国相发布公告明令禁止。由于"府君教"具有法律效力,所以碑文中多处出现了"法如律令""记如命""刑法为设""如诏书律命"等严峻的法律词汇。

三、《府君教碑》的史学价值

《府君教碑》中有五处官吏署名,即彭城相袁贺、彭城长史程祇、府掾□、守属司马璋、蕃丘长王阳庞,其中有关袁贺的信息最为重要。

袁贺,字元服,世代官宦。袁贺为明帝时司徒袁安的曾孙。曾祖袁安历任楚郡太守、河南尹、太仆等职;袁安次子袁京初拜郎中、侍中、蜀郡太守;袁京的长子袁彭,字伯楚,历任广汉、南阳太守,顺帝初为光禄勋;袁彭生子袁贺,官至彭城相。由袁安、袁京、袁彭、袁贺至袁绍、袁术,五世皆贵显。

袁贺的生年比较清楚,《风俗通义》"彭城相袁元服"条:"俗说:元服父字伯楚,为光禄卿,于服中生此子,时年长矣,不孝莫大于无后,故收举之,君子不隐其过,因以'服'为字。谨按:元服名贺,汝南人也。祖父名原,为侍中。安帝始加元服,百官会贺,临严、垂出而孙适生,喜其加会,因名曰贺,字元服。"②《后汉书·孝安帝纪》:"永初三年春正月庚子,皇帝加元服。"③袁贺为安帝永初三年"皇帝加元服"时出生(109年正月九日)。袁贺任彭城相史书有记载,《后汉书·袁安传》:"闳字夏甫,彭

---

① (汉)班固撰,(唐)颜师古注:《汉书·贡禹传》,中华书局1962年版,第2075页。
② (汉)应劭:《风俗通义·正失》,中华书局1981年版,第127页。
③ (南朝宋)范晔撰,(唐)李贤等注:《后汉书·孝安帝纪》,中华书局1965年版。

之孙也。少励操行,苦身修节。父贺,为彭城相。"①袁贺任彭城相的具体时间史书缺载,碑文明确记载袁贺颁布"府君教"的时间为建和二年(148年)。东汉地方官吏通常是三年为一任职断限,超过三年者为久任。袁贺为彭城相时约39岁。袁贺任彭城相期间,功绩卓著,史书多有记载,《风俗通义》云:"袁元服功德爵位,子孙巍巍,仁君所见。"②袁贺卒年史书无载,《后汉书·袁安传》有"及(袁)贺卒郡,阆兄弟迎丧",袁贺任彭城相后再无加官,"卒郡"表明他任彭城相后不久而卒。

袁贺任彭城相时间的确定,即可推断汉桓帝时司隶校尉应奉的生年。应奉为应劭之父,东汉著名学者,博闻强记,以"半面识人"而著称,有《汉书后序》《汉事》等篇,永兴元年(153年)任武陵太守。应奉的生年史书缺载,《后汉书·应奉传》注引《谢承书》曰:"奉年二十时,尝诣彭城相袁贺。"③可推知应奉生年约为汉顺帝永建三年(128年)。

史书记载的东汉彭城相有张晧、赵牧、袁贺、文穆、史弼、左尚、刘艾、侯楷、汲廉、薛礼、尹贡、糜芳、温恢、陈矫等。出土文献记载的彭城相有缪宇,据《缪宇墓志》载,缪宇的殁年为和平元年(150年)。建和二年袁贺还在彭城相任上,缪宇不太可能刚上任一年而卒。因此,缪宇可能是袁贺上一任的彭城相。

《府君教碑》为菑丘长转发彭城相的文书,碑的发现地点便在菑丘故地。该碑的发现为研究汉代菑丘县的具体地望提供了新的文献资料。

菑丘为西汉楚国、东汉彭城国的属县,《汉书·地理志》作"甾丘",《后汉书·郡国志》作"菑丘",《后汉书·刘平传》《三国志·臧洪传》《三国志·王朗传》均作"菑丘"。出土文献中,东海尹湾西汉成帝时的简牍《东海郡下辖长吏名籍》有"楚国菑丘田章始"④,铜山张集永平十七年杨德

---

① (南朝宋)范晔撰,(唐)李贤等注:《后汉书·袁安传》,中华书局1965年版,第1527页。
② (汉)应劭:《风俗通义·正失》,中华书局1981年版,第128页。
③ (南朝宋)范晔撰,(唐)李贤等注:《后汉书·应奉传》,中华书局1965年版,第1607页。
④ 张显成、周群丽:《尹湾汉墓简牍校理》,天津古籍出版社2011年版,第20页。

安祠堂题记为"菑丘戍守史士"①,《府君教碑》中也写作"菑丘"。出土的玺印封泥中,菑川、临菑等地名也作"菑"字。②"菑"与"甾"音同,可以通用,用作县名,当以"菑丘"为正。汉代县万户以上称"令",万户以下称"长",菑丘县为万户以下,为菑丘长。传世文献中的甾丘长有两人,一位是王莽时期的楚郡彭城人刘平③,另一位是汉末三国时期著名儒者王朗(约152—228年)④。《府君教碑》中的"菑丘长王阳庞"补充了史籍之缺。

《府君教碑》的发现为确定汉代菑丘的地望提供了有力证据。关于甾丘的具体地望有两说:一说是宿州市区北支河乡城孜村,认为"支河"系"甾河"之误⑤;另一说是宿州市区西北栏杆镇北1千米处⑥。"支河"的得名,应是明万历年间,潘季驯挑挖魁河支河得名⑦,与甾河并无关系。《水经注·睢水》载:"睢水又东与濄湖水合。水上承甾丘县之淠陂,南北百余里,东西四十里,东至朝解亭,西届彭城甾丘县之故城东。"⑧《铜山县志》说:"宿徐之界有淠湖,周数百里。"《一统志》说:"甾丘故城在今宿县东北六十里。"从文献的记载来看,甾丘位于淠陂之东,由于古今环境的变迁,淠陂早已消失。《府君教碑》发现地点栏杆镇大望村,北距徐州40多千米,南距宿州50千米。东北和西北是山丘,断续连成一个半圆,西南是开阔的平原,平原以西就是一望无际的淠湖。曹魏时,废甾丘县,甾丘作为地名就此消

---

① 徐玉立主编:《汉碑全集》(一),河南美术出版社2006年版,第128页。
② 李解民:《尹湾简牍〈东海郡下辖长吏名籍〉所载地名考异》,载《中国典籍与文化论丛》(第6辑),中华书局2000年版,第378页。
③ 《后汉书》载:"刘平字公子,楚郡彭城人也。本名旷,显宗后改为平。王莽时为郡吏,守甾丘长。"
④ 《三国志》载:"王朗字景兴,东海郯人也。以通经,拜郎中,除甾丘长。"
⑤ 安徽省宿县地方志编纂委员会主编:《宿县县志》,黄山书社1988年版,第396页。
⑥ 安徽省地方志编纂委员会编:《安徽省志·建置沿革志》,方志出版社1999年版,第941页。
⑦ 魁山支河起于徐州苏堤南端,南流经栏杆入濉河。明潘季驯《河防一览》载:"创凿魁山支河一条。"
⑧ (北魏)郦道元著,陈桥驿等译注:《水经注全译》(下),贵州人民出版社2008年版,第609页。

失，南北朝时改名为斛城，《魏书·地形志》："斛城，武定中改萧衍淮阳置。有五丈陂、扶离（符离）城。"[①] 其为睢南郡治所。栏杆镇东4千米的解集，就是《水经注》中的"朝解亭"，即斛城所在。《府君教碑》应树立在甾丘城内通衢市集，甾丘的具体地望应在宿州埇桥区的栏杆镇一带。

四、《府君教碑》的书法价值

《府君教碑》为官府告示类文书，其文字结体宽博，笔画平直厚重，显示出汉代"榜书"文字粗犷、醒目、严肃、朴素的特征。

《府君教碑》可分为碑额、府书、县书三部分。碑额，即碑文的标题，一般比正文要大。"府君教"三字在碑文中最大，书体在篆隶之间，笔画粗细均等。右边的"府"字拉长，与左边的"君教"二字等长，应是当时公告文书榜题的一种制式。汉代碑刻中有篆书题写碑额和隶书题写碑额两类，篆书题写碑额较多，隶书题写碑额较少。《府君教碑》以隶书题额，主要是方便百姓的辨识。

《府君教碑》的右半部分为府书，其章法为"有行无列"式布局，行与行之间镌刻有竖线，每行文字则大小不等，不拘疏密。字体的大小与碑文的内容似有关系，有的字形较长，结构宽阔，如"建和""袁贺""长史""谓属县""法如律令"等字；有的结体方正，劲健浑厚，如"车道断绝"等字；有的结体扁方，略显随意，如"二年三月乙巳朔十七日辛酉"等字。这些文字排列的大小不等，看似杂乱无章，实则错落有致、流畅自如，有一种独特的灵动气势。《府君教碑》书风与《裴岑纪功碑》为同一类型，这类书法位于篆隶之间，结构淳古，风神飘逸，用笔或方或圆，刚柔相济，寓巧于拙。《裴岑纪功碑》刻于永和二年（137年），康有为《广艺舟双楫》中评价此书法"古茂雄深，得秦相笔意"。《府君教碑》晚《裴岑纪功碑》11年，

---

① （北齐）魏收：《魏书·地形志》，中华书局1974年版，第2577页。

此时从篆到隶已经完成，隶书已十分流行，而《府君教碑》一反汉隶多方扁的形体特征，结构多呈长方体势，结构宽阔，使其书格充满了平直方劲、庄重朴拙的美感，这也是与其他碑刻迥异的表现。

《府君教碑》的左半部分为"县书"，即甾丘长王阳庞转发府书的行文。"县书"的文字小于府书，字距疏松，结体扁方，书写自然随意。"县书"与"府书"的字体看似不同，仔细观察仍为同一人书写。如"朔"都写作"玥"，同为碑别字。特别是结尾的"如诏书律命"五字，字体变大，结体长方，与"府书"部分的风格相同。在其他用笔方面，"县书"与"府书"并没有明显区别，同为方折之势出入，没有"蚕头燕尾"的笔画。

《府君教碑》为官方文书，其书者应为甾丘县的书佐小吏。东汉时，从中央政府到郡县都有书佐。《后汉书·百官志》载："合下及诸曹各有书佐，干主文书。"[1] 选拔文书的首要条件是"能书会计"，善写文书是"书佐"之吏的日常活动，他们有较高的书法水平，掌握古今各种书体。书写是考察官吏能力的课目之一，要求通晓大篆、小篆、刻符、虫书、摹印、署书、殳书、隶书八体文书。汉律还规定："书或不正，辄举劾之。"[2] 书碑是"书佐"的职能之一，汉代许多著名的碑刻都是由书佐书写，如《华山碑》有"遣书佐新丰郭香察书"、《孟孝琚碑》有"书佐黄羊字仲兴"、《石门颂》有"书佐西城王戒字文宝"。《府君教碑》虽没有书佐的署名，根据汉代官府文书制度，此碑文字的书写当出于甾丘书佐之手。

---

[1] （南朝宋）范晔撰，（唐）李贤等注：《后汉书·百官志》，中华书局1965年版，第3621页。
[2] （东汉）许慎：《说文解字序》，载《历代书法论文选续编》，上海书画出版社1993年版，第8页。

第二节　黄石公镇墓刻石

2000年12月,安徽省萧县白土镇祝寺村挖河工地出土一方熹平五年(176年)《黄石公镇墓刻石》,由铜山汉王东沿村村民王广玉发现并捐赠给徐州汉画像石艺术馆。《黄石公镇墓刻石》的发现,引起学术界的极大关注。

该镇墓刻石为石灰岩青石,长114厘米,宽56厘米,厚24厘米,为不规则长方形。刻石上部残缺,推断为半圆形,从残存的图形可以看出,刻有一怪异的人面,现仅存人物面部的下面部分。刻石下面刻画有楔形,应当为竖立于墓外的镇墓石。刻石文字计10行,行间刻有界栏,每行字数不等,最多一行字数26字,全文187字。因首行刻有"黄石公"三字,内容又与禳灾镇墓有关,故定名为《黄石公镇墓刻石》(图6-2)。

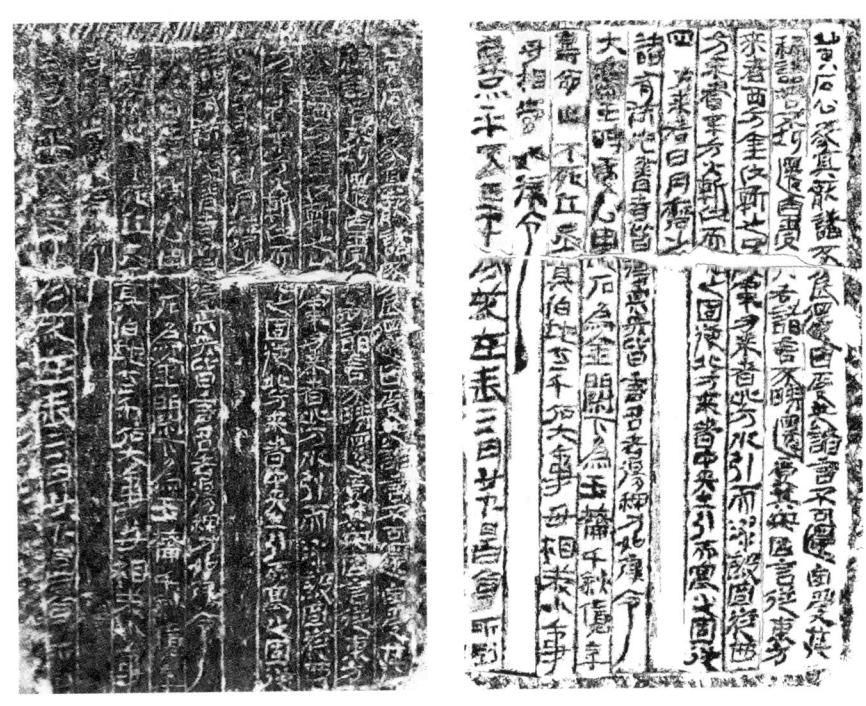

图6-2　《黄石公镇墓刻石》拓本及描字

一、碑文释读

《黄石公镇墓刻石》文字几经辨识，碑文的性质是清楚的，基本可以判断这是一篇有关镇厌、解除方面内容的镇墓文，识文并断句如下：

黄石公，冢真（镇）厌诸不食，还自受央（殃）；诸言（愆）不可，还自受其祸；诸言（愆）不朽，还自受其右（佑）；诸言（愆）不时，还受其央（殃）。固（痼）言（愆）从东方来者，西方金伐斩之；固（痼）从南方来者，北方水引而溺煞；固（痼）从西方来者，东方火斩伐而克之；固（痼）从北方来者，中央土引而塞之；固（痼）从四方来者，日月磨之。

诸有涂此书者皆得其央（殃），皆言名者得神力。如律令。

大齐王时受（授）公恩，石为金关，下为玉筲，千秋亿年，寿命止不死。丘丞、莫（墓）伯、地下二千石，大事毋相求，小事毋相劳。如律令。

熹平五年，太岁在辰，三月廿九日，百食（？）所到。

按原刻石的内容，镇墓文可分六段，分段考释如下。

1. 黄石公，冢真（镇）厌诸不食，还自受央（殃）；诸言（愆）不可，还自受其祸；诸言（愆）不朽，还自受其右（佑）；诸言（愆）不时，还受其央（殃）

第一段文字开宗明义地讲出此镇墓刻石为"黄石公冢镇厌诸不食"而立。黄石公是汉初出现的神仙，不过对他的事迹文献记载非常少。黄石公是否真有其人当另说，王充《论衡·自然》说："以太史公纪黄石事，疑而不能实也。"[1]有关黄石公冢的线索，《史记·留侯世家》曰："留侯死，并葬

---

[1] 陈蒲清点校：《论衡》，岳麓书社2006年版，第236页。

黄石冢,每上冢伏腊,祠黄石。"《正义》引《括地志》云:"汉张良墓在徐州沛县东六十五里,与留城相近。"① 该石发现的地点与黄石公冢并无直接关系,因此,该句的断句不是"黄石公冢",而是"黄石公,冢镇厌……"。冢,即坟墓。东汉镇墓文一般是由方士或巫师假托"天帝使者""黄帝使者"的名义作为行文格式,而这篇镇墓文的发布者是黄石公。

"真"与"镇"通,"厌"与"压"通。"镇厌"是道教常用的术语,是指以巫师的手法镇压或驱避可能出现的灾祸。"镇厌诸不食"中的"不食",是把握整个碑文的关键。"不食"有多种理解,一是可以指辟谷不食之人,《史记·留侯世家》:"留侯性多病,即道引不食谷。"《论衡·道虚》:"世或以辟谷不食为道术之人,谓王子乔之辈。"② 道教中常以"不食"之法祛病。二是指孤魂野鬼,死去的人,《太平经·不可不祠诀》:"生时皆食有形之物,死当食其气而反不食。"③ 三是指一种疾病,因病而无食欲的痼疾,《太平经·不食长生法》中说,"夫人曰有三命,而不自知。日三食乃生,朝不食一命绝,昼不食二命绝,暮不食三命绝。绝三日不食,九命绝。无匿物,无宝留,此由饥也。奸邪大起,悉从此始。"④ 不食之症古人称为"食噎""膈噎",即"膈塞闭绝,上下不通,则暴忧之病也"⑤。碑文禳灾对象的"诸不食"显然是一种顽疾,或是因不食之症而亡的人。

"真(镇)厌诸不食,还自受央(殃);诸言(愆)不可,还自受其祸;诸言(愆)不朽,还自受其右(佑);诸言(愆)不时,还受其央(殃)。"这段文字多处使用了通假字,且语义晦涩。"央"通"殃",灾祸的意思,汉代镇墓文中尤多见。《说文解字》:"殃,咎也。"段玉裁注:"凶也。各本作咎也。""黄石公,冢真(镇)厌诸不食,还自受央(殃)"句似在说镇厌

---

① (汉)司马迁:《史记·留侯世家》,中华书局1958年版,第2048页。
② 陈蒲清点校:《论衡》,岳麓书社2006年版,第95页。
③ 罗炽主编:《太平经注译》(下),西南师范大学出版社1996年版,第992页。
④ 罗炽主编:《太平经注译》(下),西南师范大学出版社1996年版,第1144页。
⑤ (战国)佚名:《黄帝内经》,中国医药科技出版社2013年版,第43页。

诸不食的难处。下文中的"诸言不可""诸言不朽""诸言不时"中的"言"通"𧫚",古"愆"字,指过失、灾祸或严重的疾病。《说文解字》:"愆,过也。"《左传·昭公二十六年》记王子朝语云:"至于夷王,王愆于厥身。"杜预注:"愆,恶疾也。"① "言"读"愆"的例子很多,《周易》:"鸿渐于干,小子厉,有言,无咎。"闻一多《周易义证类纂》:"易凡言'有言'读为'有愆'。"② "不可""不朽""不时"下文似乎都省略了"食"字。"不可"食,就是不能饮食。"不时"食,就是不按时间饮食,《论语·乡党》:"不时不食。"郑玄注:"一日之中三时食,朝、夕、日中时。"不按时间进食所以得到祸殃。"不朽"食,即孔子说的"不食臭恶"。不吃腐烂的食物,固得其佑。"右"通"佑",《说文通训定声》:"凡助为右、为佑,神助则为祐。"③ 汉代人非常看重饮食,不食不可,食多不可,食朽不可,不按时食亦不可。

2. 固(痼)言(愆)从东方来者,西方金伐斩之;固(痼)从南方来者,北方水引而溺煞;固(痼)从西方来者,东方火斩伐而克之;固(痼)从北方来者,中央土引而塞之;固(痼)从四方来者,日月磨之

"固"是一个多义字,本义为四面闭塞,《说文通训定声》:"固,四塞也。假借为故,又为锢。""固"与"故"通,《说文解字》:"故,使为之也。"有因此的意思。"固"通"痼",为古今字,固为古字,痼为今字。"痼"是一种积久难愈的病。《吕氏春秋》:"国多固疾,命之曰逆。"《后汉书·皇甫规传》:"臣素有固疾,恐犬马齿穷,不报大恩。"《脉经·序》:"致微疴成膏肓之变,滞固绝振起之望,良有以也。"④《郑固碑》有"以疾锢辞,未满期限"⑤。"锢"与"痼""固"通。从全文的意思来看,这里的

---

① 《春秋左传集解》,上海人民出版社1977年版,第1543页。
② 闻一多:《周易义证类纂》,载《闻一多全集》(第10册),湖北人民出版社1993年版,第249页。
③ (清)朱骏声:《说文通训定声》,中华书局1984年版,第202页。
④ 郭辉雄编著:《古医籍通假字集释》,广西科学技术出版社1998年版,第106页。
⑤ 高文:《汉碑集释》,河南大学出版社1985年版,第230页。

"固"通"痼",有滞痼的意思,也就是所谓气血不和、胃气不顺的"不食"之疾。第一句的"痼愆"连读,其他四处"痼"省略了"愆"。该段以五行相克的原理,对于来自东、西、南、北各方向的痼愆给予镇厌方案。如东方来者,西方金伐斩之;南方来者,北方水引而溺煞;西方来者,东方火斩伐;北方来者,中央土引而塞之;痼愆如果从四面八方一起扑来,则以"日月磨之"。"磨"有以石碾压泯灭的意思。按五行相克论,金克木、木克土、土克水、水克火、火克金,这是一般的道理,但灾异如果从四面八方一起扑来,只有以日月来镇厌。"伐斩""溺煞""斩伐""塞之""磨之",都是形容厌劾痼疾的方法。

3. 诸有涂此书者皆得其央(殃),皆言名者得神力。如律令

"涂"与"除"同,"涂此书者皆得其央(殃)"的意思是涂抹毁坏此书的人将有祸殃,有诅咒的意思。"皆言名者"中的"言"是该字的本义,《释名》:"言,宣也。宣彼此之意也。""名"通"铭",指刻石的铭文。"皆言名者得神力"谓宣读此石文字,或遵照此书的人们,会有神力相助。"如律令"为道教符咒常用语,宋人叶大庆在《考古质疑·急急如律令》指出:"概律者,所以禁其所不得为;令者,所以令其所当为。如律令者,谓如律令不得违也。道家符咒,正是效官府文书为之。"① 本句意在威吓生人,保护文字的神力所在。

4. 大齐王时受(授)公恩,石为金关,下为玉籥,千秋亿年,寿命止不死

碑文中,"齐"字模糊不清,是一个疑字,这里暂按"齐"字解。意思为某齐王授"公(黄石公)"以"恩"。黄石公为齐国人,齐王授恩于黄石公的可能性较大。"关"原义为门上的封门器,《说文解字》:"关,以木横持门户也。"关还特指墓门,《周礼·春官·巾车》:"及墓,呼启关陈车。"郑玄注:"关,墓门也。""籥"与"钥"通,《墨子·号令》:"诸城门吏,各入

---

① 转引自张伯元《出土法律文献研究》,商务印书馆2005年,第271页。

请籥，开门已，辄复上籥。""石为金关"中的"石"当指该镇墓石，金关、玉籥应当是指墓葬封闭牢固，永葆寿命千秋亿年。

5. 丘丞、莫（墓）伯、地下二千石，大事毋相求，小事毋相劳。如律令

丘丞、墓伯、地下二千石是汉代对地下冥府的称呼，常见于告地书、买地券、解注文和镇墓文中。西安和平门外四号汉墓出土的初平四年（193年）王氏陶瓶上朱书文字曰："兹告丘丞莫伯、地下二千石、蒿里君、莫黄、莫主、莫故夫人、决曹、尚书令、王氏冢中先人：无惊无恐，安隐如故。"① 汉代告地书往往以天帝使者、黄神越章、黄帝等身份自居②，该镇墓文发布者的身份则是黄石公，意思是告知地下冥府的官吏们，彼此间相互照应，互不相扰。

6. 熹平五年，太岁在辰，三月廿九日，百食（？）所到

熹平五年的"熹"字稍有漫漶，查陈垣《二十史朔闰表》，熹平五年岁阴在辰，为丙辰年，与碑文的纪年完全吻合，因此可以断定该碑的年代为熹平五年（176年）。文末中的"百食所到"的"食"是一个疑字，暂按"食"解，应该是一种祈愿，与碑文中开头出现的"不食"对应。

---

① 此陶瓶出土于西安市和平门外雁塔路东，摹本及录文见唐金裕《汉初平四年王氏朱书陶瓶》，《文物》1980年第1期；释文见陈直《汉初平四年王氏朱书陶瓶考释》，载《文史考古论丛》，天津古籍出版社1988年版。释文曰："初平四年十二月己卯朔十八日丙申，直危。天帝使者谨为王氏之冢，后死黄母，当归旧阅。兹告丘丞莫伯、地下二千石、蒿里君、莫黄、莫主、莫故夫人、决曹、尚书令、王氏冢中先人：无惊无恐，安隐如故。今后曾财益口，千秋万岁，无有央咎。谨奉黄金千斤两，用填冢门。地下死籍削除，文他央咎。转道中人，和以五石之精，安冢莫，利子孙。故以神瓶震郭门。如律令。"

② 大约出于汉灵帝光和时期的《张氏朱书镇墓文》曰："天帝使者黄神越章，为天解仇，为地除央（殃），主为张氏家镇利害宅，襄（禳）四方诸凶央（殃），奉胜神药，主辟不详（祥），百祸皆自肖（消）亡，张氏之家大富昌。如律令。"《贞松堂集古遗文》卷十五记载，延熹四年（161年）的一方买地券上书写如下文字："延熹四年九月丙辰朔，卅日乙酉直闭。黄帝告丘丞、墓伯、地下二千石、墓左、墓右、主墓狱吏、墓门亭长，莫不皆在。今平阴偃人乡苌富里钟仲游妻薄命蚤（早）死。今来下葬，自买万世冢田。贾直九万九千。钱即日毕。四角立封，中央明堂，皆有尺六桃券……自今以后，不得干扰生人，有天帝教，如律令。"

二、禳灾解除的文书格式

汉代,鬼神迷信盛行,出现各种灾祸,都要进行禳灾。禳灾是指行使法术解除面临的灾难,《周礼·天官·女祝》:"掌以时招、梗、襘、禳之事以除疾殃。"郑玄注:"却变异曰禳。"《说文·示部》:"磔禳,祀除疠殃也"。段玉裁注:"疠殃,谓厉鬼凶害。"① 道教一开始就将禳解灾害作为法术内容,后来发展成门类繁多的体系,大凡生活中遇到的天灾人祸等均在禳解范围之内。因疾病而死的人被称为"厉鬼"或"注鬼",为避免死者将疫病传染给生人,故要举行"墓门解除"仪式,使人鬼分途,鬼不殃及生人。"解除"又称"解逐",王充《论衡·解除》说:"解逐之法,缘古逐疫之礼也。"② 以祝词的形式驱邪镇恶、安宁墓土,称为解除文。解除文与解注文没有本质的区别,解注文中常常带有"注"类字样,"注"同"疰",禳解当时被称为"注"的疫病灾殃,刘熙《释名·释疾病》:"注病,一人死,一人复得,气相灌注也。"③ 解注就是断开死者、冢墓及鬼神的危害生人之气。

《黄石公镇墓刻石》镇厌的对象为"诸不食",即碑文中称为"慾"或"瘟"的病疫。碑义中虽然没有直接言明"解注",但同为解除疾病,因此也可以理解为解注。汉代解注的法术很多,《论衡·解除》云:"解除之法,众多非一。"与冢墓有关的主要是"五方注",也称为"五墓注",是从墓不同的方位解除注害。《太上洞神洞渊神咒治病口章》曰:"如此之鬼王与五方注鬼,东方青注,南方赤注,西方白注,北方黑注,中央黄注。""注从东方来者,以金断之;注从南方来者,以水灭之;注从北方来者;以土却之;注从西方来者,以火消之;注从中央来者,以木禳之。五行之注,各

---

① (清)段玉裁:《说文解字注》,上海古籍出版社1981年版,第7页。
② 陈蒲清点校:《论衡》,岳麓书社2006年版,第323页。
③ 任继昉:《释名汇校》,齐鲁书社2006年版,第453页。

各当位，自止除灭之。"①五方注的镇压法术来自"五行相克"的理论，《论衡·间时》曰："见食之家，作起厌胜，以五行之物悬金木水火。假令岁月食西家，西家悬金，岁月食东家，东家悬炭。设祭祀以除其凶，或空亡徙以辟其殃。连相仿效，皆谓之然。"②五方注在东汉后期已经流行。1926年安徽寿县出土了《居巢刘君墓镇石题记》③。该镇墓石直径约50厘米，为不规则的圆形，中央有圆孔，题记沿穿向外顺时针刻字四圈。题记如下：

> 曰天帝告：除居巢刘君冢恶气。告东方青帝，主除黄气之凶。告南方赤帝，主除西方白气之凶。告西方白帝，主除青（气）之凶。告北方黑帝，主除赤气之凶。告中央黄帝，主除北方黑气之凶。告六丁天门□长，名曰侯社，下刻五气之英，主除（劾）去恶凶。孙孙寿考，如律令。

《居巢刘君镇墓石题记》将五行与五帝、五气相配，以相生相克的理论祛除凶气。碑文中的五帝已经不是古代帝王的排序，而是道教中的五方神，即东方青帝、南方赤帝、西方白帝、北方黑帝，中央黄帝。"天帝告"借上帝之名，依五行相克的原理除凶。文中多处出现的"告"，连劭名先生认为当为"诰"④，曹植《诰咎文·序》云："五行致灾……聊假天帝之命，以诰咎祈福。""诰咎"也是解除所用方术之一。这种五方神除五方凶气的魇胜法与《黄石公镇墓刻石》中的五行除痼法并无大异，当属异曲同工。

东汉镇墓文刻石并不多见，济宁博物馆藏有一方《熹平二年禳祸刻石

---

① 《太上洞神洞渊神咒治病口章》，载《道藏》（第32册），第727页。
② 北京大学历史系《论衡》注释小组编：《论衡注释》（第四册），中华书局1979年版，第1342页。
③ 毛远明校注：《汉魏六朝碑刻校注》（第二册），线装书局2008年版，第162页；陈槃：《旧学旧史说丛》，上海古籍出版社2010年版，第801页。
④ 连劭名：《汉晋解除义与道家方术》，《华夏考古》1998年第4期。

镇墓文》①。该碑最早见于罗振玉《雪堂类稿·石交录》:"又汉人墓中置镇石,亦前人所未知。上记五方帝镇凶祸。"②镇墓石为不规则的赭色自然石片,长52厘米,最宽处为46厘米,下部残缺,存59字:

熹平二年四月己卯朔十九日丁酉时加午

东方青帝禹(寓)青龙,患祸欲来……

南方赤帝禹(寓)朱雀,患祸欲来……

西方白帝禹(寓)白虎,患祸欲来……

北方黑帝禹(寓)玄武,患祸……

该镇墓石下段残缺,故只提到"患祸欲来",没有提到镇厌的方法,但可以看出也是以五行法镇厌祸殃。

"五方神"又称"四时五行神",指春季东方青衣神吏,夏季南方赤衣神吏,六月中央黄衣神吏,秋季西方白衣神吏,冬季北方黑衣神吏。《太平经·真道九首得失文诀第一百七》云:"四时五行神吏为人,使名为具道,可降诸邪也。"③山西临猗县延熹九年(166年)的镇墓瓶朱书云:"四时五行可除咎去央,富贵毋极。"④河南洛阳永寿二年(156年)镇墓瓶陶文云:"迫四时五行追逐天下,捕取五厉。"⑤陕西高陵建和三年(149年)朱书陶瓶云:"为天解仇为人除央,为民除害,主佐阴阳;四时五行罚敬不祥。"⑥东汉镇墓瓶中常装有"五石",指曾青、丹砂、白礜、磁石、雄黄

---

① 宫衍兴编著:《济宁全汉碑》,齐鲁书社1990年版,第18页;罗振玉:《石交录》,载《贞松老人遗稿(甲集)》卷一。
② 罗振玉撰述,萧文立编校:《雪堂类稿·甲 笔记汇刊》,辽宁教育出版社2003年版,第170页。
③ 罗炽主编:《太平经注译》(上),西南师范大学出版社1996年版,第494页。
④ 王泽庆:《东汉延熹九年朱书魂瓶》,《中国文物报》1993年11月7日。
⑤ 蔡运章:《东汉永寿二年镇墓瓶陶文考略》,《考古》1989年第7期。
⑥ 刘卫鹏:《陕西高陵出土的东汉建和三年朱书陶瓶》,《文物》2009年第12期。

五种颜色的矿石，代表东、南、西、北、中五方压镇墓冢，西安初平四年（193年）王氏陶瓶朱书云："和以五石之精，安冢墓，利子孙。"①

香港中文大学文物馆藏一方建兴二十八年（晋成帝咸康六年，340年）木牍，传出于甘肃武威磨咀子，饶宗颐先生称其为"松人"解除简②。该简作长方状，长35.8厘米，宽9.4厘米，中部先凸刻后墨绘一作揖人物图形，腹部有榜题"松人"二字，四周及简背皆写有文字，背面文字为：

建兴廿八年十一月丙申朔二日丁酉［直开］。天帝使者谨为王氏之家解复。死者洛子，日时不食③，复重拘校，与生人相妨，故作松柏人以解咎殃。谨解东方甲乙之复鬼，令复五木。谨解西方庚辛之复鬼，令复五金。谨解南方丙丁之复鬼，令复五火。谨解北方壬癸之复鬼，令复五水。谨解中央戊己之复鬼，令复五土。无复兄弟、妻子、妇女、孙息、宗亲，无罚无负，齐一人止。急急如律令。

"松人简"时代虽晚，但内容与《黄石公镇墓刻石》有许多相似的地方。"松人简"主要内容是为死者洛子家属进行灾殃解除，镇厌的对象为"五方复鬼"，解除的对象是"日时不食"，这里同样提到了"不食"。解除的方法是以五木、五火、五金、五水、五土解除东、南、西、北、中五个方位的复鬼，以避免恶鬼的复重拘校。值得注意的是，"松人简"正面正中偏上墨线绘一人形，围绕人的是解除文字。《黄石公镇墓刻石》的碑额也刻有一人的面部，由于原石残缺，只存人物的鼻、嘴和胡须，鼻子的位置似刻有铭文，但已漫漶不清。《赤松子章历·解五墓章》载："解除五墓殃注灾厄，

---

① 唐金裕：《汉初平四年王氏朱书陶瓶》，《文物》1980年第1期。
② 饶宗颐：《记建兴廿八年"松人"解除简——汉"五龙相拘绞"说》，载《简帛研究》（第二辑），法律出版社1996年版；陈松长：《香港中文大学文物馆藏简牍》，香港中文大学文物馆2001年版，第100—113页。
③ 饶宗颐先生释读为"四时不会"，陈松长释读为"四时不食"。

锡人代形。"① 早期道教解除五墓注害时，往往要刻画人形，以镇恶鬼。

  汉代的解除文与镇墓文、告地书有密切的关联，解除或解注只是镇墓文中的一部分。碑文的"石为金关，下为玉窗，千秋亿年，寿命止不死。丘丞、莫（墓）伯、地下二千石，大事毋相求，小事毋相劳"应该与告地书有关，这段文字是与地下鬼神沟通的文书。汉代告地书或镇墓文往往以天帝使者、黄神越章、黄帝等身份自居。天帝是天上的君主，具有主宰人间和幽冥的权力，所以人亡后由天帝或天帝派出的使者知会地下神祇、鬼魂，向地下鬼神通告亡人之殁亡并归属地下神祇管理。② 黄石公是早期道教中著名的神仙，传说他擅长地理、堪舆，著有《青囊经》，刻石中假借黄石公的名义对病瘤灾异现象进行镇厌。以黄石公身份解除病殃、告知地下官吏的出土文献，还是第一次发现。

  《黄石公镇墓刻石》具有神秘的道教色彩。东汉末年的疾疫流行，使得巫师方士大为盛行，刺激了道教禳灾疗疾等科仪的产生和发展。《黄石公镇墓刻石》的年代为熹平五年（176年），熹平年间，正是于吉、张角创立太平道的重要时期，太平道活动范围主要在青、徐、幽、冀、荆、扬、兖、豫等地。太平道以《太平经》为主要经典，以阴阳五行、符箓咒语为根本教法，《黄石公镇墓刻石》中的五行厌胜法与《太平经》所谓奉天地、顺阴阳五行而杂以巫术的思想基本一致。

---

① 《赤松子章历》卷四，载《道藏》（第11册），第205页。
② 刘昭瑞：《东汉镇墓文中所见到的"神药"及其用途》，载《华学》（第7辑），中山大学出版社2004年版，第191—201页。

第七章 画像石榜题、黄肠石刻铭与其他刻石

徐州汉碑刻石中还有一类内容，就是画像石榜题、黄肠石刻铭和其他刻石。画像石榜题一般文字不多，它的意义主要是对图像内容的自我注释，在画像石研究中起到非常重要的作用。黄肠石刻铭在汉碑刻石中属于独立的门类，很早就为金石收藏家重视，由于黄肠石墓大都属于帝王陵墓，其刻铭文字不仅具有书法价值，同时又有重要的考古价值。除画像石榜题、黄肠石刻铭外，还有一种刻在石头上的文字，内容虽简单但具有书法价值，我们称之为其他刻石，"延平元年"任仲高刻石就属于这种类型的作品。

第一节　徐州汉画像石中的榜题

"榜题"是刻在画像旁边有方框的文字，用以标注图像的内容。通过榜题，可以确知画像的内容，减少无谓的猜测。通过榜题画像的认识可以举一反三，知道同类型图像的画面内容。画像石榜题是文字信息与图像信息的结合，因此很受研究者的注意。徐州汉画像石中有榜题的画像石不多，有的虽有榜题但磨泐不清,但这些榜题对于汉代图像研究有着重要的意义。

一、铜山汉王东沿村祠堂的榜题

1986年,徐州附近汉王发现一组10块祠堂画像石①,其中编号为第一石、第二石复原为一号祠堂。这两块祠堂画像石有榜题14处,是徐州画像石榜题内容最为丰富的图像。

第一石为祠堂山墙的左壁,有榜题一处,刻在画像的侧面上层(祠堂的正立面)。画面中刻一位武士,宽袍束带,腰间佩环首刀,右手抚刀,左手叉腰,头部右侧阴刻"力士"二字。

第二石为祠堂山墙的右壁,该石的正面画像(祠堂侧壁)分四层,上面两层有12处榜题(图7-1)。

画面最上面一层刻画6位神人,都有榜题。画面的主题表现的是周穆王拜见西王母。第一位神兽是四头兽,榜题为"荣成",紧接着的朝拜者榜题为"穆王";画面的中心人物西王母的榜题虽然不清,但明确可见其身份,西王母后面的侍从榜题为"弟子",其后鸟首人身左上方有榜题,磨泐严重,依稀可辨为"灵鸽",牛首人身的榜题不清楚,从残存的笔画痕迹来看似为"罗缅"。"荣成"为西王母玉山的守护神,其事迹见《穆天子传》:"辛卯,天子北征,东还,乃循黑水。癸巳,至于群玉之山,容成氏之所守。""灵鸽""罗缅"同为西王母身边的神人。晋葛洪《抱朴子·博喻》:"灵鸽振翅玄圃之峰,以违罩罗之患。"②南朝陶弘景著《真诰》校勘《抱朴子》,"罩罗"改为"罗缅"③。"玄圃"亦称"悬圃",为昆仑山西王母居处。

关于"荣成"二字,学术界也有不同的认识。陈秀慧认为二字应释作

---

① 徐州博物馆:《徐州发现东汉元和三年画像石》,《文物》1990年9期。
② 杨明照笺注:《抱朴子外篇校笺》(下册),中华书局1997年版,第275页。
③ 冯利华:《中古道书语言研究》,巴蜀书社2010年版,第159页。

图7-1 铜山汉王东沿村祠堂画像榜题

1.荥成；2.穆王；3.□□母；4.弟子；5.灵鸽；6.罗缅；7.史□□；8.主记；9.主簿；10.乐武君、诸亭长；11.门下卒

"荧惑"①。"荣"和"荧"在隶书中属于形近字；"成"与"或"笔画接近，而"荧或"的正字应是"荧惑"。荧惑又作营惑，古指火星，又名赤星、罚星、执法，《广雅·释天》曰："营惑谓之罚星，或谓之执法。"陈秀慧认为："荧惑与西王母执掌相同的职能。"究竟是"荣成"还是"荧惑"，期待将来有新的考古发现予以证明。

第二层刻画7位人物，人物名称都有榜题。画面中间凭几而坐的人物榜题为"乐武君"，右边二位俯身叩拜乐武君的官吏榜题为"诸亭长"，后面拥彗而立的侍从榜题为"门下卒"；左面的三位人物榜题分别为"主簿""主□""史□□"等。此榜题告诉我们祠堂主人的身份，乐武君是对祠主的尊称，其属官有主簿、亭长等，祠主身份当在六百石的县令或县

---

① 陈秀慧：《东汉荧惑图像考》，《考古学报》2018年第2期。

长。①另外,"诸亭长""门下卒"也可能为阴间地下之属官。

二、邳州燕子埠彭城相缪宇墓榜题

彭城相缪宇墓画像石中的榜题有8处,1处刻在前室东壁横额上,残存"(守)(门)吏",其他7处均刻在前室东壁南侧,即后室门口左侧。该石高90厘米,宽40厘米。画面上下分为四格。第一格刻五人跪坐,左起第二人身后上方榜题刻"守閤吏"三字。《说文解字》:"閤,门旁户也。"第二格刻有四位人物,没有榜题。第三格刻羊、麒麟,分别有榜题"福德羊""骐驎"(图7-2)。第四格刻三个动物,都有榜题,分别为"朱鸟""虩禽""玄武"。这块刻石的右侧面上部为青龙图。青龙残存身部及爪,右上方有榜题"青龙"二字。

第四层画像中有一榜题为"虩禽"的动物,龙首、兽足、长颈、身体弯曲作回首顾望状(图7-3)。该字左边偏旁为虍,右边为兮,《说文解字》:"虎文也,象形。凡虍之属皆从虍。"《隶释·李翊夫人碑》有"于虩夫人","虩"的写法与缪宇墓的榜题一样,洪适引《干禄字书》认为"虩"是"戏"的俗字。"兮"与"乎"同义,都有呼啸的意思。"虩禽"即"虖禽"。《说文解字》:"哮虖也。""虖禽"字形采用"虍"作偏旁,表示与啸叫的猛兽有关。汉画像石中常见此形象的动物,当代人称为"行龙",而行龙并不是古人对这种动物的称谓,榜题中的"虖禽"可以证明汉代对此动物有明确的称谓。

榜题中出现的"福德羊",虽不见文献,但可知是当时对羊的吉称。福德羊为同义语素叠加,福有全顺之意,《韩非子》:"全寿富贵之谓福。"德也有福气之意,《广韵·德韵》:"德,福也。"羊通祥,有吉祥的意思。四

---

① 《汉书·百官公卿表》云:"县令、长,皆秦官,掌治其县。万户以上为令,秩千石至六百石。减万户为长,秩五百石至三百石。皆有丞、尉,秩四百石至二百石,是为长吏。百石以下有斗食、佐史之秩,是为少吏。"

图7-2 缪宇墓"福德羊""骐骥"榜题

图7-3 缪宇墓"朱鸟""摩禽"榜题

川画像砖有"大吉羊""此羊吉"等文字。

缪宇墓画像石中的榜题文字为八分隶书,与《缪宇墓志》的书体完全相同,"波磔"之势明显,应出自同一人手笔。

三、周公辅成王榜题

徐州汉画像石中有7幅周公辅成王画像,其中两幅画像有榜题。一幅为2001年在铜山吕梁发现(图7-4)。该石已残,残高40厘米,残宽106厘米,厚14厘米。画面中有5处榜题。最右边榜题刻"周公"二字,周公的画像残缺,仅露出衣服纹饰。周公左面一侍者手持方形华盖,右上方有榜题"中侍郎"。华盖下面一人为成王。成王的左面有二位谒者,前面一人头戴进贤冠,身穿宽袍大袖深衣,手持名谒作拜见状;其后一位头戴进贤冠,双手持剑作拜见状,左上方有榜题"谒者"二字。谒者的身后有5位头戴高冠的人物,皆作手持名谒拜见状。画面最左面的人物旁边有榜题"郎中"二字;郎中前面有三字榜题,完全磨灭不能辨识。侍郎、谒者、郎中都是汉代的官名,《汉书·百官公卿表上》载:"郎中令,秦官,掌官殿掖门户,有丞。武帝太初元年更名光禄勋。属官有大夫、郎、谒者……郎掌守门户。"清赵翼《陔馀丛考·侍郎郎中》:"盖本执兵侍卫者。侍郎之官,至汉始有。""谒者"是国君左右掌传达等事的近侍,汉代为官名,凡引见臣下,传达使命等事,均由谒者担任。

另一幅周公辅成王画像在1998年邳州占城杨庙村出土,为祠堂山墙,画像石高107厘米,宽97厘米,厚18厘米。周公辅成王为整个画面的第三层,成王在前,周公在后,成王前面是五位俯身叩拜的拜见者,周公、成王画像身后分别刻有"周公""成王"的榜题(图7-5)。

图7-4　铜山吕梁"周公辅成王"榜题

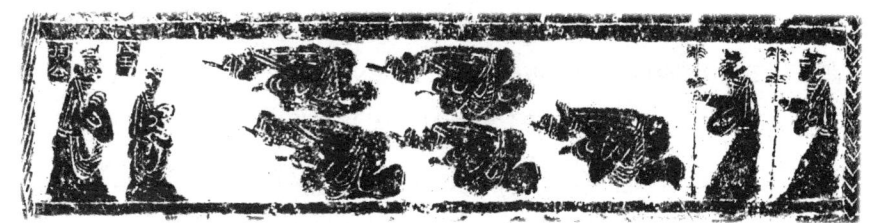

图7-5 邳州占城杨庙村"周公辅成王"榜题

图7-6 邳州占城祠堂画像中的历史故事榜题

2003年邳州占城发现的祠堂山墙画像石画面分为五层，最上面一层为西王母，下面四层刻历史故事，共刻有29个历史人物，其中有25个人物有榜题。可惜这些榜题已经全部磨泐，无法辨识文字内容。对照其他地区汉画像石榜题画像的故事，上面两层故事内容应为"二桃杀三士""孔门弟子"，下面两层画像的内容可能为"梁高行割鼻拒王聘"和"孝子闵子骞"的故事（图7-6）。

第二节　黄肠石刻铭

黄肠石是汉代帝陵、王陵中用于构建墓室或封堵墓道的长条形石材，是丧葬文化中等级制度的象征。"黄肠石"得名于"黄肠题凑"木，《汉书·霍光传》："光薨，上及皇太后亲临光丧。……赐金钱、缯絮、绣被百领，衣五十箧，璧珠玑玉衣，梓宫、便房、黄肠题凑各一具。"颜师古注引苏林曰："以柏木黄心致累棺外，故曰黄肠。木头皆内向，故曰题凑。"东汉时期，由于墓葬形制的变化，黄肠题凑木改为方石，《后汉书·礼仪志下》云："司空择土造穿。……油缇帐以覆坑。方石治黄肠题凑便房如礼。"东汉帝陵以方石垒砌地下玄宫成为制度。《东观汉记·明帝纪》载明帝作寿陵，"自置石椁，广丈二尺，长二丈五尺"。"石椁"即用以垒砌地宫的黄肠石。王国维在《汉黄肠木刻字跋》中说："黄肠之为木固矣，然后世或兼以石为之。"[1] 除了帝陵使用黄肠石外，东汉时期的诸侯王也享受黄肠石的待遇。

刻有文字的黄肠石称为"黄肠石刻铭"，或"黄肠石刻字"。黄肠石的用量很大，由司空掌管制作，不同地方的石工按照要求完成制作后，往往要刻上制作时间、工匠姓名、石材尺寸等内容，这是根据"物勒工名，以

---

[1] 王国维：《观堂集林》，浙江教育出版社2014年版，第388页。

考其诚，功有不当，必行其罪"的制度规定，以便工程监督的质量。"黄肠石刻铭"提供的文字信息十分重要，不仅可以看出东汉时期隶书的变化过程，而且对于墓葬年代的判定提供了重要的证据。

帝陵"黄肠石刻铭"集中发现在洛阳及其周边地区。洛阳是东汉的国都，东汉的帝陵多为黄肠石建制。由于历代对帝陵的盗掘，黄肠石多散落。洛阳古代艺术馆、孟津县光武帝陵保管所、西安碑林博物馆、故宫博物院、开封市博物馆、洛阳民俗博物馆、洛阳第二文物工作队等文博单位都收藏有刻铭的黄肠石。此外，洛阳盗掘出的黄肠石还被作为建筑材料使用，如洛阳白马寺山门、天王殿、大佛殿、清凉台天桥、清凉台，明代洛阳小石桥、大石桥等，都有刻铭的黄肠石。[①] 洛阳帝陵的"黄肠石刻铭"目前发现194块。

王陵"黄肠石刻铭"主要出土在河北定县（今定州）、山东济宁、江苏徐州等地。1959年发掘的河北定县北庄中山简王刘焉墓，时代为东汉永元二年（90年），有黄肠石4000余块，其中174块石材上有刻字及少量墨书文字，内容为地名、石工姓名、籍贯等。[②] 1992年发掘的山东济宁肖王庄任城王刘尚墓，时代为东汉永元十三年（101年），有刻铭黄肠石800余块，内容多为地名、石工姓名，或有尺寸、编号等。[③] 1969年发掘的徐州土山一号墓发现了58块黄肠石，其中有36块刻有铭文；2014年开始发掘的土山二号墓，发现黄肠石2000余块，其中有100余块上面有朱书文字或铭文。

一、土山一号汉墓黄肠石题铭

土山汉墓位于徐州市城南，现存高度约180厘米，底径约650厘米。土山汉墓曾被古人讹传为范增墓，《水经注·泗水》："泗水又径……亚父

---

① 赵振华：《洛阳东汉黄肠石题铭研究》，国家图书馆出版社2008年版。
② 敖承隆：《河北定县北庄汉墓发掘报告》，《考古学报》1964年第2期。
③ 山东省济宁市文物局编：《汉任城王墓刻石精选》，山东美术出版社1998年版，第149页。

冢东。"《太平御览》引《西征记》:"彭城南有亚父范增冢,冢高四十余丈,东北有隧道。"《魏书·李孝伯传》:"世祖至彭城,登亚父冢以望城内。"1969年,当地群众在此处取土脱坯制砖时,在土山的西北处发现一座有黄肠石结构的大型墓葬,南京博物院对此墓进行了抢救性发掘。该墓由墓道、甬道、前室、后室组成,平面呈"十"字形,全长8.6米。清理出土了银缕玉衣、鸟兽饰铜壶、鎏金兽形砚、雁足灯等珍贵文物100多件。出土文物证明,这是一座东汉时期高等级墓葬,从出土的银缕玉衣和使用黄肠石判定,该墓为东汉彭城王王后墓,后来将此墓命名为土山一号墓。

土山一号墓已发现的黄肠石有58块,用于砌筑甬道前端墓壁和封门墙。甬道两壁用石23块,其余用长条砖砌筑;封门墙用35石砌成,每层5石,共7层。黄肠石皆为青石质地,宽70厘米,厚35.5厘米,长度不一,最长者90厘米,最短者仅32厘米。石面皆精工凿制,六面光平,有铲痕。其中可见(个别刻面因砌于墙内不便统计)有刻铭者36块,约40条。石上刻铭位于侧面,字数从1字至11字不等。从已塌陷券顶的前室东部断面看,墓顶亦用黄肠石封盖。由于墓室顶部没有发掘,黄肠石使用的数量不详。①

土山一号墓黄肠石题铭字体均为隶书,所刻文字多为工匠姓氏,少数刻有年份(图7-7):

①左山治
②官十四年省 苑伯□□廿六
③官十四年 官左大□治
④王山左汝治
⑤封孙石官工孔山治
⑥官

---

① 南京博物院:《徐州土山东汉墓清理简报》,《文博通讯》1977年第15期。

⑦文中

⑧□伯治

⑨梁游石史季治

⑩张孝石

⑪尺山石恭孝治

⑫王孟治

⑬官石左石工田阳治

⑭李升石李卩治

⑮左平

⑯冯文治

⑰官十四年省石工左
　官石工左山治

⑱张仲石宋巨治

⑲此大石官工左□治官

⑳左大石官工左寅治官

㉑右胡石官工田阳治

㉒官十四年

㉓左大石官工左寅治官

㉔□□石官工左□治

图7-7 土山一号墓黄肠石题铭

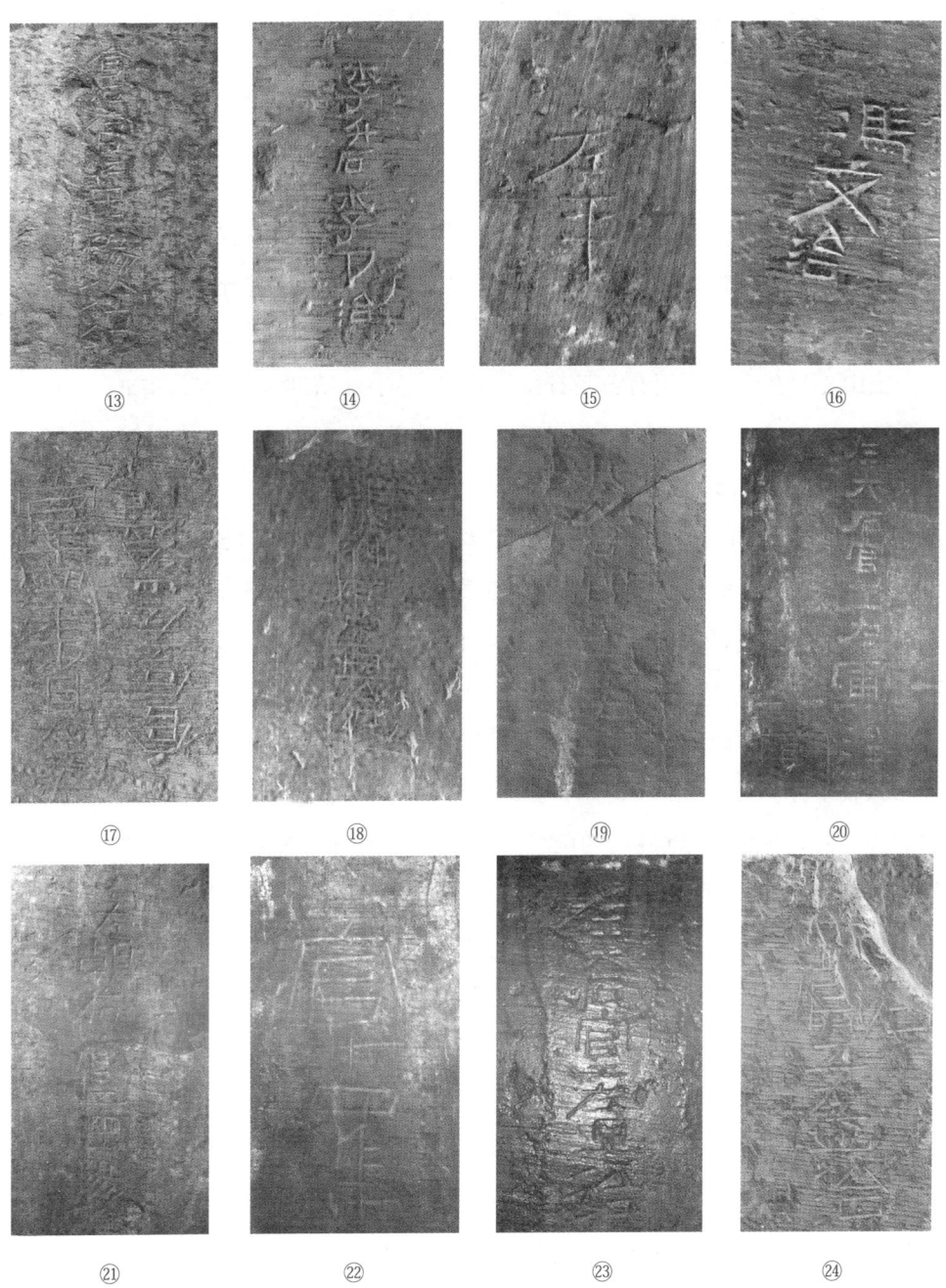

二、土山二号墓的黄肠石

土山二号墓位于封土的中部，为土山汉墓的主墓。根据文献记载，元代的时候，该墓曾被盗掘。1977年，徐州博物馆对土山二号墓进行过试发掘，东侧室出土了陶罐、陶井、陶狗、陶鸡、陶鸭等各种文物68件。2004年经国家文物局批准，徐州博物馆开始对土山二号墓进行正式考古发掘。

土山二号墓墓顶上面有黄肠石覆盖墓圹，黄肠石东西宽16米，南北长20米，面积约320平方米。黄肠石大小略有差异，平均长、宽多在90厘米左右，厚度在30厘米左右。黄肠石上下叠压了4层。每层16排，总计有黄肠石1100余块。目前已经在100多块黄肠石上发现了雕刻、朱书的文字。文字大多数雕刻在石块表面，少数是用朱砂写在石块表面的。黄肠石上的文字有多有少，一个、两个或三个不等，内容基本上都是工匠姓名和用石块的顺序、方位等，如"丁""田""范泺""江桂""王中""赵田"等（图7-8），有的工匠名前还刻有"官工"字样。其中一块黄肠石上雕刻两个人物形象，画面高约8厘米，宽约5厘米，人物都向右侧直立，眉、目、嘴、鼻、耳都清晰可辨。前者头上戴冠，着右衽长袖服装，两手在胸前举起，手中持有笏板或简牍状物。后者人物雕刻略小，垂袖跟在前者身后。

二号墓的甬道前有黄肠石墙封堵墓门。封门石墙宽320厘米，厚140厘米，高620厘米。黄肠石制作规范，长70—130厘米，宽70厘米，厚约35厘米。石墙所用的黄肠石比封顶用的黄肠石制作精细，全部是六面加工，每面光洁整齐，棱角分明。黄肠石上的刻铭内容与一号墓的内容相同，如"田阳石官工宋巨治"等。甬道用砖砌成，东北侧砖墙上嵌有一块黄肠石，刻铭为"官十四年苑伯石官工□□治"，刻铭内涂以朱色。

约1000块黄肠石包围在墓穴回廊的周边，形成宽154厘米，长530厘米，深500厘米的坑穴。

图7-8 土山二号墓黄肠石题铭

三、土山黄肠石的年代分析

土山一号墓、二号墓黄肠石刻铭中都出现了"官十四年""官十四年省"的文字,这是考证土山汉墓黄肠石制作年代的重要依据。这里出现的"十四年"应当是东汉彭城国的王国纪年。

汉代有中央朝廷纪年和王国纪年两种形式。西汉初年各诸侯王在所封国内有各自纪年的传统,《汉书·楚元王传》载:楚王戊"二十一年春,景帝之三年也"。《史记·梁孝王世家》载:梁孝王"二十一年,入朝。二十二年,孝文帝崩。二十四年,入朝。二十五年,复入朝"。考古发现王国纪年的情况很多,如河北永年发现的"群臣上酬石刻"的刻铭有"赵廿二年八月丙寅,群臣上酬此石北",为西汉赵王刘遂二十二年,即汉文帝后元六年(前158年);山东曲阜"鲁六年九月所造北陛"刻石为鲁恭王刘馀六年,即景帝中元元年(前149年);河北满城汉墓铜器铭文中的"卅四年四月,郎中定市河东"为中山靖王刘胜三十四年,即武帝元狩三年(前120年);江苏高邮神居山一号汉墓木牍文书有"六十二年八月戊戌",为广陵王刘胥六十二年,即宣帝五凤二年(前56年)。又如,江西南昌海昏侯墓出土的"昌邑九年造""昌邑二年造""昌邑十一年造"的漆器,指昌邑王刘贺继位的年数。

由于王国纪年不书写王国的名号,与中央朝廷纪年的对应只能根据其执掌王位的时间和出土器物的年代特点来判断。《后汉书·孝明八王列传》对东汉彭城王的系年记载得非常清楚,从刘恭被分封起,前后历经五代,共130余年。(见表5)

表5 东汉彭城王系年

代系	谥号	封国年	薨年	在位年数
一	靖王恭	章和二年(88年)	元初四年(117年)	29年
二	考王道	元初五年(118年)	本初元年(146年)	28年
三	顷王定	本初元年(146年)	建和三年(149年)	4年
四	孝王和	和平元年(150年)	建安十八年(213年)	63年
五	祗(无谥号)	建安十八年(213年)	黄初元年(220年)	7年

汉代王国纪年是以其始封国算起,《后汉书》说"恭立四十六年薨",是以其永平十五年(72年)被封为巨鹿王算起。刘恭是始封王16年后徙封

为彭城王的,"官十四年"排除了靖王刘恭的可能。顷王刘定,在位4年;最后一位彭城王刘祗,在位7年,也被排除在外。余下的只有考王刘道、孝王刘和在位14年以上,如果是考王刘道十四年,对应的是顺帝永建六年(131年),如果是孝王刘和十四年,对应的是桓帝延熹六年(163年),两者相差了32年。

土山汉墓的黄肠石的铭刻体例与洛阳孟津送庄汉黄肠石墓相近或相同,说明它们可能同出于一个官方手工业作坊。从刻铭位置看,皆在侧面;从字的排列上看,皆为竖行;从刻铭内容上看,皆为负责采运石料的官员(如"张仲石""商文石"等)和制作黄肠石的工匠姓名(如"宋巨治""左山治"等)。土山汉墓有"张仲石宋巨治",送庄汉墓有"却文石宋巨治"两石刻铭的形式完全一致。特别是"石宋巨治"四字,从字的结构、用刀技法、字形的排列、笔画的运用搭配等,都表明似出自一人之手。土山汉墓和送庄汉墓黄肠石中多刻左姓工人,左姓是洛阳黄肠石和徐州黄肠石中最主要的制作工匠,土山一号墓黄肠石有两例"左山治",洛阳黄肠石也多处发现有"左山治"刻铭。重要的是,送庄黄肠石刻有"元嘉二年"(152年)、"永兴二年"(154年)纪年[1],证明孟津送庄黄肠石的制作年代为东汉桓帝时期。此外,2003年洛阳民俗博物馆收藏的光和六年(183年)黄肠石刻铭有"张仲石左孟治"[2],"张仲石"也见于土山汉墓黄肠石刻铭中。土山黄肠石刻铭的"官十四年"应是孝王刘和的纪年,刘和于和平元年(150年)即位,薨于建安十八年(213年),在位63年。汉代厚葬之风盛行,帝王在即位之后即开始营建自己的寿陵。《晋书》曰:"汉天子即位一年而为陵。"孝王刘和作寿陵的时间较早,"官十四年"(163年)就开始做黄肠石了,距其寿终的时间尚差50年。

土山汉墓黄肠石刻铭中多见"官""官工"的字样,应为"将作大匠"

---

[1] 郭建邦:《孟津送庄汉黄肠石墓》,《河南文博通讯》1978年第4期。
[2] 赵振华:《洛阳东汉黄肠石题铭研究》,国家图书馆出版社2008年版,第194页。

所属的官府工匠。《后汉书·百官四》："将作大匠一人，二千石。……掌修作宗庙、路寝、宫室、陵园木土之功。"将作大匠下属有左、右校令，皆六百石，掌左、右工徒。将作大匠属下还有专门负责制作黄肠石的"掾"。汉代中央政府可以派遣官吏主持派工匠修筑臣下坟墓、诸侯王陵庙，如东海恭王刘疆薨，"使司空持节护丧事，大鸿胪副，宗正、将作大匠视丧事……将作大匠留起陵庙"[1]。《后汉书·单超传》："超病，（桓）帝遣使者就拜车骑将军。明年薨，赐东园秘器，棺中玉具，赠侯将军印绶，使者理丧。及葬，发五营骑士，侍御史护丧，将作大匠起冢茔。"彭城王刘和与朝廷的关系密切。《后汉书·孝明八王列传》载："和性至孝，太夫人薨，行丧陵次，毁瘠过礼。傅相以闻。桓帝诏使奉牛、酒迎王还宫。和敬贤乐施，国中爱之。"土山汉墓采用的"方石治黄肠题凑"本身就是高等级葬制，可能当时洛阳东园将作大匠掌管下的一批官工，受遣至彭城，所以土山汉墓黄肠石上多冠以"官工"二字。徐州土山黄肠石的形制、题铭受都城皇家御制黄肠石的直接影响是显而易见的。土山一号汉墓出土的银缕玉衣，土山二号墓出土的玉衣残片也说明其葬制之高。

土山汉墓黄肠石刻铭中"官十四年省"中的"省"是检查、审查的意思，《尔雅·释诂》："省，察也。"邢昺疏："省谓视察。"《说文解字》："省，视也。"洛阳第二文物工作队在孟津三十里铺调查发现的"黄肠石题铭"有"陈孟石，自治，五年二月省"。

第三节　任仲高书"延平元年"刻石

任仲高书"延平元年"刻石是1992年尹明智先生捐赠给徐州汉画像石艺术馆的，原出土地在安徽灵璧渔沟。该刻石质地为当地称为磬石的石灰

---

[1]（南朝宋）范晔撰，（唐）李贤等注：《后汉书·光武十王列传》，中华书局1965年版。

图7-9 任仲高书"延平元年"刻石拓本及描字

岩青石，表面平整，高60厘米，宽102厘米，厚10厘米，《汉碑全集》收录此石，笔者做了释读，但有误释和脱释之处。① 现重新释读如下（图7-9）：

延平元年二月一日［府］□事任掾，书时有六十一，高最小，故作此书自践。

上卿

延平元年二月更旦日，□□都卩可作也。

任仲高时书最弟一。

"延平"是殇帝刘隆的年号，延平元年即公元106年，由于延平的年号只使用一年，因此延平元年的碑刻很少。"［府］□事任掾"中二字磨泐，隐约可辨作"府从事"。从事掾是古代的官名，州郡主官的属僚，"任掾"是姓氏加官名的写法，如称张良为张丞相，称李广为李将军。"任掾"即碑文后的"任仲高"。

"书时有六十一，高最小，故作此书，自践。""高"即"任仲高"。此似为诸官聚会时所作，任仲高年龄最小，时年61岁，所以由任仲高书写。《礼记·曲礼》："大夫七十而致仕。"汉代沿袭先秦官员七十致仕的规则，任仲高当时还未致仕。"践"字《汉碑全集》中释为"励"，不类。"践"有履行的意思，《礼记·曲礼》有"修身践言"。

"上卿"为周代官制，最尊贵的诸侯大臣称为"上卿"，历代多沿此制。这里的"上卿"所指不详。

"延平元年二月更旦日，□□都卩可作也。""更旦"指初一朔日，也就是上文的二月一日。北京大学藏汉简《周驯》有"正月更旦之驯"。更旦的"旦"为异体字，"延平元年"刻石与北大简都写作"𣅀"。"都卩"，"卩"疑为"部"的俗字，1977年《第二批简化字表》中曾将"部"简化为"卩"。简

---

① 徐玉立主编：《汉碑全集》（一），河南美术出版社2006年版，第253页。

化字大都源于民间常用的俗体字,而《宋元以来俗字谱》《简体字谱》等书并没有此简化字。"可"为"司"的碑别字,《碑别字新编》引《裴治造象记》《敦煌俗字谱》中"司"写作"可"。"都卩"即"都部司",《西京杂记·大驾骑乘数》曰:"都部从事,别驾一车。"① "都部司"为都部的公署。《汉碑全集》中将"可"误释为"可",现正之。"都部司作也"即书写的地点。

"任仲高时书最弟一"为赞扬语。"任"为姓氏,字"仲高",仲在兄弟排行次序二,如孔子,字仲尼。"弟"的本义为次序,通"第"。"最第一",指任仲高的书法为诸位之上。《汉碑全集》此处有脱释。

任仲高书"延平元年"刻石全文54字,从文义来看应是整个碑文的结尾落款部分,很可能碑文的正文部分散失。汉碑中书者署名的情况很少,特别是写上书者的年龄、官职、书写缘由、书写地点等更仅此一例。这些为中国书法史中的落款研究提供了珍贵的史料。

任仲高书"延平元年"刻石类似汉代简牍中的书体,属于隶书中的草隶。草隶是相对于工整的隶书而言,虽为草体,但字与字之间互不连接,并有浓厚的汉代隶书特点。许慎《说文解字·叙》:"汉兴有草书。"唐张怀瓘《书断》曰:"章草者,汉黄门令史游所作也。……王愔云:汉元帝时史游作《急就章》,解散隶体粗书之。汉俗简惰,渐以行之是也。"任仲高书"延平元年"刻石文字大小不一,纵横捭阖,笔势险峻,劲健多变。如"延"字,结体扁方,捺笔甚长,与《曹全碑》中的"延"字相似。而"书"字,结体长方,宽宏博约,为正常文字的两倍。碑文中共出现三次"书"字,结体同样偏大,似在强调"书"字在碑文中的意义。碑文中一些文字还保留着由篆入隶的结构特点,如"此""最"等字,与马王堆帛书中的文字相似。任仲高书"延平元年"刻石用笔以方笔为主,波挑没有蚕头燕尾,也是为了书写的快捷。

章法布局是书法艺术的主要表现手段。任仲高书"延平元年"刻石讲究章法布局,整篇作品气势连贯,前后呼应,自然流畅,气势优美。每行

---

① (晋)葛洪:《西京杂记》,中华书局1985年版,第33页。

字的大小、肥瘦、长短、宽窄、疏密、向背、承接、俯仰、顾盼，都搭配得当。如碑文第二段的"延平"二字，"延"字偏左，"平"字则将重心右移，以取得整体的平衡。汉碑作品大多为纪事碑、歌功碑，章法布局讲究平稳，行列整齐，每字大小基本统一。这些作品的字法成熟规范，法度森严，而在章法上缺少灵动之气，显得比较呆板。任仲高书"延平元年"刻石彰显了书写者的个性和书写的随意性，充满了韵律感，极具书法艺术的审美性。碑文的最后有"任仲高时书最第一"，也反映出当时人们的书法审美取向。

结语

徐州汉碑刻石包括散失的和新出土的汉碑刻石两方面的内容。散失的汉碑指的是历史上曾经存在，并被宋代金石学家著录而今尚未发现的汉碑。新出土的汉碑刻石指的是中华人民共和国成立以后，经考古发掘或征集得到的汉碑刻石。

我国散失的汉碑很多，宋代娄机著录《汉隶字源》的时候，所存汉碑有309种，流传到清中期的"已不及十分之一"。徐州散失的汉碑共有15方。碑亡文存的有《高祖泗水亭碑铭》《度尚碑一》《度尚碑二》《太尉陈球碑》《太尉陈球后碑》《祝长严䜣碑》《处士严发碑》《姜肱碑》等。这些碑文保存在《艺文类聚》《隶释》《隶续》《蔡中郎集》等文献中，碑中的一些异体字、碑别字被宋人娄机的《汉隶字源》收录。仅存碑目的有《袁安碑》《张侯残碑》《龚胜碑》《刘熙碑》《高祖庙三碑》《汉高祖感应碑》等，郦道元《水经注》、郑樵《通志》等文献记录了这些碑名。

《高祖泗水亭碑铭》《姜肱碑》《袁安碑》《刘熙碑》《高祖庙三碑》《汉高祖感应碑》等大约在北宋时期散失，所以不见《隶释》《隶续》《汉隶字源》等著录。1929年，河南偃师发现了《袁安碑》，但无法证明是原立于彭城街右的《袁安碑》。其他碑碣自宋代以来不断被访碑者传拓，大约自明代天启四年（1624年）以后，徐州城数次被淹，这些碑碣很可能湮没在距地表七八米的徐州城下。

历史上所存汉碑的散失，曾经减弱人们对徐州汉碑的关注。相当一段时间人们认为徐州已经不存在汉代碑刻。20世纪80年代以后，随着龟山汉墓"第百上石铭"、邳州燕子埠《缪宇墓志》的发现，人们重新开始关注徐州的汉碑刻石，并寄希望于徐州能出土更多的汉碑刻石。"天降其祥，地不爱宝"，随着考古事业的不断发展，徐州新出土了一批极具价值的汉碑刻石，这些刻石的内容包括了西汉王陵塞石题记、东汉王陵黄肠石刻铭、画像石墓阙祠堂题记、画像石墓志、镇墓刻石、教令公告等多种类型，令人大开眼界，耳目一新。

徐州新出土的汉碑刻石的学术价值是多方面的。书法艺术价值是其直观表象，关注的人群最多。

两汉历经400余年，文字风格和书体特点存在明显差异。徐州汉碑刻石的时间跨度很长，有明确纪年的碑刻达25方，包括元鼎、元寿、永平、元和、永元、延平、永初、永建、汉安、建和、元嘉、元寿、延熹、熹平等年号，其间经历了西汉篆书、隶变、成熟隶书三个阶段。只要将徐州新发现的汉碑刻石按年代梳理，就可以看出汉代书体风格的变化过程。

从全国范围来看，西汉的刻石数量很少，过去有人统计，全国西汉刻石仅有30余处。即使到了东汉初期，碑刻依然很少。而徐州西汉刻石就发现7处，东汉早期的刻石发现6处。这对于研究西汉及东汉早期刻石"由篆入隶"提供了重要的实物资料。

徐州汉碑刻石中有许多优秀的书法作品。如汉武帝时期的"第百上石铭"，结体在篆隶之间，布局严谨，疏宕自在，是当时官府中通行的字体，代表了当时贵族文化所用书体。东汉晚期的《缪宇墓志》，书体秀丽，法度森严，与著名的《礼器碑》如出一人之手。这些书风不同、形态各异的作品是人们学习汉碑的绝佳临摹范本。东汉中期的"延平元年"刻石，是由担任掾职的任仲高书写，书体属于隶书中的草隶，结体险峻，布局随意，被称作时书第一。

徐州汉碑刻石中还有许多异体字、碑别字、俗字。异体字是读音和意义完全相同，而形体不同的字；碑别字是刻在碑石上的别字。这些书体不仅是一种书写习惯，而且是文字的艺术创造，是书家出于美学要求的有意求变。明清以来的书法家非常注意汉碑中的异体字和碑别字，并将其融入他们的书法艺术创作中。徐州汉碑刻石中的这些文字增加了汉代异体字、碑别字的实例。

徐州汉碑刻石更重要的是碑文的内涵。徐州汉碑刻石蕴含极其丰富的学术信息，人们利用碑石中的丰富内容，"证经典之同异，正诸史之谬误，补载籍之缺佚，考文字之变迁"。从某种意义上来说，汉代碑刻中的文字信息价值已超过了文字本身的书法价值。

对于新出土的汉碑刻石的研究而言，首先是碑文的识读。碑文识读人们通常用"隶定"或"楷定"一词，也就是用现在的文字对古文字的转写。文字的辨识是减少或扫清由于辨字不清造成的阅读障碍，也是识读碑文的第一步。对于汉碑刻石而言，由于石面的磨泐，许多文字缺少笔画或完全缺失，加上刻碑时工匠的随意增笔或简笔，点画的遗略，同样的文字出现不同的解释。字形的考释是对由于书写的习惯、笔误及碑刻的残泐而形成的错字、别字进行记词功能的辨析。由于汉碑刻石中大量使用了通假字、异体字、碑别字、俗字等，有时一字的误释，造成整个文义的错误，一字释通，整篇皆通。如《黄石公镇墓刻石》中的"固言"二字，解释为通"痼愆"以后，整篇内容就容易理解了。

汉碑刻石的内容考释是对史实、名物制度、各类典故的考证和解释。由于时代的久远，碑文所涉及的史实、名物典故等已不为一般人所知，影响人们对碑文内容的理解。在对碑文的考释中需要引用大量的古代文献进行疏证。由于我们的知识所限，碑文中的一些内容还很难完全解释清楚。

徐州新发现的汉碑刻石中许多内容特别重要，对于汉代史学研究有补史阙的作用。

龟山汉墓"第百上石铭"是一段颇有争议的铭文。当文字梳理清楚之后，发现它既不是楚夷王倡导薄葬的遗训，也不是为盗墓者设立的禳盗文，而是墓主楚王刘注有关薄葬的遗令，其意出自汉文帝刘恒的遗诏。

徐州新发现的汉碑刻石中，数量最多的是画像石题记。刻在地面祠堂上的题记是为了让人们看到赞助人"孝"的行为。"孝子丧亲，表思明情"，题记的内容除了对死者的褒扬赞誉外，更主要的是表现孝子们的拳拳孝心。因此，祠堂题记中常引用《孝经》中的章句。有些引文与今本文献不同，对于研究文献传抄过程中的衍误有补正的作用。徐州画像石祠堂题记中的内容，还有记丧葬之礼俗、考年代之先后的作用。

徐州汉碑刻石中的《缪宇墓志》《缪纡墓志》是目前发现为数不多的汉代墓志。过去认为东汉墓志仅存的是《贾武仲妻马姜墓记刻石》。该石刻于东汉延平元年（106年）九月，罗振玉《辽居稿·贾武仲妻马姜墓记跋》："汉人墓记前人所未见，此为墓志之滥觞。"而《缪宇墓志》有官职姓名、死葬日期、韵语颂辞，是比较成熟的墓志铭。《缪宇墓志》以韵文的形式，记死者生平，表颂扬之意，誉死者荣耀，寄哀悼之思，是诔辞与铭颂结合的韵文句式文体。墓志是汉代出现的有特定含义的刻石门类，是存放于墓中载有死者传记，由"志"和"铭"两部分组成的文体，又称为墓志铭。明徐师曾《文本明辨序说》中说："按志者，记也；铭者，名也。"志多用散文撰写，叙述逝者的姓名、籍贯、生平事略；铭则用韵文概括全篇，主要是对逝者一生的评价。清赵翼、汪汲等认为，墓志铭作为一种文体始于南朝。《缪宇墓志》《缪纡墓志》的发现证明，东汉时期墓志铭已经出现。这对于研究墓志的起源，墓志的文体形成有重要意义。

徐州汉碑刻石中内容最丰富的当数《府君教碑》和《黄石公镇墓刻石》。《府君教碑》是建和二年（148年）彭城相袁贺颁布的有关伐薪采石方面的禁令。汉代通常将皇帝的诏书、官府教令书写在墙壁或刻在石碑上，以便百姓观看。如1990年发现的《敦煌悬泉月令诏条》就是元始五年（5年）书写在墙壁上的诏书，而刻在石碑上的官府教令，至今只发现彭城相袁贺颁布的《府君教碑》一例。《府君教碑》不仅有府君的教令，还有县署的转发文令。《府君教碑》的发现对于研究汉代的法律条令、文书制度等极具参考意义，学术价值重大。

《黄石公镇墓刻石》是假借黄石公的名义，以"五方注"的方法对病瘤灾异现象进行镇厌、解除的碑文。该碑刻于熹平五年（176年），熹平年间正是于吉、张角创立太平道的重要时期。太平道以符箓咒语替人治病。《黄石公镇墓刻石》中的五行厌胜法与《太平经》奉天地、顺阴阳五行而杂以巫术的思想基本一致。《黄石公镇墓刻石》是研究早期道教禳灾疗疾方面的重要出土文献。

徐州汉碑刻石中还有一类内容是汉画像石榜题。榜题是画像内容的图注，也是图像的自我解释。这种图文结合的艺术形式在世界各民族的图像中都有普遍的使用，它对图像的正确诠释具有重要的意义。画像石榜题给了我们许多以前不可能掌握的信息，如汉王东沿村祠堂画像中的牛首人身和鸟兽人身像，过去人们不知道他们的名字，只知道他们是西王母身边的神人。通过榜题我们知道牛首人身称为"罗缇"、鸟首人身称为"灵鸽"。

汉碑刻石是中华文化遗产的重要组成部分，它作为信息的载体真实地记录了汉代社会政治、经济、军事、宗教、文化、艺术等各方面的内容。徐州汉碑刻石的意义是多方面的，它带给我们的不仅是书法艺术的欣赏，更重要的是丰富的文化内涵。

后记

《徐州汉碑刻石通论》清样校毕,当重读这部书稿的时候思绪万千,觉着还是有些题外话要说。

原本并没有撰写《徐州汉碑刻石通论》的打算,原因是以往徐州发现的汉碑资料太少。20世纪80年代以后,随着考古的新发现,徐州汉碑刻石的数量与日俱增,西汉刻石、墓阙题记、祠堂题记、墓志铭、禁令公告、镇墓石、黄肠石题记等竟达40余处,令学界惊叹。每当徐州发现一处汉碑刻石,就想究其内容,写出一篇短文放入书箧。时间历久,积少成多,一部书稿的雏形竟初见端倪,其间断续经历了20年。

回想当年整理材料的时候,每天面对的是风雨剥蚀、磨泐不清的碑文,有时辨识一字要数日或更多的时间。汉碑的书写有些并不规范,增笔减笔、异体别字是常有之事。特别是字迹与剥蚀的石痕混杂一起的时候,辨字如丝分缕解,看碑久时,则眼花缭乱。故清人叶昌炽说:"释碑之难,又视校书为倍蓰,墨本模糊,裂纹蚀字,丰碑巨幅,必卷舒而阅之,非如书籍可以按页摩挲,老眼昏灯,愈难谛审。"为识出通篇文字,则按碑文的字数在纸上画出纵横方格,每识一字则插入方格,如填字游戏。当格数填满、疏通文义的时候,喜悦之情难于言表。碑刻研究枯燥但并不无味,当你自甘静寂地迷入这项研究中后，就会感到物我两忘，自得其乐。

《徐州汉碑刻石通论》正是在每天面对这些绝世已久的碑文中一步步完成的。在对遗失的汉碑研究中，充分利用前人的研究成果而又不囿于旧解，查找新资料补充旧说遗漏，言前人之所未言。在新发现的碑刻研究中，以辨析文字为基础，每字必找出典，以史为据，论从史出，不为新人耳目而游谈臆说。在文字释读中遇到不解和困惑，则不耻下问，求教方家，得到邢义田、姜生、陈侃理、鹏宇、刘志贤等秦汉史、文字学家的热情赐教，有时他们的一字之教，茅塞顿开，恍然大悟。徐州汉碑研究的过程也是自己知识水平提高的过程，汉碑涉及的内容繁多，天文历法、典章制度、职官沿革、宗教思想、礼仪习俗、人物事迹、书法字学等无所不包。陈寅恪曾说："自昔长于金石之学者，必为深研经史之人。非通经无以释金文，非治史无以证石刻。"碑学的研究须博涉群书，而每个人的知识都有他的局限性，当面对那些不熟悉的资料时，方感自己知识的浅薄，正所谓"学而知不足"。

徐州汉碑刻石的研究是一个有始无终的过程，书稿付梓也只是研究的开始。本书提供的碑文资料，能为不同领域的专家所用，使得研究更加深入细致。本书所发表的学术观点，也为专家学者提供一个可资讨论的话题。碑文中的释读不当和其他错误，更期待方家拨冗指正。

最后，要感谢《汉学大系》主编朱存明教授，朱教授为本书的撰写给予了鼓励和支持；感谢徐州博物馆、徐州汉画像石艺术馆的考古工作者，他们辛勤的野外工作使徐州汉碑刻石内容丰富起来；感谢程曦、彭强、刘辉、吕世芬等为本书研究提供的资料；感谢赵超、马怡先生审阅本书后题写推荐语；感谢责任编辑董良敏，在他的细心编辑下，使本书的错误减小到最少。

武利华

2019年2月于徐州寓所